JN057831

税金のことが全然わかっていない

ド素人ですが、

結局どうすればいいのか教えてください！

Hideki Ishikura
公認会計士・税理士　石倉英樹

すばる舎

◎本書に記載されている情報は、2023年11月15日時点のものです。
最新情報は、下記の関係機関のウェブサイトでご確認ください。
国税庁ウェブサイト：https://www.nta.go.jp/
法務局ウェブサイト：https://houmukyoku.moj.go.jp/homu/static/index.html
法務省ウェブサイト：https://www.moj.go.jp/index.html

◎本書は情報提供を目的として編集しております。本書のご利用は、読者ご自身の責任と判断で行っていただきますよう、ご理解ください。

◎本書の利用に関しては、著者及びすばる舎は一切の責任を負いかねますので、あらかじめご了承ください。

はじめに

「自分や親が亡くなったら“相続税”がいくらかかるか心配……」

本書は、そんな誰もが抱く漠然とした不安を解消する本です。

実は、相続税はすべての人が支払う税金ではありません。「一定額以上」の遺産を相続した人のみに相続税がかかります。遺産が少ない場合には相続税がかからず、税務署に申告する必要もありません。

しかしながら、**2015年に実質的な相続税増税が行われ、相続税がかからない「一定額」が40%も引き下げられました。**これによって、**相続税の対象者は全国平均で100人中4人程度だったのが、現在は100人中8人程度に倍増**しています。さらに、土地の評価額が高い都市部では、亡くなった人が自宅の土地やマンションを所有していただけで、100人中20人から30人が相続税の対象になっています。今まで富裕層を対象としていた相続税が、実際は一般家庭にも影響を及ぼしている状況です。

相続は一生に数回しか経験しないため、毎年支払う所得税や固定資産税などとは違い、ほとんどの人にとっては馴染みがない税金です。

とはいえ、相続税は事前に正しい知識を身に付けて、適切な対策をしていれば比較的節税しやすい税金です。

本書は「相続税の支払いで損をしたくない」「だけど難しい勉強はしたくない」という人に向けて書かれた本です。相続税のことが気になっているけど、まったく意味がわからない初心者の方を対象にしていますので、専門用語の使用は極力避け、厳密な表現よりも、誤解をおそれず可能な限りわかりやすい表現を優先しています。また、相続税だけではなく、相続にまつわる役所手続きや銀行預金の解約手続き、法務局での相続登記、遺言の作成方法などについても解説しています。さらに、相続税・贈与税に関する制度は、頻繁に改正を繰り返しているため、本書では可能な限り最新情報を収録しました。

本書を読んだ方が、少しでも相続税に対する不安から解放され、穏やかな日々を過ごされることを心よりお祈り申し上げます。

2023年11月　相続税専門の税理士 兼 社会人落語家　石倉 英樹

実は「相続税」ってお金持ちだけの話じゃないかも!?

税についてのプロフェッショナル、ネコ田先生です。2015年の相続税法改正で相続税の課税対象が広げられて3,600万円以上の財産を相続すれば、普通のおうちでも相続税がかかる可能性があるんだよ

贈与税
相続税
所得税
消費税
住民税
ひぃ〜〜っ
えっ、それって、
一般庶民の納税額が
どんどん大きくなって
いるってこと？

ぶっちゃけ
そうかも
てへ

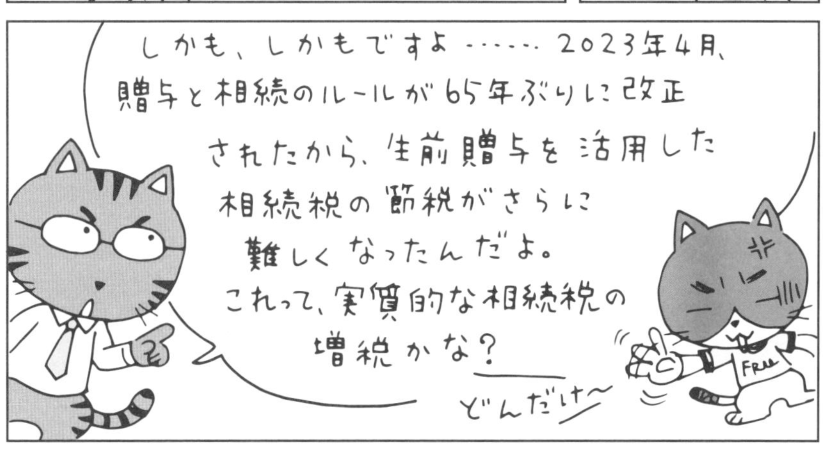
しかも、しかもですよ……2023年4月、
贈与と相続のルールが65年ぶりに改正
されたから、生前贈与を活用した
相続税の節税がさらに
難しくなったんだよ。
これって、実質的な相続税の
増税かな？
どんだけ〜

でも大丈夫！相続税の
仕組みを学べば
どんと来い
「相続税対策」
です！
ホントに
?

それでは、
知っている人だけが
"トク"する相続税
対策のお話を
はじめましょう！

用語解説

「相続税」って言葉は知っていても、「専門用語がわからない」と思われている方へ向けて、本書の中でよく使われている用語を簡単に解説します！予備知識としてもご活用ください。

ABC

e-Tax e-Tax（国税電子申告・納付システム）とは、相続税、贈与税、消費税、所得税、印紙税、酒税などの申告や法定調書の各手続き(提出・届出・申請など）をインターネットで行えるシステム。

あ行

家なき子特例 家なき子特例とは、小規模宅地等の特例を適用する際に、一定の条件に当てはまる持ち家なしの別居親族も対象になること。なお、家なき子が小規模宅地等の特例を利用する場合、「亡くなった人に配偶者がいないこと」「亡くなった人の自宅に同居している相続人がいないこと」「亡くなった人の親族であること」など、一定の条件にすべて当てはまる必要がある。

遺産総額 遺産総額とは、亡くなった人の「プラスの財産」「みなし相続財産」「贈与財産」から、「マイナスの財産」「非課税財産」を引いた金額。

遺産分割 遺産分割とは、「現物分割」「代償分割」「換価分割」「共有分割」の４つの方法。

遺産分割協議 遺産分割協議とは、遺言書がない場合に、法定相続人同士が話し合いによって遺産の分け方を決めること。

遺贈者 遺言で財産を与えた人。

遺族年金 遺族年金とは、公的年金を納めている人や、年金を受給している人が亡くなった場合に、家族へ給付される年金。

一般税率 一般税率とは、兄弟姉妹間の贈与や夫婦間の贈与、親から未成年の子供への贈与など、特例税率が適用されない場合（一般贈与財産）にかかる税率。

遺留分 亡くなった人が遺言書を残していても、法定相続人である配偶者、子供、親には「遺留分」という財産を最低限相続できる権利が認められている。なお、兄弟姉妹には遺留分は適用されない。

延滞税 延滞税とは、申告期限に納付が間に合わなかった場合、納付期限の翌日から納付した日までの日数に応じて計算した「延滞税」を支払うこと。なお、納付期限の翌日から２カ月間は納付税額に対して年率2.4%、２カ月を経過すると年率が8.7%にぐっと跳ね上がる（2023年度の場合）。

延納制度 延納制度とは、納付する相続税額（贈与税額）が10万円を超え、納付期限までに金銭で納付することが困難な事情がある場合、その納付を困難とする金額を限度として申請書を提出の上、担保を提供することにより、年賦で納めること。

か行

改製原戸籍謄本 改製原戸籍謄本の読み方は、「かいせいはらこせきとうほん」または「かいせいげんこせきとうほん」。戸籍法が改正されると新しい様式の戸籍に書き換えるが、書き換え前の戸籍が「改製原戸籍謄本」。

課税遺産総額 相続税の課税対象となる財産の総額。

課税対象の財産 課税対象の財産とは「プラスの財産」「みなし相続財産」「贈与財産」のこと。

基礎控除額 相続税の基礎控除額は「法定相続人の数」に基づいて決定する。計算式は「3,000万円+600万円×法定相続人の数」。

限定承認 プラスの財産を超えない範囲に限定して、マイナスの財産を引き継ぎ、借金などの債務を返済すること。なお、限定承認の期限は亡くなったことを知った日から原則3カ月以内。

検認 検認とは、遺言（自筆証書遺言・秘密証書遺言）がある場合、裁判所が相続人に対して亡くなった人の遺言の存在とその内容を知らせるとともに、遺言書の形状、加除訂正の状態、日付、署名など、検認の日時点における遺言書の内容を明確にすること。

戸籍の附票 戸籍の附票とは、本籍地の市区町村で戸籍の原本と一緒に保管している書類。戸籍の附票には戸籍が作られてから、除籍されるまでの住所が記録されている。

固定資産税評価額 固定資産税評価額とは、固定資産税を算出するために固定資産課税台帳に記載された土地・家屋の評価額のこと。

さ行

財産目録 財産目録とは、相続財産の内容をリストアップしてまとめたもの。

死因贈与 財産を渡す側と受け取る側が死因贈与契約を交わして、お互いに合意すること。

受遺者 遺言で財産を受け取る人。

住民票除票 住民票除票とは、転出や死亡などで除かれた住民票。

住民票の写し 住民票の写しとは、住民登録をしている人の証明書。

受贈者 遺言によって財産を受け取る人。

準確定申告 亡くなった人が個人事業主やフリーランス、または2カ所以上から給与所得がある人などの場合、相続人が代わりに所得税の確定申告をして税金を納付すること。

除籍謄本 除籍謄本とは、戸籍に入っている人全員が戸籍から抜けたこと（除籍）を証明する戸籍（除籍簿）の謄本のこと。

生前贈与 生前贈与とは、存命中に子供や孫などに贈与すること。

相続時精算課税制度 相続時精算課税制度とは、贈与税がいらない代わりに、相続の際にその贈与分を相続税の対象とする制度。この制度を使うと、個人から贈与を受けたときの合計額が2,500万円以下の場合は贈与税を納める必要がない。贈与額が2,500万円を超えた場合は、超えた部分の贈与額に一律20%の税率をかけて贈与税を納付する。

相続税 相続税とは、身近な人が亡くなって、その人の遺産を配偶者や子供などが引き継ぐときに、税務署へ申告して納付する税金のこと。

相続税額の2割加算 相続や遺贈、相続時精算課税に係る贈与によって財産を取得した人が、亡くなった人の一親等の血族（代襲相続人となった孫を含む）、及び配偶者以外の人である場合には、その人の相続税額に2割相当の金額が加算されること。

相続放棄 亡くなった人のすべての財産（プラスの財産とマイナスの財産）を放棄すること。相続放棄には期限があり、原則として亡くなったことを知った日（相続開始）から「3カ月以内」に家庭裁判所へ申し立てをしなければばならない。

贈与者 財産を渡す人。

贈与税 贈与税とは、個人から贈与により財産を取得した場合に、その取得した財産に課される税金。

た行

代襲相続 代襲相続とは、亡くなった人（被相続人）の子供（法定相続人）がすでに亡くなっている場合には、孫が法定相続人になること。

単純承認 亡くなった人のすべての遺産を相続すること。

直系尊属 直系尊属とは、父母、祖父母、養父母などの親族のこと。なお、配偶者の両親や祖父母、叔父、叔母は含まれない。

直系卑属 直系卑属とは、子や孫などの親族のこと。

都度贈与 扶養義務者が子供や孫にかかる必要な生活費や教育費をその都度、贈与すること。

定期贈与 定期贈与とは、あらかじめ金額を決めて、毎年一定の金額を贈与する方法。

特別受益 特別受益とは、生前贈与によって特別に利益を得ること。

特例税率 特例税率とは、両親や祖父母などが18歳以上の子供に贈与した場合にかかる税率。

は行

倍率方式　土地の固定資産税評価額に、一定の倍率をかけて計算すること。

非課税財産　相続税がかからない財産。主に、墓地や墓石、仏壇、仏具、寄附など。なお、生命保険金や死亡退職金にも一部「非課税枠」が設けられている。

被相続人　亡くなった人。

被扶養者　亡くなった人の配偶者や子供。

非嫡出子　法律上、婚姻関係にない男女の間に生まれた子供。

物納劣後財産　物納劣後財産とは、法令の規定に違反した建物や敷地など。

プラスの財産　亡くなった人が所有していた財産のうち、お金に換算できる経済的価値のあるもの。

法定相続人　民法で定められた亡くなった人の相続人、つまり、配偶者と血族の次の優先順位によって決まる。「第1順位：子供（直系卑属）」「第2順位：父母（直系尊属）」「第3順位：兄弟姉妹（傍系血族）」。

法定相続分　民法で定められた「法定相続人が有する相続割合」

ま行

マイナスの財産　亡くなった人の債務。例えば、借金（住宅ローン［団信を除く］、自動車ローン、クレジットカード未決済分など）や、未払金（水道光熱費、通信費、管理費、医療費など）、主たる債務者が弁済不能な保証債務、亡くなった人が最終的に負担すべき連帯債務など。

みなし相続財産　生命保険金や死亡退職金などは、亡くなった人が生前に得ていたお金ではないが、相続税法では「相続財産」とみなされる。

名義預金　名義預金とは、実際にお金を出した人と口座の名義人が異なる預金のこと。

や行

遺言執行者　遺言執行者とは、遺言者が遺言書で指名した「遺言執行する人」。ただし、未成年者などは遺言執行者に指名できない。また、遺言執行者は複数の人を指名でき、法人も遺言執行者になれる。

ら行

累進課税制度　相続税は最低税率の10%から段階的に上がり、最高税率は55%。

暦年課税　暦年課税とは、個人が1月1日から12月31日までの1年間に贈与された財産の合計額をもとに贈与税を計算すること。なお、贈与税には1人につき年間110万円の基礎控除がある。

路線価方式　「市街地の道路に面した土地1㎡当たりの価額」の路線価に、土地の形状に応じた補正率と土地の面積をかけて評価額を計算する方法。

CONTENTS

Part 2

これだけは知っておきたい 節税アイテムや生前贈与で相続税対策

CONTENTS

Part 3
遺言書・遺産分割協議書の活用ポイントを押さえる!

Part 4
身近な人が亡くなったときの相続手続きのキホン!

Part 5
相続税の申告と納税の準備をしよう

CONTENTS

Part

1

まずは「相続税」のキホンを知る！

身近な人が亡くなったときは、
まずは相続財産に相続税がかかるかどうかを
冷静に判断し、相続手続きを手際よく進めることが大切。
Part 1では、知らないと絶対に損をする
相続税のキホンをアレコレご紹介！

「相続」のキホンは「相続税」を確認することから

「相続」のキホンとして、相続手続きは、意外と期限のあるものが多いよ! 相続税の申告と納付の期限は、身近な人が亡くなってから10カ月以内。そこんとこよろしく!

えっ、相続税の申告って、10カ月以内なの?

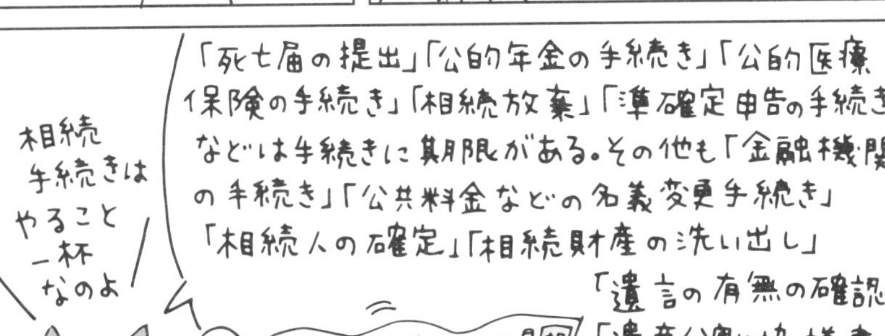

そのとおり! まずは身近な人が亡くなったとき、相続税を納めるか、納めないか、を知ることからはじめよう。相続税を納めるならば、申告・納付期限までに手続きする

相続税には「基礎控除額」と
いうものがあるのよ。基礎控除額
よりも亡くなった人の遺産総額が
少ない場合には相続税は
かからないんだよ

基礎控除額とは
「3,000万円＋600万円
×法定相続人の数」
で出した額

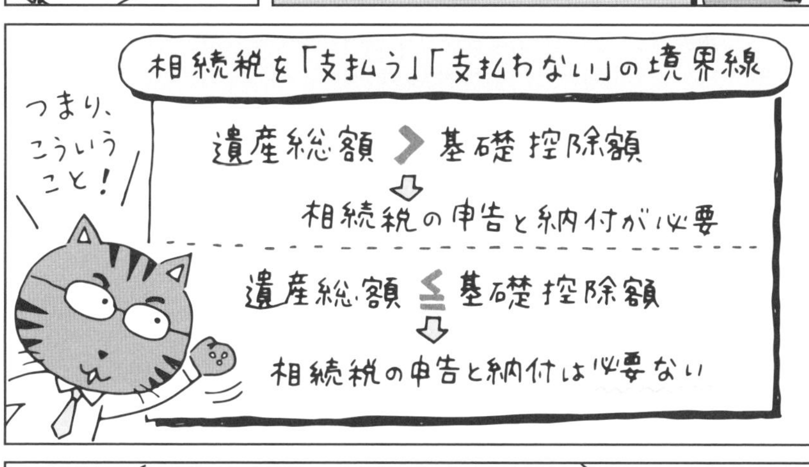

01 「相続税」って、そもそもどんな税金？

「相続税」は、すべての相続人が税務署に支払う税金ではありません。亡くなった人が残した遺産が 「一定額以上」の場合にのみ、相続税はかかってきます。

「相続」のキホンは「相続税」の確認から！

「相続税」とは、身近な人が亡くなって、その人の遺産（現金、預貯金、土地、家屋、株式等の有価証券、債務など、経済的に価値のあるすべてのもの）を配偶者や子供などが引き継ぐときに、**税務署へ申告して納付する税金**です。ただし、個人が相続人になる回数は一生のうちに「数回」です。そのため、いざ、当事者になったときにどう対処するべきか、右も左もわからずに戸惑うのはごく自然なこと。

まずは焦らずにいったん落ち着いてから、自分が支払うかもしれない「相続税」の納付税額を確認してみましょう。

実際「相続税」は、**すべての相続人が税務署に支払う税金ではありません。亡くなった人が残した遺産が「一定額以上」の場合にのみ、相続税はかかってきます。**

ここでいう「一定額以上」とは、預貯金や不動産、車などの相続財産をすべてお金に換算したときに、相続税の「基礎控除額」を超えた場合を意味します。

つまり、**遺産から「基礎控除額」を差し引いた残りの「課税対象となる財産」がなければ、相続税の申告と納付は必要ありません。**

相続税の「基礎控除額」とは？

相続税の「基礎控除額」とは、簡単にいうと国が定めた「相続税の非課税枠」です。これは、相続税を「支払う」「支払わない」を判断する上で、重要なボーダーラインになります。

実はこの基礎控除額が、2015年の法改正で大きく減少したことにより、相続税の申告対象者が増加しています。

身近な人が亡くなり、相続するときには、相続税の基礎控除額についてしっかりと理解しておくことが重要です。

相続税は「遺産総額」から「基礎控除額」を差し引いた「課税対象となる財産額」にかかります。遺産総額とは、亡くなった人（被相続人）の「❶プラスの財産（現金、預貯金、土地、家屋、株式等の有価証券など）」「❷みなし相続財産（生命保険金、死亡退職金など）」「❸贈与財産（相続開始前３年以内の贈与［2024年１月１日以降は段階的に７年以内の贈与］、相続時精算課税制度の贈与）」から、「❹マイナスの財産（債務や葬儀費用など）」「❺非課税財産（お墓、墓石、仏具など）」を引いた金額です。この遺産総額から基礎控除額を差し引きます。

相続税は「遺産総額」から「基礎控除額」を差し引いた「課税対象となる財産額」にかかる

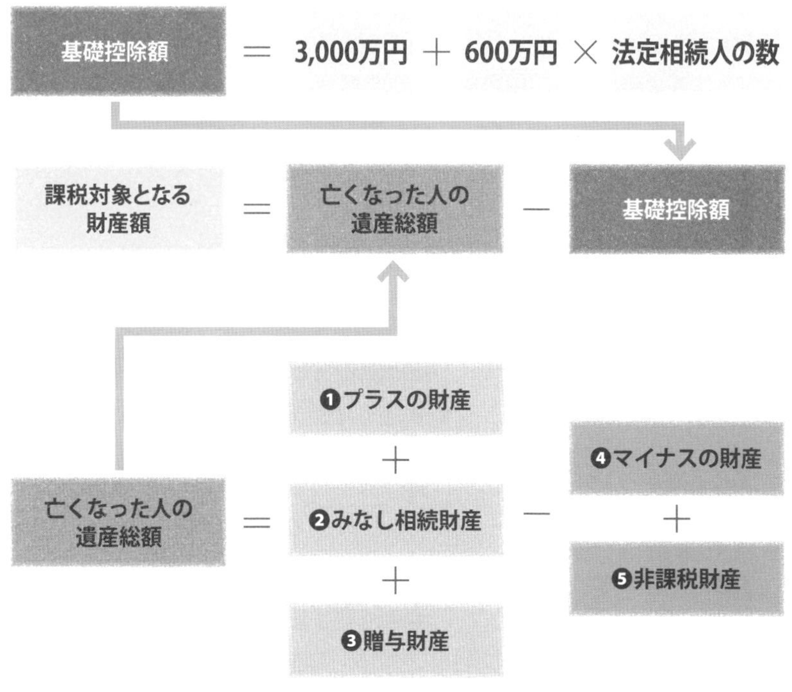

つまり、遺産総額が基礎控除額を超えていなければ、相続税の申告や納付は必要ないということです。

相続税を「支払う」「支払わない」の境界線

まずは、身近な人が亡くなった場合には「基礎控除額がいくらになるのか？」を計算しましょう。遺産総額を計算して、**基礎控除額を超える場合には、相続税の申告準備をはじめます。**

相続した相続財産から葬儀にかかった費用（マイナスの財産）177ページ参照などを差し引いたあとに、**基礎控除額を超えていない場合も相続税はかかりません。**なお、**相続放棄をした場合、その相続人は基本的に相続税を支払う必要はありません。**

基礎控除額が相続税のボーダーライン

非課税
課税対象
相続税がかかる
基礎控除額がボーダーライン
相続税がかからない
相続税がかからない
相続税の申告なし
相続税の申告・納付あり

相続トラブルは身近な出来事？

「相続税」と聞くと、どこか他人事な気持ちになり、「うちの家は税金を払うほど、お金がないから大丈夫！」などと気楽に考えている方が多いと思います。それが一転、相続の当事者になると、仲がよかった家族でも揉め事が起きる、ということは意外に多いものです。

「家族」といえども、"家族のかたち"は時の流れとともに変化します。親、兄弟姉妹、それぞれが大人になって独立すれば、環境や立場、考え方が変わるのは当たり前のことです。ただ、その"当たり前"を忘れてしまうのが人間です。そして「家族」といえども、考え方の違いが如実に表れてしまうのが「相続」なのです。相続手続きは、役所へ出向いて必要書類を集め、相続人同士で日程調整をして遺産分割を話し合い、書類作成や届出など、案外時間と手間がかかります。

そのようなとき、何も手伝わないのに財産だけ相続している人がいると、家族間だからこそ「あの人はいつも口ばかりで何もやらない」などと、相続トラブルに発展する可能性があります。そうならないためにも、身近な人が亡くなったときは、まずは遺産総額に相続税がかかるかどうかを冷静に判断し、相続手続きを手際よく進めることが大切です。

POINT

「遺産総額」から「基礎控除額」を差し引いた残りの「課税対象となる財産」がなければ、相続税の申告は必要ありません。

02 基礎控除額は「法定相続人」の数で変わる!

「法定相続人」とは、民法で定められた亡くなった人の相続人、つまり、配偶者と血族です。この法定相続人の数に基づいて基礎控除額を決定し、遺産総額が基礎控除額を超えた場合に相続税がかかります。

「法定相続人」とは?

「法定相続人」とは、**民法で定められた亡くなった人の遺産を相続できる人**です。遺産は誰も彼もが相続できるわけではなく、**配偶者と血族である「法定相続人」**に限られ、法律で厳格に決まっています。

亡くなった人（被相続人）に配偶者がいる場合、その**配偶者は必ず法定相続人**になります。ただし、内縁関係の場合は法定相続人にはなれません。また、法定相続人になれる血族には優先順位が定められており、**「第１順位：子供（直系卑属）」「第２順位：父母（直系尊属）」「第３順位：兄弟姉妹（傍系血族）」**と決められています。

例えば、亡くなった人に配偶者と子供が２人いる場合、配偶者と第1順位の子供２人が法定相続人です。

法定相続人の血族の優先順位と範囲

配偶者 	亡くなった人(被相続人)の配偶者は必ず相続人になる(ただし、内縁関係は含まれない)

血族の優先順位	血族の範囲
第1順位	子供(直系卑属)。実子、養子は問わず。 また、認知されている配偶者以外との子供。子供が先に亡くなっている場合は、孫が相続人(代襲相続)
第２順位	亡くなった人の父母や祖父母(直系尊属)
第３順位  	亡くなった人の兄弟姉妹(傍系血族)。 または、その兄弟姉妹がすでに死亡している場合、その人の子供(甥、姪)が相続人(代襲相続)

法定相続人が亡くなっている場合は?

一方、亡くなった人の子供（法定相続人）がすでに亡くなっている場合には、配偶者と孫が法定相続人になります。これを**「代襲相続」**といいます。例えば、亡くなった人の子供が先に亡くなっている場合は、代襲相続人は孫になります。もし、その孫も先に亡くなっている場合は、ひ孫に代襲相続の権利が移ります。第２順位は、亡くなった人の父母です。父母が亡くなっている場合は、祖父母が相続します。第３順位の兄弟姉妹が先に亡くなっている場合は、兄弟姉妹の子供、つまり甥や姪も代襲相続する権利を持ちます。ただし、甥や姪が亡くなっている場合は、彼らの子供が代襲相続することはできません。

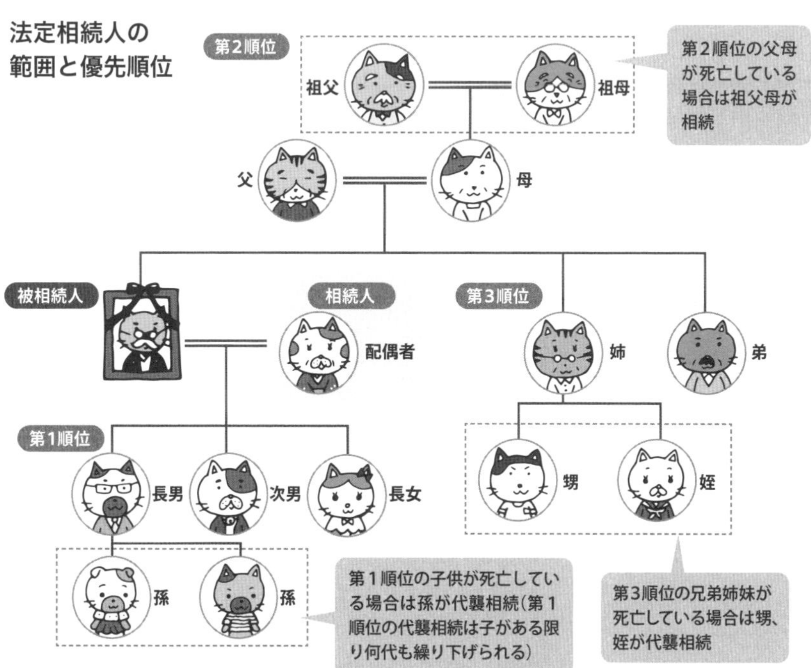

法定相続人の数に基づいて基礎控除額は決まる!

相続税の「基礎控除額」の計算式は**「3,000万円＋600万円×法定相**

続人の数」です。法定相続人が１人の場合、**基礎控除額は3,600万円**です。法定相続人が１人増えるごとに、基礎控除額は600万円ずつ大きくなります。

例えば、法定相続人が３人いる場合は次の計算になります。

基礎控除額 4,800万円 ＝ 3,000万円 ＋ 600万円 × 3人

この場合、遺産総額が基礎控除額の4,800万円を超えなければ相続税はかかりません。なお、法定相続人の他に相続する人がいても、**相続税の基礎控除額は「法定相続人の数」に基づいて決定**します。つまり、**遺言書で法定相続人以外の人が相続しても、基礎控除額は「法定相続人の数」のみで決まります。**かつては、養子縁組することで法定相続人を増やして節税する方もいましたが、相続税法上、現在は**養子の人数も１人（実子ありの場合）か２人（実子なしの場合）までに制限**されています。

相続人の数と基礎控除額

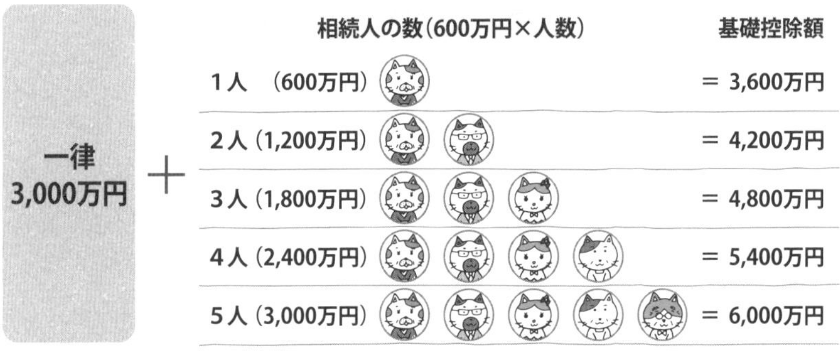

遺言書があれば、相続できる人は法定相続人に限らない!?

亡くなった人が法定相続人以外の誰かに相続させたい場合、遺言書で相続させたい人を指名できます。これを**「遺言による遺贈」**といいます。このとき、遺言で財産を与えた人を**「遺贈者」**といい、遺言で財産を受け取る人を**「受遺者」**といいます。例えば、遺言書に「すべての財産を猫山タマに遺贈する」と遺贈の意思を表明しておけば、一定の制限はありますが、法定相続人以外の人にも財産を相続させることができます。実は、相続の方法には「遺言」以外にも、「死因贈与」「遺産分割協議」があります。**「死因贈与」**とは、財産を渡す側と受け取る側が死因贈与契約を交わして、お互いに合意することです。財産を渡す側を**「贈与者」**といい、財産を受け取る側を**「受贈者」**といいます。契約は口約束でも有効とされていますが、のちのトラブルを防ぐためにも契約書は作っておきましょう。

「遺産分割協議」とは、遺言書などがない場合に、法定相続人同士が話し合いによって遺産の分け方を決めることです。遺言書や死因贈与契約書がない場合、通常は法定相続人が**「法定相続分」**などを参考に遺産分割協議を行います。

相続の方法

遺言などがない場合	内容
遺産分割協議	法定相続人たちで遺産分割を協議して決めること

遺言などがある場合	内容
遺言	亡くなった人が遺言書によって相続内容を決めること
死因贈与	財産を渡す側と受け取る側が死因贈与契約を交わして、お互い合意すること

また、生前に財産を渡す場合には、「暦年課税」「相続時精算課税」という贈与の方法もあります。詳しくは、Part 2-3で説明します。

POINT

亡くなった人の配偶者以外の法定相続人は「第1順位：子供（直系卑属）」「第2順位：父母（直系尊属）」「第3順位：兄弟姉妹（傍系血族）」と優先順位が決められています。

03 財産をもらえる人の法定相続分の割合は?

法定相続分は法定相続人が相続できる割合です。
ただし、これらの割合は、法定相続人の優先順位と組み合わせによって変わります。

法定相続分の割合とは?

相続で財産をもらえる人は**「法定相続人」**または**遺言による「受遺者」**、**死因贈与による「受贈者」**です。

遺言などがない場合、法定相続人は**「法定相続分の割合」**に従って、遺産を相続する権利を持ちます。民法では**法定相続人の優先順位「第1位：子供」「第2位：父母」「第3位：兄弟姉妹」に沿って法定相続分が決められています。**ただし、**法定相続分の割合は、法定相続人の組み合わせによって変わります。**なお、配偶者はどのような場合でも相続できます。

例えば、法定相続人が配偶者と子供の場合、配偶者の法定相続分は全体の「$\frac{1}{2}$」で、残りの「$\frac{1}{2}$」を子供の数で均等割りします。法定相続人が配偶者と親の場合は、配偶者が「$\frac{2}{3}$」で、残りの「$\frac{1}{3}$」を親の数で均等割りします。法定相続人が配偶者と兄弟姉妹の場合は、配偶者が「$\frac{3}{4}$」で、残りの「$\frac{1}{4}$」を兄弟姉妹の数で均等割りします。

また、亡くなった人の子供が、異母兄弟姉妹、異父兄弟姉妹の場合、法定相続分は父母を同じくする兄弟姉妹の「$\frac{1}{2}$」を人数で均等割りします。

法定相続分はあくまでも法律上で定められた権利にすぎず、必ず法定相続分で遺産を分割しなければならないというわけではありません。

なお、配偶者、子供、親以外の法定相続人（兄弟姉妹など）が相続した場合や、遺贈により財産を取得した場合（受遺者）は、税務署に納付するその人たちの相続税額が**2割加算**されます。

相続で財産がもらえる人

法定相続人	民法で決められた相続人で、亡くなった人の配偶者と子供か、父母か、兄弟姉妹等
受遺者 受贈者	・遺言書で指名されて、財産を譲り受ける人 ・死因贈与契約により財産を譲り受ける人

法定相続分の割合

相続順位	法定相続人	相続人の法定相続分の割合 配偶者	子供	父母	兄弟姉妹
第1順位	配偶者と子供	1/2	1/2		
第2順位	配偶者と父母	2/3		1/3	
第3順位	配偶者と兄弟姉妹	3/4			1/4
配偶者のみ	配偶者	全額			
第1順位（子供のみ）	子供		全額		
第2順位（父母のみ）	父母			全額	
第3順位（兄弟姉妹のみ）	兄弟姉妹				全額

POINT

兄弟姉妹や法定相続人ではない人が相続した場合は、税務署に納付するその人たちの相続税額が2割加算されます。

04 相続税の対象になる「財産」、ならない「財産」？

相続人は亡くなった人の財産を相続したとき、まずは財産を「プラスの財産」と「マイナスの財産」に分けて、ざっくりと遺産総額を確認しましょう。

すべての財産が相続税の対象？

相続税は、亡くなった人の財産を相続した人が支払う税金です。

とはいえ、すべての財産が「プラスの財産」で、相続税の対象になるわけではありません。借金や未払金など「マイナスの財産」もあります。また、相続税がかからない「非課税財産」もあります。

相続税は、**亡くなった人の「課税対象の財産」から、「非課税対象の財産」を差し引いたものに対してかかります。**簡単にいうと、**課税対象の財産とは「プラスの財産」「みなし相続財産」「贈与財産」のこと**です。**非課税対象の財産は「マイナスの財産」と「非課税財産」のこと**です。そこで、相続人が財産を相続したとき、まずは**財産を「課税対象」と「非課税対象」に分けて、相続財産を確認**しましょう。

基本的に、**すべての相続財産はお金に換算して評価**します。

例えば、土地や有価証券など、価格が変動する財産に対しては相続開始日の時価で評価します。

その後、**課税対象の財産から非課税対象の財産を差し引くことで、「正味の遺産総額」を出します。**この**「正味の遺産総額」が相続税の基礎控除額を超えていない場合には、相続税はかかりません。**

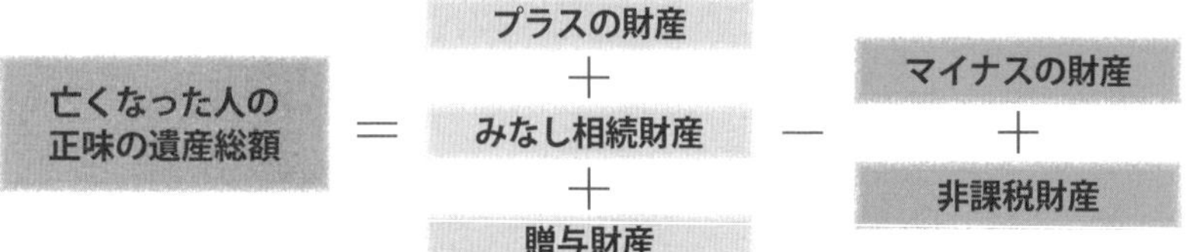

「プラスの財産」は課税対象

「プラスの財産」とは、亡くなった人が所有していた財産のうち、**お金に換算できる経済的価値のあるもの**です。例えば、現金、預貯金、土地、家屋、有価証券、貴金属、自動車、債権、ゴルフ会員権、特許権、著作権などが、プラスの財産に当てはまります。

これらは、すべてが課税対象になります。

「マイナスの財産」は非課税対象

「マイナスの財産」とは、亡くなった人の**債務**です。例えば、借金（住宅ローン［団信を除く]、自動車ローン、クレジットカード未決済分など）や、未払金（水道光熱費、通信費、管理費、医療費など）、主たる債務者が弁済不能な保証債務、亡くなった人が最終的に負担すべき連帯債務などです。一方、実際は亡くなった人の債務ではありませんが、葬儀費用もマイナスの財産とされています。亡くなったあとに必要な支出なので、相続税上は債務として、亡くなった人のプラスの財産から差し引くことができます。

「みなし相続財産」「贈与財産」とは？

生命保険金や死亡退職金などは、亡くなった人が生前に得ていたお金ではありませんが、**相続税法では「相続財産」とみなされるので「みなし相続財産」**といいます。よって、生命保険金などは相続によって得たものとして、一部が課税対象になります。

また生前、亡くなった人から「相続時精算課税制度」の適用を受けて財産を受け取っていた場合や、相続開始前３年以内（2024年１月１日以降は段階的に７年以内）に贈与された財産は、「贈与財産」として相続税の課税対象に含まれます72ページ参照。

「非課税財産」はもちろん、非課税対象！

「非課税財産」とは、そもそも**相続税がかからない財産**です。

具体的には、墓地や墓石、仏壇、仏具、神を祭る道具などです。

また、生命保険金や死亡退職金には一部**「非課税枠」**が設けられています。生命保険金や死亡退職金の非課税枠の計算は次のようになります。

生命保険金や死亡退職金の非課税枠

非課税枠 ＝ **500万円** × **法定相続人の数**

国や地方公共団体などへ寄附した財産も非課税財産のため、これらも課税対象外です。

生命保険金の相続は要注意

みなし相続財産である「生命保険金」については、意外と知られていないことがあります。そこで、生命保険金を相続するときの注意点について少し説明します。**1つ目に、**相続税法では生命保険金は相続財産とみなされていますが、**民法では相続人固有の財産になるため、遺産分割の対象にならず、亡くなった人から生命保険金の受取人として指名された人の財産**になることです。例えば、亡くなった人が生前に配偶者を受取人に指名した場合、生命保険金は配偶者のみの財産になります。また、亡くなった人が配偶者と子供を受取人に指名していた場合は、生命保険金の非課税枠は受取保険金の割合に応じて分配されます。**2つ目は、生命保険金の受取人が配偶者、子、親（法定相続人）以外だと、相続税の納付税額が2割加算**されます。このため、代襲相続人ではない孫を受取人にすると、孫の相続税の納付税額は2割加算されます。

3つ目は、生命保険金の相続税の非課税枠を使う場合には、契約内容の確認が必要です。というのも、**契約内容によっては税金の種類が「相続税」ではなく「所得税」「贈与税」に変わるからです。相続税の非課税枠を使う場合には、生命保険の契約は必ず「被保険者」を「契約者本人（亡くなる予定の人）」に、「受取人」は「法定相続人」**にしましょう。例えば、孫を生命保険金の受取人に指名した場合、孫は法定相続人ではないため非課税枠は使えません。

以上の点を頭の片隅に入れておくと、無駄な税金を払わずに相続することができます。

相続税の課税対象と非課税対象

相続税の課税対象(対象になるもの)

プラスの財産 	現金、預貯金、土地、家屋、有価証券、貴金属、自動車、債権、ゴルフ会員権、特許権、著作権など
みなし相続財産 	生命保険金、個人年金、死亡退職金など
贈与財産 	相続時精算課税制度を利用した贈与財産や相続開始前3年以内(2024年1月1日以降は段階的に7年以内)に贈与された財産など

相続税の非課税対象(対象にならないもの)

マイナスの財産 	借金(住宅ローン[団信を除く]、自動車ローン、クレジットカード未決済分など)や、未払金(水道光熱費、通信費、管理費、医療費など)、主たる債務者が弁済不能な保証債務、亡くなった人が最終的に負担すべき連帯債務など。葬儀にかかった費用もマイナスの財産に含む
非課税財産 	墓地、墓石、仏具、神棚など。国・地方公共団体などに寄附した財産。また、生命保険金や死亡退職金などには非課税枠があるので、一部非課税財産に含む

POINT

まずは亡くなった人の財産を「プラスの財産」「みなし相続財産」「贈与財産」「マイナスの財産」「非課税財産」に分けて、全体像を把握しましょう。

05 相続財産の評価って、どういうこと?

相続財産の評価とは、相続財産を相続開始時の時価で評価して、すべてお金に換算することです。具体的には国税庁が公表している「財産評価基本通達」という評価基準に従って評価を行います。

相続財産はお金に換算する

プラスの財産とマイナスの財産などを洗い出したら、次は相続財産の評価を行います。相続財産の評価とは、**相続財産を相続開始時の時価で評価して、すべてお金に換算すること**です。

現金や預貯金は残高が明確なので評価しやすいのですが、土地や有価証券などは国税庁が定めた「路線価」や「株価」等を使って評価をするので、なかなか複雑です。迷ったときは、税理士や最寄りの税務署に相談するか、国税庁の「国税局電話相談センター」に電話して相談しましょう。

ここでは、代表的な相続財産の評価方法の種類について紹介します。

相続財産の評価の種類

亡くなった日の
現金や預貯金の残高

生命保険などで
支払われた金額

土地や有価証券などの
財産を評価

不動産の評価方法

不動産を相続した場合、不動産の評価方法には次のような基準が設けられています。

●土地の評価

土地の評価方法には**「路線価方式」**と**「倍率方式」**があります。

路線価方式は主に路線価が定められている市街地などで使われ、倍率方式は路線価が定められていない山林や畑などの地域で使われる評価方法です。

路線価方式は、「市街地の道路に面した土地1㎡当たりの価額」の路線価に、土地の形状に応じた補正率と土地の面積をかけて評価額を計算します。計算式は次の通りです。

路線価方式の計算方法

（引用文献：国税庁「財産評価基準書路線価図・評価倍率表」、https://www.rosenka.nta.go.jp/index.htm）

倍率方式は、土地の固定資産税評価額に一定の倍率をかけて計算します。固定資産税評価額は、毎年市区町村の役所から送られてくる**「固定資産税の課税明細書」**などで確認しましょう。

「固定資産税の課税明細書」の見本

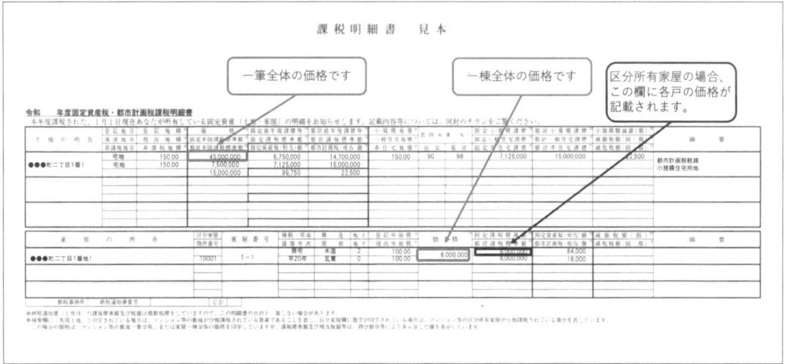

課税明細書　見本

一筆全体の価格です

一棟全体の価格です

区分所有家屋の場合、この欄に各戸の価格が記載されます。

令和　年度固定資産税・都市計画税課税明細書

土地の所在													摘要
●●●町二丁目1番1	宅地	150.00	45,000,000	6,750,000	14,700,000	150.00	90	98	7,125,000	15,000,000	22,500		都市計画税軽減 小規模住宅用地
	宅地	150.00	7,500,000	7,125,000	15,000,000								
			15,000,000	99,750	22,500								

家屋の所在											摘要
●●●町二丁目1番地1	10001	1－1	居宅	木造	2	100.00	6,000,000	6,000,000	84,000		
			平20年	瓦葺	0	100.00		6,000,000	18,000		

（引用文献：東京都主税局、『固定資産 証明・閲覧とは』「Q7 不動産登記の申請を行う場合、固定資産の価格はどのように確認すればよいですか。」、https://www.tax.metro.tokyo.lg.jp/shitsumon/tozei/meisai_mihon.pdf）

倍率方式の計算式は次の通りです。

倍率方式の計算式

なお、路線価や倍率は、国税庁ウェブサイト「財産評価基準書路線価図・評価倍率表」（https://www.rosenka.nta.go.jp/index.htm）で確認できます。

●借地権の評価

借地権も相続財産に含まれます。よって、亡くなった人が借地権を持っていた場合は相続税評価額を計算しましょう。

原則、路線価方式または倍率方式で評価した価格に、借地権割合をかけて計算します。

路線価方式に借地権割合をかけて計算する場合

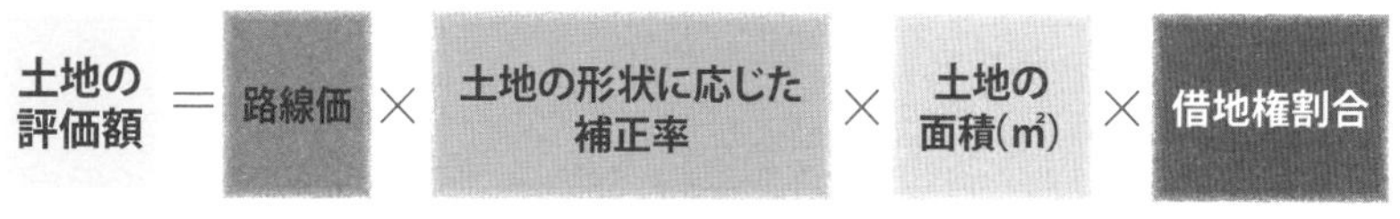

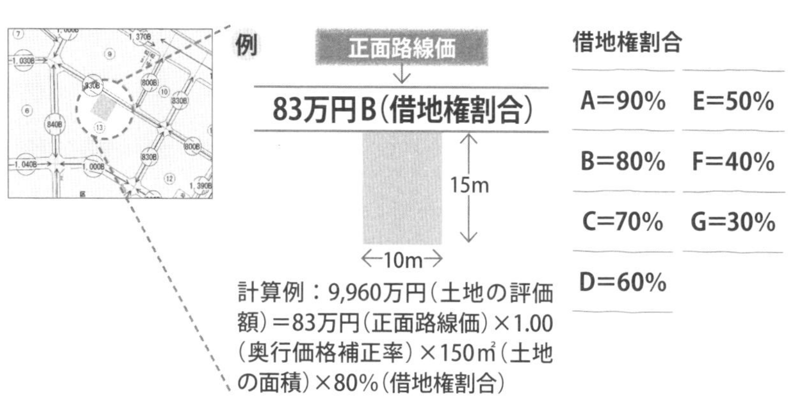

(引用文献：国税庁「財産評価基準書路線価図・評価倍率表」、https://www.rosenka.nta.go.jp/index.htm)

●家屋

家屋は「固定資産税評価額」によって評価されます。

アパートやマンションなど建物を賃貸している場合は借家権割合30%を控除するため、**「固定資産税評価額×70%×賃貸割合」**で評価します。

ただし、親族に無償でマンションなどを貸している場合は、賃貸物件としては認められず、相続税評価額が減額されません。また、空室がある場合も、空室部分については減額の対象外です。

土地は「形」「大きさ」などで評価額が変わる

市街地にある土地は、通常「路線価×土地の形状に応じた補正率×土地の面積（㎡）」で相続税評価額を計算します。この補正率は、土地の形や大きさなどによって変動するため、間口が狭い土地や、奥行きが長い土地、形がいびつな土地、広すぎる土地などは、そうでない土地に比べて評価額を減額することが可能です。適用できる補正率は次の通りです。

土地の評価額を減額できる補正率

奥行価格補正率	土地の奥行距離が一般的な形状と比べて長すぎたり短すぎたりする場合に減額される
不整形地補正率	いびつな形の土地は、正方形や長方形の土地よりも減額される
規模格差補正率	三大都市圏では500㎡以上の広さ、三大都市圏以外では1,000㎡以上の広さがある場合、一定の条件を満たせば減額される
間口狭小補正率	間口が狭い土地の場合に減額される
奥行長大補正率	間口に対して奥行が2倍以上長く、使用しにくい形状である場合に減額される
がけ地補正率	地盤が傾斜し、あるいは階段状の形状をしているため、宅地としての利用が困難な場合に減額される

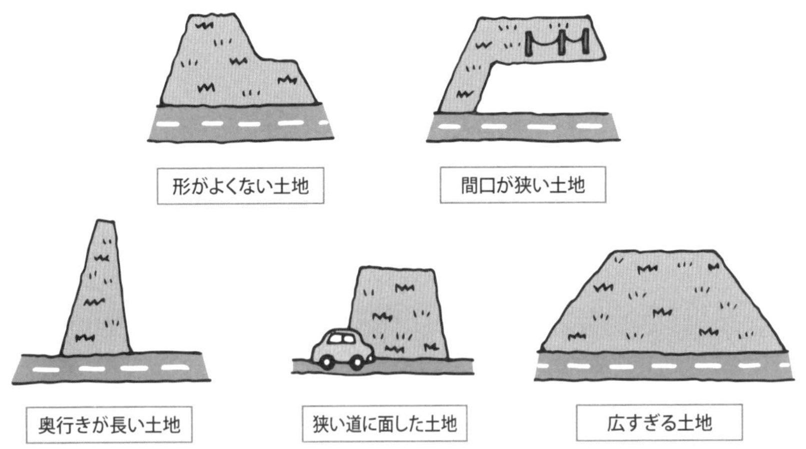

……など

著しく利用価値が低下している土地も評価減の対象

周辺の土地と比べて著しく利用価値が低下している土地については、通常よりも土地の評価額を10%下げることができます。対象となるのは主に次のようなケースです。

1　周辺に比べて著しく高低差のある土地
2　震災等の影響により地盤に甚だしい凹凸のある土地
3　線路沿いなど電車が通過するたびに揺れる震動の甚だしい土地
4　高架線下など騒音により利用価値が著しく低下している土地
5　墓地のような忌地（いみち）に隣接している土地

その他、セットバックが必要な土地、都市計画道路予定地、高圧電線が通っている土地、道路に面していない無道路地なども、評価減の対象となります。どのような評価減が適用できるか判断に迷う場合は、税理士または最寄りの税務署に相談しましょう。

現金・預貯金

現金はタンス預金や自宅金庫、銀行の貸金庫など、亡くなった日の現金を集計します。預貯金は「普通預金」と「定期預金」で評価方法が変わります。普通預金の場合は、亡くなった日の残高が相続税評価額です。

一方、定期預金の場合は、亡くなった日の残高と既経過利息（源泉所得税相当額の控除後）が相続税評価額です。

なお、外貨預金の場合は、外貨を円に換算する必要があります。その際、亡くなった日の残高と利息を、取引金融機関が公表する対顧客電信買相場（TTB）の額で円に換算します。これらの情報は銀行から亡くなった日時点の「残高証明書」を入手することで把握できます。

株式

上場株式の場合は１日の間でも価格が変動するため、相続税評価額は次の４つの評価額の中からもっとも低い価格を選択することができます。

上場株式の相続税評価額は4つの評価額から一番低い価格を選択

①相続開始日の終値
②相続開始月の全終値の平均額
③相続開始月の前月の全終値の平均額
④相続開始日の前々月の全終値の平均額

一方、非上場株式の場合は、評価する株式を発行した会社の業種、総資産価額、従業員数、取引金額に応じて、会社の規模（大会社、中会社、小会社）のいずれかに区分して評価します。非上場株式の評価方法は、次の３つです。

非上場株式の評価方法

類似業種比準方式	上場している同業種の株価を参考にして、評価する会社の1株当たりの「配当金」「利益金額」「純資産価額」の3つで比準して評価する方法
純資産価額方式	会社の総資産価額から負債などを差し引いた残りの金額により評価する方法
配当還元方式	株式を所有することによって受け取る1年間の配当金額を、一定の利率で還元して元本である株式の価額を評価する方法

生命保険金・死亡退職金

生命保険金と死亡退職金には**「非課税枠」**が設けられています。**非課税枠の計算式は「500万円×法定相続人の数」**です。

生命保険金や死亡退職金から、この非課税枠を差し引いた金額が課税対象になります。

生命保険金・死亡退職金の非課税枠

非課税枠 ＝ **500万円** × **法定相続人の数**

ただし、**生命保険金は契約者と受取人が同じ場合、所得税の対象になります。**また、**契約者、被保険者、受取人が異なる場合、贈与税の対象になる**ので、相続税の非課税枠は使えません。

生命保険金で相続税の非課税枠を使う場合は、契約者と被保険者を同じにし、受取人は法定相続人にしましょう。

自動車

自動車の相続税評価額は、相続開始時の中古市場の買取価格が評価額になります。また、減価償却費を使って計算した**「新品の小売価格－償却費相当額」**でも評価できます。

POINT

現金や預貯金は評価しやすいですが、土地や株式などは国税庁が定めた「路線価」や「株価」を使って評価をするので複雑です。迷ったときは、税理士や最寄りの税務署に相談しましょう。

06 相続税の計算方法とは?

課税遺産総額がプラスの場合は、相続税額の計算をはじめます！課税遺産総額とは、「相続税の課税対象となる財産の総額」のことをいいます。

相続税の課税対象になる課税遺産総額の計算方法

相続税の税額計算をするためには、**「課税遺産総額」**が必要になります。課税遺産総額とは、**「相続税の課税対象となる財産の総額」**をいいます。課税遺産総額の計算方法は、次のようになります。

課税遺産総額の計算方法

❶ 課税対象の遺産額 ＝ 「プラスの財産」＋「みなし相続財産」＋「相続時精算課税制度の適用を受けた贈与財産」－「マイナスの財産（債務、葬式費用）」－「非課税財産」

❷ 正味の遺産総額 ＝ 「課税対象の遺産額」＋ 相続開始前３年以内の贈与財産

2024年1月1日以降は段階的に7年以内

❸ 課税遺産総額 ＝ 正味の遺産総額 － 基礎控除額

亡くなった人の「課税遺産総額」がプラスの場合は、相続税が課税される可能性があるので、相続税額の計算をはじめます。

相続税額の計算方法とは?

相続税額の計算の流れは、１つ目は**課税遺産総額を各法定相続人に分け**

ます。２つ目は、**各相続人の仮の相続税を計算**し、**相続税の総額を集計**します。３つ目で、**各相続人の相続税額を計算**します。最後4つ目は、**各相続人の相続税額から税額控除を差し引き、実際の納付税額を計算**します。

なお、相続税の税率は一定ではなく、相続する遺産の額に応じて高くなっていく**「累進課税制度」**となっています。最低税率の10%から段階的に上がり、最高税率は55%です。

相続税の計算の仕組み

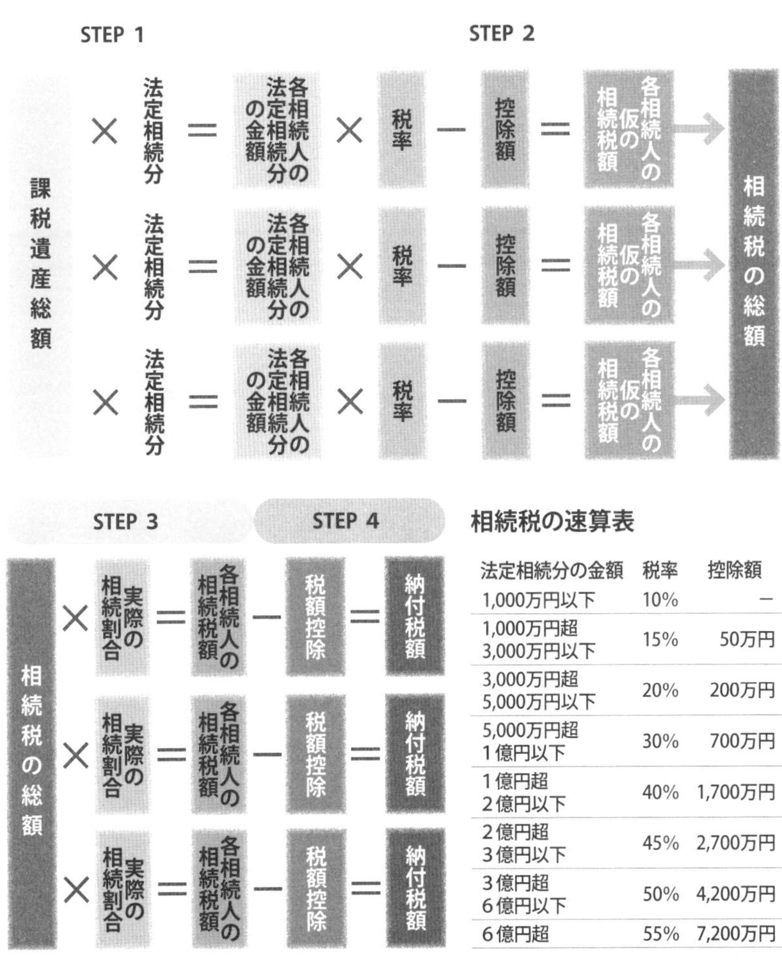

相続税の速算表

法定相続分の金額	税率	控除額
1,000万円以下	10%	−
1,000万円超 3,000万円以下	15%	50万円
3,000万円超 5,000万円以下	20%	200万円
5,000万円超 １億円以下	30%	700万円
１億円超 ２億円以下	40%	1,700万円
２億円超 ３億円以下	45%	2,700万円
３億円超 ６億円以下	50%	4,200万円
６億円超	55%	7,200万円

相続税の計算例

●ネコ嶋家の相続税の場合

正味の遺産額：１億7,400万円

プラスの財産：預貯金、不動産、株式など１億7,500万円

マイナスの財産：債務・葬式費用100万円

法定相続人：配偶者  と子供３人  

遺産分割の内容：子供は各1,000万円ずつ預貯金を相続し、その他の財産は配偶者が相続する

基礎控除額 5,400万円 ＝ 3,000万円 ＋ 600万円 × ４人（法定相続人）

課税遺産総額 1億2,000万円 ＝ 1億7,500万円（プラスの財産）－ 100万円（マイナスの財産）－ 5,400万円（基礎控除額）

❶「課税遺産総額」を各法定相続人の法定相続分に従って分ける

各相続人の法定相続分の金額 ＝ **課税遺産総額** × **各相続人の法定相続分**

6,000万円 ＝ 課税遺産総額 × の法定相続分 $\frac{1}{2}$

2,000万円 ＝ 課税遺産総額 × の法定相続分 $\frac{1}{6}$

2,000万円 ＝ 課税遺産総額 × の法定相続分 $\frac{1}{6}$

2,000万円 ＝ 課税遺産総額 × の法定相続分 $\frac{1}{6}$

❷「相続税の速算表」に従って、各相続人の法定相続分の金額に相続税の税率をかけて「各法定相続人の仮の相続税額」を計算し、それらを合計して「相続税の総額」を集計する

各法定相続人の仮の相続税額 ＝ **各法定相続人の法定相続分の金額** × **税率** － **控除額**

1,100万円	=	6,000万円	×	30%	−	700万円
250万円	=	2,000万円	×	15%	−	50万円
250万円	=	2,000万円	×	15%	−	50万円
250万円	=	2,000万円	×	15%	−	50万円

仮の相続税額 → 相続税の総額:1,850万円

❸各相続人の相続税額の計算。相続税の総額を実際の相続割合（課税価格の合計額に占める各相続人の課税価格の割合）であん分する

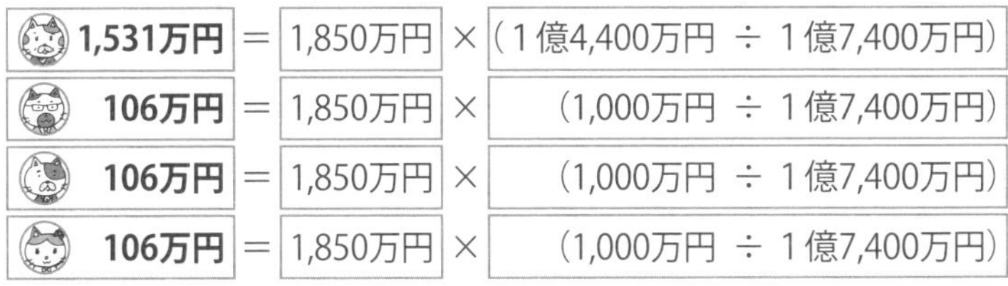

1,531万円	=	1,850万円	×	（1億4,400万円 ÷ 1億7,400万円）
106万円	=	1,850万円	×	（1,000万円 ÷ 1億7,400万円）
106万円	=	1,850万円	×	（1,000万円 ÷ 1億7,400万円）
106万円	=	1,850万円	×	（1,000万円 ÷ 1億7,400万円）

❹「配偶者の税額軽減」などの各種の税額控除を差し引いて、実際に納める税額を計算する

納付税額0円（法定相続分または1億6,000万円までは相続税がかからない）
納付税額106万円（税額控除の該当なし）
納付税額106万円（税額控除の該当なし）
納付税額106万円（税額控除の該当なし）

POINT

相続税額の計算は法定相続分に従って各相続人の仮の相続税を計算・集計し、集計した相続税の総額を実際の相続割合に従って各相続人にあん分して、税額控除を行います。

07 使える税額控除はフル活用する!?

相続税の申告書を提出していないと使えない税額控除もあるので、税務署への申告手続きは忘れないように！

相続税には6つの税額控除がある！

相続税には基礎控除以外にも、相続税を税額控除する方法がいくつかあります。

具体的には、**「配偶者の税額軽減」「贈与税額控除」「未成年者控除」「障害者控除」「相次相続控除」「外国税額控除」**の６つの税額控除があります。**これらの税額控除には条件が付きます**が、条件を満たす人は忘れずに活用しましょう。なお、相続税の申告書を提出していないと使えない税額控除もあるので、**税務署への申告手続きは忘れないように！**

「配偶者の税額軽減」で相続税がゼロ？

「配偶者の税額軽減」とは、亡くなった人の配偶者が遺産分割や遺贈によって実際に受け取った財産が**「１億6,000万円」**または**「配偶者の法定相続分相当額」**のうちで、いずれか多い金額まで相続税が控除されるという制度です。なお、配偶者の法定相続分とは、民法で決められた相続割合のことです。

例えば、相続財産が４億円で相続人が配偶者と子供の場合、配偶者の法定相続分は$\frac{1}{2}$なので２億円です。この場合、配偶者は２億円までが税額控除されます。一方、亡くなった人の相続財産が１億6,000万円以内の場合は、配偶者がすべて相続しても税額控除されるので、配偶者には相続税がかかりません。

配偶者の税額軽減の計算式は次の通りです。

配偶者の税額軽減の計算式

$$\text{相続税の総額} \times \frac{\text{❶または❷のうち、いずれか少ない金額}}{\text{相続税の課税価格の合計額}}$$

❶ 次のいずれか多い金額
・相続税の課税価格の合計額 × 配偶者の法定相続分
・1億6,000万円

❷ 配偶者の課税価格

例 亡くなった夫の相続財産が3億円。相続人は妻と子供。妻がすべて相続する場合

課税遺産総額 2億5,800万円 ＝ 相続財産 3億円 ー 基礎控除額 (3,000万円 ＋ 600万円 × 2人)

各相続人の仮の相続税額 3,460万円 ＝ 2億5,800万円×$\frac{1}{2}$(各相続人の法定相続分)×40%(税率)−1,700万円(控除額)

相続税額の総額 6,920万円 ＝ 3,460万円×2名(妻と子供)

❶「配偶者の税額軽減」適用前の妻の相続税

6,920万円 ＝ 6,920万円 ×（3億円÷3億円［配偶者の取得割合］）

❷配偶者に対する相続税額の軽減額

約3,690万円 ＝ 6,920万円 ×（1億6,000万円 ÷ 3億円）

① 3億円 ×$\frac{1}{2}$(法定相続分) ＝ 1億5,000万円 ＜ 1億6,000万円

② 配偶者の課税価格3億円

③ ①＜② よって 1億6,000万円

❸妻の相続税

約3,230万円 ＝ ❶ 6,920万円 − ❷ 約3,690万円

❹子供の相続税

0円

❺妻と子供の相続税の合計

約3,230万円 ＝ 約3,230万円 ＋ 0円

また、「配偶者の税額軽減」は、次の条件を満たしている人が受けられます。

○戸籍上の配偶者である
○相続税の申告期限までに遺産分割を終えて申告している

ただし、遺産分割が終わっていない場合は、相続税の申告書に**「申告期限後３年以内の分割見込書」**という書類を添付して、申告期限までに税務署へ提出しましょう。「申告期限後３年以内の分割見込書」とは、相続税の申告期限までに遺産分割が終わらなかった場合、その後３年以内には遺産分割ができる見込みのあることを税務署へ届け出る書類です。

遺産分割が終わっていない財産については、**申告期限から３年以内に遺産分割した場合、遺産分割をした日の翌日から４カ月以内に、税務署へ「更正の請求書」を提出すれば、配偶者の税額軽減の対象になります。また、納めすぎた相続税は還付されます。**

なお、相続税の申告期限から３年を経過しても、まだ遺産分割できない事情がある場合は、２カ月以内に「遺産が未分割であることについてやむを得ない事由がある旨の承認申請書」を提出し、税務署長の承認を受けて、その事情がなくなった日の翌日から４カ月以内に遺産分割すれば、配偶者の税額軽減の対象になります。

「贈与税額控除」で税金の二重取りは起きない!

遺産を相続する人が、亡くなった人から相続開始前３年以内（2024年１月１日以降は段階的に７年以内）に贈与を受けた場合や、相続時精算課税制度を利用していた場合には、**その贈与財産が相続税の対象になります。**よって、贈与税と相続税の二重取りが起こらないように、**相続税から支払い済みの贈与税が控除できます。**

贈与税額控除は、次の条件を満たしている人が受けられます。

○相続開始前３年以内（2024年１月１日以降は段階的に７年以内）に亡くなった人から贈与を受け、贈与税を払っている相続人
○相続時精算課税制度を利用して、亡くなった人から贈与を受け、贈与税を払っている人

「未成年者控除」は18歳未満まで

「未成年者控除」とは、相続人が18歳未満である場合、**満18歳(成年年齢)になるまでの1年につき、10万円が控除される制度**です。

未成年者控除は、次の条件を満たしている人が受けられます。

○相続開始日に未成年者である人
○相続または遺贈によって財産を取得している法定相続人
○日本国内に住所がある人、もしくは日本国籍があり、相続開始前10年以内に日本国内に住所がある人 ……など

未成年者控除の計算式は次の通りです。

未成年者控除の計算式

10万円 × (18歳 − 相続時の年齢)

例 法定相続人が12歳2カ月の場合
10万円×(18歳−12歳)=60万円
＊年齢の1年未満の期間は切り捨て

未成年者控除の額が未成年者本人の相続税額を超える場合は、**その超えた金額を扶養義務者の相続税額から控除**できます。なお、その未成年者が以前の相続時に未成年者控除を受けている場合は、控除額が制限されることがあります。

「障害者控除」は満85歳まで

「障害者控除」とは、相続人が障害者の場合、**満85歳になるまでの1年につき、10万円が控除される制度**です。また、特別障害者の場合は**1年につき20万円が控除**されます。

障害者控除は、次の条件をすべて満たしている人が受けられます。

○日本国内に住所がある人
○相続財産を取得したときに障害者である人
○相続財産を取得した人が法定相続人であること

障害者控除の計算式は次の通りです。

障害者控除の計算式

10万円 × （**85歳** ー **相続時の年齢**）

例 法定相続人が50歳2カ月の場合
10万円×（80歳－50歳）＝300万円
＊年齢の１年未満の期間は切り捨て

障害者控除の額が障害者本人の相続税額を超える場合は、**その超えた金額を扶養義務者の相続税額から控除**できます。その障害者が以前の相続時に障害者控除を受けている場合は、控除額は制限されることがあります。

10年以内に2回の相続をしたら「相次相続控除」

「相次相続控除」とは、**10年以内に２回以上の相続が発生した場合、１回目の相続で納めた相続税の一部を、２回目の相続税から控除**するものです。なお、控除額は年数によって変わるので、短期間で２回目の相続が起きると控除額が大きくなります。

相次相続控除は、次の条件をすべて満たしている人が受けられます。

○亡くなった人の相続人
○その相続の開始前10年以内に開始した相続により、亡くなった人が財産を取得していること
○その相続の開始前10年以内に開始した相続により取得した財産について、亡くなった人に対して相続税が課税されたこと

国外で相続した人は「外国税額控除」を使う

「外国税額控除」とは、相続人が国外の相続財産を受け取った場合、外国

で納付した**外国税額を一定の範囲で、日本で支払う相続税額から控除**するものです。つまり、税金の二重取りが起こらないようにする制度です。外国税額控除は控除限度額が定められており、**「外国で納めた相続税額」または「日本の相続税額×（外国にある相続財産額合計÷相続人の相続財産額合計）」のいずれか少ないほうの金額が控除**されます。なお、外国税額控除は次の条件をすべて満たしている人が受けられます。

○相続または遺贈によって外国の財産を取得した人
○日本国外の財産を取得して、外国で相続税を課税された人

相続税の６つの税額控除

税額控除	対象者	控除額
配偶者の税額軽減	亡くなった人の配偶者	「１億6,000万円」または「配偶者の法定相続分相当額」までは相続税が課税されない
贈与税額控除	相続開始前３年以内（2024年１月１日以降は段階的に７年以内）に亡くなった人から贈与を受けた相続人など	支払い済みの贈与税
未成年者控除	日本に居住している18歳未満の相続人	満18歳になるまでの1年につき10万円が控除
障害者控除	日本に居住している85歳未満の障害者である相続人	満85歳になるまでの１年につき10万円が控除（特別障害者の場合は1年につき20万円が控除）
相次相続控除	一次相続から10年以内に二次相続が起きた際、一定の条件を満たした二次相続の相続人	控除額は年数によって変動するので、税理士や税務署に要確認
外国税額控除	日本国外の財産を取得して、外国で相続税を課税された相続人	「外国で納めた相続税額」または「日本の相続税額×（外国にある相続財産額合計÷相続人の相続財産額合計）」のいずれか少ないほうの金額

POINT

「配偶者の税額軽減」「贈与税額控除」「未成年者控除」「障害者控除」「相次相続控除」「外国税額控除」を活用すれば、相続税額を減額できます。

08 マイナスの財産は相続放棄、限定承認する?

相続放棄と限定承認には期限があり、原則として亡くなったことを知った日(相続開始)から「3カ月以内」に家庭裁判所へ申し立てをしなければなりません。

「単純承認」する前にマイナスの財産を確認

Part 1-4 でもお伝えしましたが、相続財産はプラスの財産だけではありません。借金などのマイナスの財産が含まれる場合もあります。

この場合、単純に財産を相続してしまうと、親の借金も相続人が背負うことになり、親に代わって子供が返済をしなければなりません。このようにプラスの財産もマイナスの財産もすべて相続することを**「単純承認」**といいます。

「相続放棄」でマイナスの財産を引き継がない!

亡くなった人のマイナスの財産から法定相続人を守るために、民法では**「相続放棄」**を定めています。

相続放棄とは、亡くなった人のすべての財産(プラスの財産とマイナスの財産)を放棄することです。この**相続放棄には期限があり、原則として亡くなったことを知った日(相続開始)から「3カ月以内」に家庭裁判所へ申し立てをしなければなりません。**

相続放棄は**法定相続人のうち1人でも「放棄したい」と思ったら、単独で相続放棄**できます。

法定相続人が相続放棄した場合は、相続人ではなくなるので、次の順位の人が相続人になります。なお、相続放棄した人ははじめから相続人ではなかったとみなされるので、代襲相続は起こりません。

とはいえ、マイナスの財産が多い相続では、相続放棄した人の次の順位の相続人もほとんどの場合は相続放棄します。このときも忘れてはならないのが**「相続放棄できる期限」**です。次の順位の人も、前の順位の人が相続放棄したことを知った日から、**3カ月以内に相続放棄の申し立て**が必要です。

「限定承認」は条件付きの相続

相続には**「限定承認」**という方法もあります。これは、**プラスの財産を超えない範囲に限定して、マイナスの財産を引き継ぎ、借金などの債務を返済**する方法です。限定承認は、亡くなった人のマイナスの財産が不明確なときに有効です。プラスの財産よりもマイナスの財産が多い場合は、プラスの財産を超えて相続人が債務を負担する必要はありません。

ただし、限定承認の手続きは相続放棄よりも少し面倒で、**法定相続人全員（相続放棄した人は除く）で家庭裁判所に申し立てをする必要**があります。このとき、**1人でも反対者がいる場合は限定承認が行えません。**

また、相続人が複数いる場合には財産目録の作成や、債務を清算するための「相続財産管理人」の選任が必要です。加えて、**限定承認の期限も、亡くなったことを知った日から原則として3カ月以内**です。

相続放棄・限定承認を検討する場合

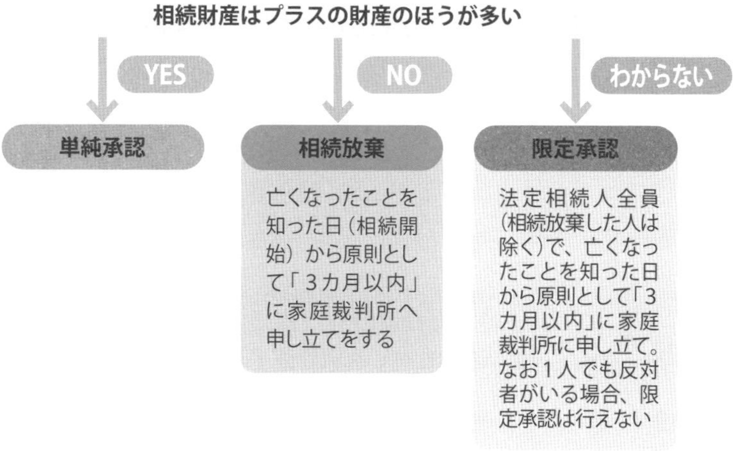

相続放棄の手続き方法

相続放棄の手続きの流れを説明します。まず、**相続放棄を決めたら相続放棄に必要な書類と費用を用意**します。その後、**亡くなった人の住所地を管轄する家庭裁判所に申し立て**をします。**相続放棄申立後に裁判所から届く「照会書」には、必要事項を記入して返送**します。裁判所に相続放棄が許可され、**「相続放棄申述受理通知書」が送られてきたら手続きは完了**です。

相続放棄の手続きの流れ

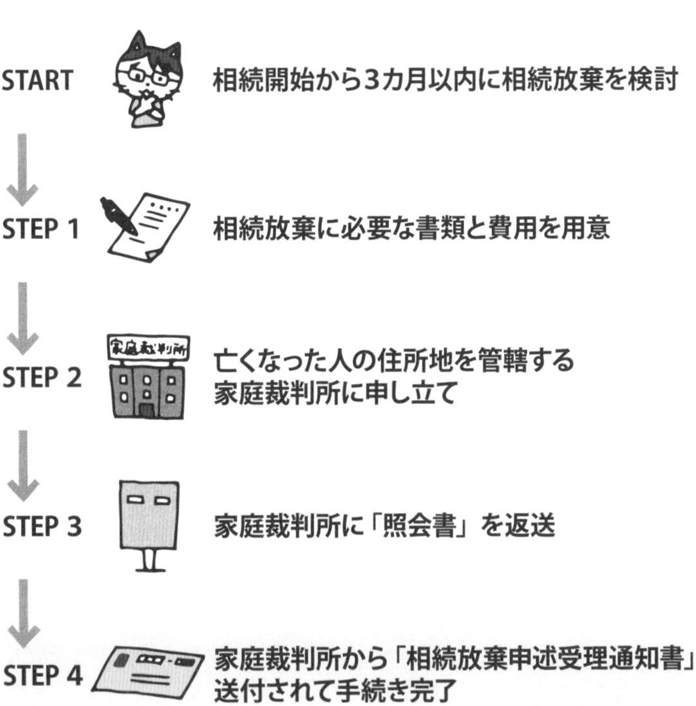

相続放棄するために必要な書類

順位別	必要書類
配偶者の場合 	相続放棄申述書 亡くなった人の住民票除票または戸籍附票 亡くなった人の死亡の記載のある戸籍謄本(除籍謄本、改製原戸籍謄本など) 申述人の戸籍謄本
子供や孫の場合 	相続放棄申述書 亡くなった人の住民票除票または戸籍附票 亡くなった人の死亡の記載のある戸籍謄本(除籍謄本、改製原戸籍謄本など) 申述人の戸籍謄本 孫の場合は本来の相続人の死亡の記載のある戸籍謄本(除籍謄本、改製原戸籍謄本)
親や祖父母の場合 	相続放棄申述書 亡くなった人の住民票除票または戸籍附票 亡くなった人の出生から死亡までのすべての戸籍謄本(除籍謄本、改製原戸籍謄本) 申述人の戸籍謄本 亡くなった人の子供、孫が亡くなっている場合、その子供、孫の出生から死亡までのすべての戸籍謄本(除籍謄本、改製原戸籍謄本など) 亡くなった人の親が亡くなっている場合、その人の戸籍謄本(除籍謄本、改製原戸籍謄本)
兄弟姉妹や甥、姪の場合 	相続放棄申述書 亡くなった人の住民票除票または戸籍附票 亡くなった人の出生から死亡までのすべての戸籍謄本(除籍謄本、改製原戸籍謄本) 申述人の戸籍謄本 亡くなった人の子供、孫が亡くなっている場合、その子供、孫の出生から死亡までのすべての戸籍謄本(除籍謄本、改製原戸籍謄本) 亡くなった人の親や祖父母が亡くなっている場合、その人の死亡の記載のある戸籍謄本(除籍謄本、改製原戸籍謄本) 申立人が甥、姪の場合、兄弟姉妹の死亡の記載のある戸籍謄本(除籍謄本、改製原戸籍謄本)

相続放棄の手続き費用

手続きに必要なもの	費用
収入印紙	800円(申述人１人)
郵便切手	500円程度(家庭裁判所による)
亡くなった人の住民票除票または戸籍附票	300円程度(市区町村による)
亡くなった人の死亡の記載のある戸籍謄本(除籍謄本、改製原戸籍謄本)	450円から750円
申述人の戸籍謄本	450円

限定承認の手続き方法

限定承認は法定相続人全員の同意がないと行えないので、まず法定相続人を確定します。また、亡くなった人の相続財産も調べます。その後、**「家事審判申立書（相続の限定承認）」と「財産目録」を作成**し、必要な書類と費用を用意します。その後、**亡くなった人の住所地を管轄する家庭裁判所に相続人全員で申し立て**を行います。なお、法定相続人（申述人）が複数の場合は「相続財産管理人」を選任します。**限定承認の申立後に裁判所から届く「照会書」に必要事項を記入して返送**します。裁判所に限定承認が許可されれば、**「限定承認が受理された旨の通知書」**が送られてきます。限定承認の手続きが完了後、**相続人は５日以内に債権者に対して「請求を申し出てください」と官報で公告をして、清算**しなければなりません。限定承認の手続きの流れは次のようになります。

限定承認の手続きの流れ

START  相続開始から3カ月以内に法定相続人の確定と財産調査

↓

STEP 1  限定承認に必要な書類と費用を用意

↓

STEP 2 

亡くなった人の住所地を管轄する家庭裁判所に申し立て

↓

STEP 3  家庭裁判所に「照会書」を返送

↓

STEP 4 家庭裁判所から「限定承認が受理された旨の通知書」が送付されて手続き完了

↓

STEP 5 債権者に請求申出の公告と清算

限定承認するために必要な書類

順位別	必要書類
申立人が配偶者、子供、親、祖父母の場合	家事審判申立書(限定承認申述書)
	財産目録
	亡くなった人の出生から死亡までのすべての戸籍謄本(除籍謄本、改製原戸籍謄本)
 	亡くなった人の住民票除票または戸籍附票
	申述人全員の戸籍謄本
	亡くなった人の子供、孫がすでに亡くなっている場合、その子供、孫の出生から死亡までのすべての戸籍謄本(除籍謄本、改製原戸籍謄本)
	亡くなった人の親や祖父母が亡くなっている場合、その人の死亡の記載のある戸籍謄本(除籍謄本、改製原戸籍謄本)
申立人が配偶者のみ、または兄弟姉妹、甥、姪の場合	家事審判申立書(限定承認申述書)
	財産目録
	亡くなった人の出生から死亡までのすべての戸籍謄本(除籍謄本、改製原戸籍謄本)
	亡くなった人の住民票除票または戸籍附票
 	申述人全員の戸籍謄本
	亡くなった人の子供、孫がすでに亡くなっている場合、その子供、孫の出生から死亡までのすべての戸籍謄本(除籍謄本、改製原戸籍謄本)
	亡くなった人の親の出生から死亡までのすべての戸籍謄本(除籍謄本、改製原戸籍謄本)
	亡くなった人の祖父母の死亡の記載のある戸籍謄本(除籍謄本、改製原戸籍謄本)
	亡くなった人の兄弟姉妹がすでに亡くなっている場合、その人の出生から死亡までのすべての戸籍謄本(除籍謄本、改製原戸籍謄本)
	代襲者の甥、姪が亡くなっている場合、その人の死亡の記載のある戸籍謄本(除籍謄本、改製原戸籍謄本)

限定承認の手続き費用

手続きに必要なもの	費用
収入印紙	800円
郵便切手	500円程度(家庭裁判所による)
亡くなった人の住民票除票または戸籍附票	300円程度(市区町村による)
亡くなった人の戸籍謄本(除籍謄本、改製原戸籍謄本)	450円から750円
申述人の戸籍謄本	450円
官報公告料	4万円程度

「相続放棄申述書」の記入例

1枚目

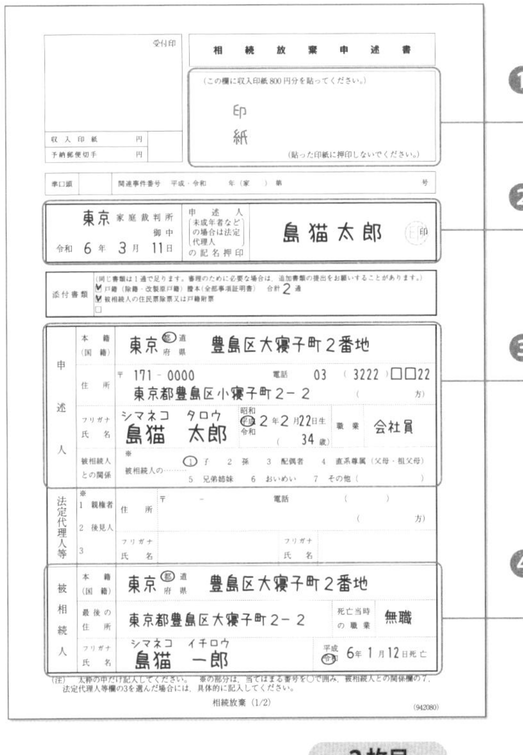

受付印

相続放棄申述書

(この欄に収入印紙800円分を貼ってください。)

印紙

(貼った印紙に押印しないでください。)

収入印紙	円
予納郵便切手	円

準口頭 ／ 関連事件番号 平成・令和 年(家)第 号

東京 家庭裁判所 御中 令和 6 年 3 月 11 日	申述人(未成年者などの場合は法定代理人)の記名押印	島猫太郎 印

添付書類	(同じ書類は1通で足ります。審理のために必要な場合は、追加書類の提出をお願いすることがあります。) ☑ 戸籍(除籍・改製原戸籍)謄本(全部事項証明書) 合計 2 通 ☑ 被相続人の住民票除票又は戸籍附票 □

申述人	本籍(国籍)	東京 都(○)道府県 豊島区大寝子町2番地		
	住所	〒171-0000 電話 03(3222)□□22 東京都豊島区小寝子町2-2 (方)		
	フリガナ 氏名	シマネコ タロウ 島猫 太郎	昭和・平成(○)・令和 2年2月22日生 (34歳)	職業 会社員
	被相続人との関係	※ 被相続人の……… (1)(○) 子 2 孫 3 配偶者 4 直系尊属(父母・祖父母) 5 兄弟姉妹 6 おいめい 7 その他( )		
法定代理人等	※ 1 親権者 2 後見人 3	住所 〒 - 電話 ( ) (方)		
		フリガナ 氏名	フリガナ 氏名	
被相続人	本籍(国籍)	東京 都(○)道府県 豊島区大寝子町2番地		
	最後の住所	東京都豊島区大寝子町2-2	死亡当時の職業	無職
	フリガナ 氏名	シマネコ イチロウ 島猫 一郎	平成・令和(○) 6年1月12日死亡	

(注) 太枠の中だけ記入してください。 ※の部分は、当てはまる番号を○で囲み、被相続人との関係欄の7、法定代理人等欄の3を選んだ場合には、具体的に記入してください。

相続放棄(1/2)

(942080)

❶ 収入印紙800円分を貼る

❷ 申述人の氏名、作成年月日、亡くなった人の住所地を管轄する家庭裁判所名を記入

❸ 申述人の氏名、本籍、住所、電話番号、生年月日、年齢、職業、亡くなった人との関係を記入

❹ 亡くなった人の氏名、本籍、最後の住所、亡くなったときの職業、亡くなった日を記入

2枚目

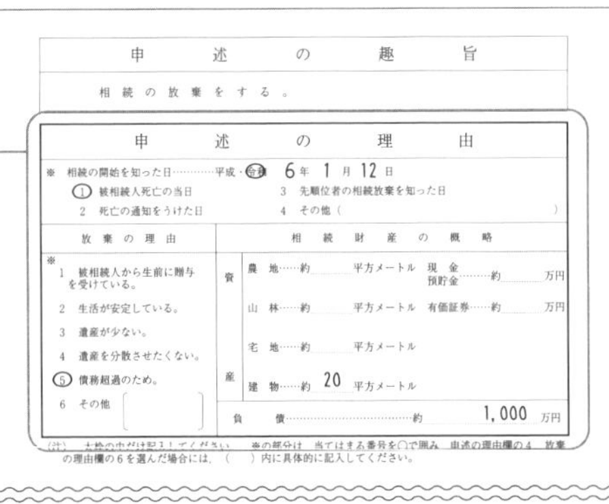

申述の趣旨

相続の放棄をする。

申述の理由

※ 相続の開始を知った日…………平成・令和(○) 6年 1月 12日

(1)(○) 被相続人死亡の当日　3 先順位者の相続放棄を知った日

2 死亡の通知をうけた日　4 その他( )

放棄の理由	相続財産の概略	
※ 1 被相続人から生前に贈与を受けている。 2 生活が安定している。 3 遺産が少ない。 4 遺産を分散させたくない。 (5)(○) 債務超過のため。 6 その他( )	資産	農地……約 平方メートル　現金 預貯金………約 万円 山林……約 平方メートル　有価証券……約 万円 宅地……約 平方メートル 建物……約 20 平方メートル
	負債……………………約 1,000 万円	

(注) 太枠の中だけ記入してください。 ※の部分は、当てはまる番号を○で囲み、申述の理由欄の4、放棄の理由欄の6を選んだ場合には、( )内に具体的に記入してください。

❺ 相続放棄する理由と、亡くなった人の相続財産の概略を記入

「家事審判申立書（相続の限定承認）」の記入例

1枚目

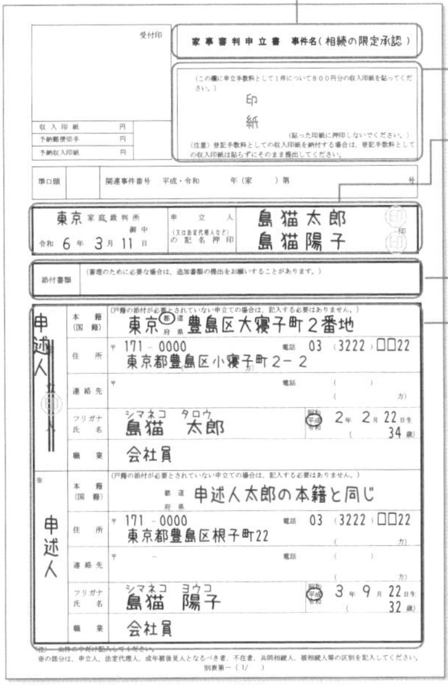

家事審判申立書　事件名（相続の限定承認）

受付印

（この欄に申立手数料として1件について800円分の収入印紙を貼ってください。）

印紙

（貼った印紙に押印しないでください。）

（注意）登記手数料としての収入印紙を納付する場合は，登記手数料としての収入印紙は貼らずにそのまま提出してください。

収入印紙	円
予納郵便切手	円
予納収入印紙	円

準口頭　　関連事件番号　平成・令和　　年（家　　）第　　号

東京家庭裁判所　御中 令和 6 年 3 月 11 日	申立人（又は法定代理人など）の記名押印	島猫太郎　印 島猫陽子　印

添付書類	（審理のために必要な場合は，追加書類の提出をお願いすることがあります。）

		（戸籍の添付が必要とされていない申立ての場合は，記入する必要はありません。）
申述人	本籍（国籍）	東京都豊島区大寝子町２番地
	住所	〒171-0000　電話 03（3222）□□22 東京都豊島区小寝子町２－２
	連絡先	〒　電話（　）（　方）
	フリガナ 氏名	シマネコ　タロウ 島猫　太郎　　平成 2年 2月 22日生（34歳）
	職業	会社員
※申述人	本籍（国籍）	（戸籍の添付が必要とされていない申立ての場合は，記入する必要はありません。） 申述人太郎の本籍と同じ
	住所	〒171-0000　電話 03（3222）□□22 東京都豊島区根子町22
	連絡先	〒　－　電話（　）（　方）
	フリガナ 氏名	シマネコ　ヨウコ 島猫　陽子　　平成 3年 9月 22日生（32歳）
	職業	会社員

（注）太枠の中だけ記入してください。
※の部分は，申立人，法定代理人，成年被後見人となるべき者，不在者，共同相続人，被相続人等の区別を記入してください。
別表第一（1/　）

❶「相続の限定承認」を記入

❷収入印紙800円分を貼る

❸申述人の氏名、作成年月日、亡くなった人の住所地を管轄する家庭裁判所名を記入

❹添付した書類を記入

❺申述人の氏名、本籍、住所、電話番号、生年月日、年齢、職業などを記入

2枚目

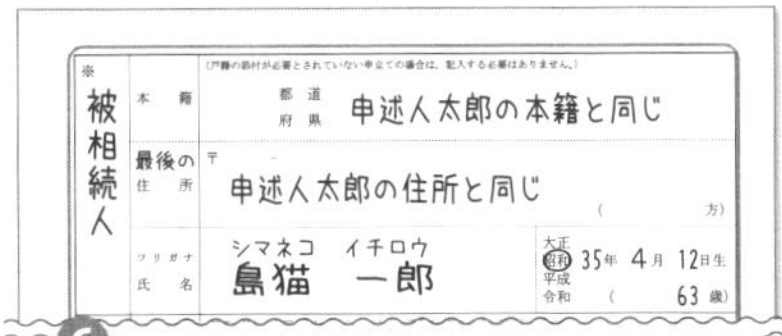

		（戸籍の添付が必要とされていない申立ての場合は，記入する必要はありません。）
※被相続人	本籍	都道府県　申述人太郎の本籍と同じ
	最後の住所	〒　申述人太郎の住所と同じ（　方）
	フリガナ 氏名	シマネコ　イチロウ 島猫　一郎　　昭和 35年 4月 12日生（63歳）

❻亡くなった人の氏名、本籍、最後の住所、生年月日、年齢を記入

3枚目

❼限定承認を申し立てする趣旨を記入

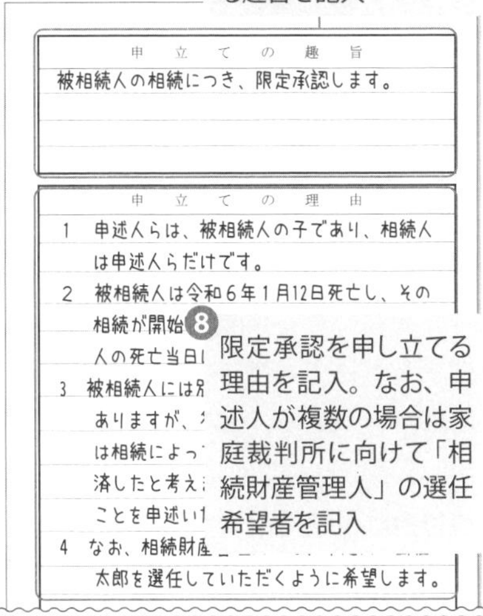

申立ての趣旨

被相続人の相続につき、限定承認します。

申立ての理由

1　申述人らは、被相続人の子であり、相続人は申述人らだけです。

2　被相続人は令和6年1月12日死亡し、その相続が開始……人の死亡当日……

3　被相続人には……ありますが、……は相続によっ……済したと考え……ことを申述い……

4　なお、相続財産……太郎を選任していただくように希望します。

❽限定承認を申し立てる理由を記入。なお、申述人が複数の場合は家庭裁判所に向けて「相続財産管理人」の選任希望者を記入

POINT

相続放棄は法定相続人が単独で家庭裁判所に申し立てを行えますが、限定承認は法定相続人全員で家庭裁判所に申し立てをする必要があります。

09 亡くなった人の所得税の確定申告も必要!?

相続人が亡くなった人の代わりに所得税の準確定申告をしないと、延滞税などを支払わなければならないので注意しましょう。準確定申告の期限は、亡くなったことを知った日の翌日から「4カ月以内」です。

相続人は亡くなった人の確定申告もするの?

亡くなった人が個人事業主やフリーランス、または2カ所以上から給与所得がある人などの場合、**相続人が代わりに所得税の確定申告をして税金を納めなければなりません**。これを**「所得税及び復興特別所得税の準確定申告」**といいます。準確定申告の期限は、**亡くなったことを知った日の翌日から「4カ月以内」**です。注意点としては、相続人が亡くなった人の代わりに準確定申告をしなかった場合、**延滞税などの支払いが必要になること**です。よって、亡くなった人の準確定申告をしなければならない場合は、必ず税務署に申告と納付を行いましょう。税務署に納付した税金は相続財産から差し引きます。また、医療費を多く払った人や、会社員で年末調整を受けていない人などは、準確定申告をすると還付金が戻ってくる可能性があります。他にも、株式や投資信託の配当金から源泉徴収された人や、ふるさと納税していた人も還付金が戻ってくる可能性があります。なお、**還付金は相続財産**になります。

準確定申告が必要になる主な人

- ○個人事業主やフリーランスの人
- ○株式や不動産などの売却収入があった人
- ○副業で20万円以上の所得があった人
- ○公的年金の年金収入が400万円を超えていた人
- ○2,000万円を超える給与収入があった人
- ○賃貸収入があった人 ……など

「準確定申告書」を作成して提出

亡くなった人の準確定申告の手続きは、相続人（包括受遺者も含む）が行います。

相続人は**「所得税及び復興特別所得税の確定申告書」**を税務署から入手するか、国税庁のウェブサイトからダウンロードしたデータを紙に印刷し、必要事項を記入します。

ただし、相続人が２人以上の場合は**「所得税及び復興特別所得税の確定申告書付表」**の提出も必要です。付表も税務署から入手するか、国税庁のウェブサイトからダウンロードしたデータを紙に印刷して、必要事項を記入します。なお、**付表はすべての相続人が連名で記入して、各相続人は共同で申告**します。

準確定申告の申告書の書き方は、ほぼ通常の確定申告書と同じです。

とはいえ、**国税庁の「確定申告書等作成コーナー」では申告書を作成できないので、紙の申告書に自分で手書きするか、e-Taxソフトで申告書を作成**します。

申告書の提出は、手書きの場合は亡くなった人の住所地の管轄税務署へ持参して提出するか、郵送します。

e-Taxソフトの場合は電子申告です。事前に、電子証明書（マイナンバーカードなど）や利用者識別番号が必要になるので用意しておきましょう（詳しくは、国税庁「所得税及び復興特別所得税の準確定申告のe-Tax対応について」、https://www.nta.go.jp/taxes/shiraberu/shinkoku/jyunkaku/index.htmを確認ください）。

税務署へ申告書を提出後、相続人の人数分の納付書を入手して、税務署か最寄りの金融機関で納付手続きを行います。

税務署は納付通知のお知らせを行っていないので、注意して期限までに納付しましょう。

なお、所得税の還付金を代表相続人が受け取る場合は準確定申告書付表とは別に、**他の相続人からの委任状を提出する**必要があります。

準確定申告の注意ポイント

申告期限	**相続が発生してから4カ月以内**
申告先	**亡くなった人の住所地を管轄する税務署**
申告者	**相続人全員（共同の連署が必要）**
保険料、医療費などの所得控除の対象	**死亡日までに支払った金額**
扶養控除や配偶者控除の対象	**死亡日までの扶養の状況が対象**

申請方法は3種類

準確定申告の納付方法

亡くなった人に納付する所得税がある場合、亡くなったことを知った日の翌日から**「4カ月以内」に必ず準確定申告と納付**を行いましょう。納付方法は亡くなった人の住所地を管轄する税務署か金融機関の窓口納付、クレジットカード納付、コンビニ納付（QRコード）、ダイレクト納付、インターネットバンキング納付などで行います。

準確定申告をする人が提出する書類

「所得税及び復興特別所得税の準確定申告書」

第一表

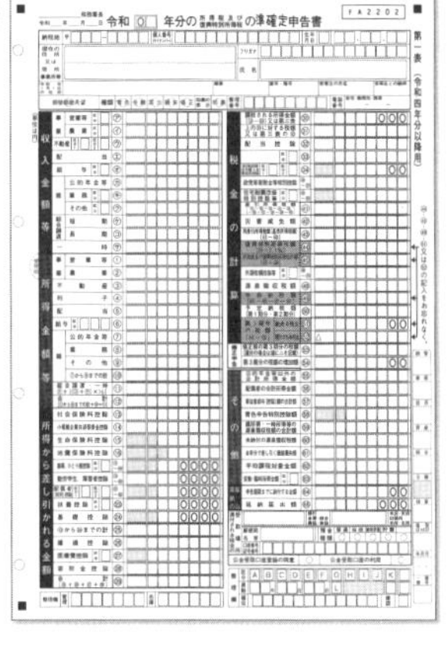
令和 年分の所得税及び復興特別所得税の準確定申告書

第二表

令和 年分の所得税及び復興特別所得税の準確定申告書

「所得税及び復興特別所得税の準確定申告書付表」

死亡した者の＿＿年分の所得税及び復興特別所得税の確定申告書付表
（兼相続人の代表者指定届出書）

提出する「確定申告書」には必ず「準確定申告書」と書く！

POINT

準確定申告が必要な人は「個人事業主やフリーランスの人」「株式や不動産などの売却収入があった人」「副業で20万円以上の所得があった人」「公的年金の年金収入が400万円を超えていた人」などです。

10 相続税の申告・納付期限は10カ月！

相続税の申告と納付の期限は、たったの10カ月です。なかなかにハードなスケジュールなので、事前に準備できる書類などは集めておきましょう。なお、申告書の提出先は亡くなった人の住所地の管轄税務署です！

相続税の申告と納付は原則10ヵ月

相続財産に相続税がかかる場合は相続税を納めます。**相続税の申告と納付の期限は、亡くなったことを知った日の翌日から10カ月以内**です。例えば、９月23日に死亡した場合は翌年の７月23日が申告・納付期限です。この期限が土日祝日などに当たる場合はその翌日が期限になります。

相続税の申告書の提出先は、亡くなった人の住所地を管轄する税務署なので、間違えないようにしましょう。

なお、**納付方法は原則、現金で一括納付**です。

申告期限までの10カ月以内に「遺言書の有無」「相続人の確定」「相続財産の調査と評価」「遺産分けの話し合いと遺産分割協議書の作成」「相続税の申告書の作成」などを行わなければなりません。しかも、法定相続人が「相続放棄」「限定承認」50ページ参照を考えている場合は、相続開始日から３カ月以内に相続方法を決めます。なかなかにハードなスケジュールなので、事前に準備できる書類などは集めておきましょう。

遺産分割協議がまとまらない場合も申告と納付はする？

法定相続人が遺産分割で揉めている場合でも、相続税は10カ月以内に申告と納付をしなければなりません。もし、申告期限までに納付をしないと、**遅れた日数に対して延滞税がかかります。**

このような場合は、法定相続分の割合で仮の申告と納付をしておきましょう。遺産分割が成立したあとに、相続税額が変わった場合は**「更正の請求」か「修正申告書」を提出**します。

また、遺産分割協議がまとまっていない場合は、相続税が大きく軽減される「小規模宅地等の特例」や「配偶者の税額軽減」などの特例が受けられません。これらの特例を受けたい場合は、相続税の申告期限までに相続税の申告書と一緒に**「申告期限後３年以内の分割見込書」**46ページ参照という書類を税務署へ提出しましょう。申告期限から３年以内に遺産分割協議がまとまった場合、これらの特例が適用されます。

相続手続きの流れ

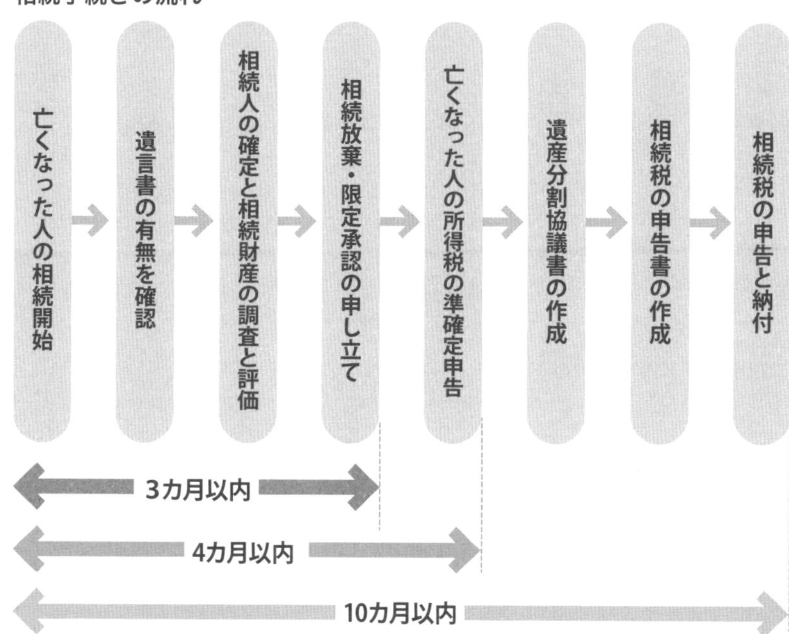

POINT

「相続人の確定」「遺言書の有無」「相続財産の調査と評価」「遺産分割協議書の作成」「相続税の申告書の作成」などは、相続税の申告期限の10カ月以内に行います。

Part 1

まずは「相続税」のキホンを知る！

「法定相続人」とは民法で定められた亡くなった人の遺産を相続できる人。遺産は誰も彼もが相続できるわけではなく、原則として、配偶者と血族である「法定相続人」に限られる。

相続で財産をもらえる人は「法定相続人」または遺言による「受遺者」など。遺言などがない場合、法定相続人は「法定相続分の割合」に従って、遺産を相続する権利を持つ。

生命保険金と死亡退職金には「非課税枠」がある。
非課税枠はそれぞれ「500万円×法定相続人の数」。

「配偶者の税額軽減」「贈与税額控除」「未成年者控除」「障害者控除」「相次相続控除」「外国税額控除」には一定の条件がある。

所得税の準確定申告の期限は、亡くなったことを知った日の翌日から「4カ月以内」。相続人が亡くなった人の代わりに準確定申告をしなかった場合、延滞税などが支払わされる。

相続税の申告書の提出先は、亡くなった人の住所地の管轄税務署。納付方法は原則、現金で一括納付！

遺産分割協議がまとまっていない場合は、相続税が大きく軽減される「小規模宅地等の特例」や「配偶者の税額軽減」などの特例が受けられない！

Part

2

これだけは知っておきたい 節税アイテムや生前贈与で 相続税対策

相続税の節税のポイントは、
「相続税がかかる財産を減らす」
「相続財産の評価額を下げる」「税額控除をフル活用」の3つ。
Part 2では、生前から利用できる節税対策と、
相続開始後から利用できる節税対策をご紹介！

相続税の節税アイテムを押さえる!

たとえば、配偶者や同居している家族などが「小規模宅地等の特例」を使えば、100坪までは自宅の土地の評価額が8割減になるから相続税の負担が軽くなる！

8割オフってコト!?

生前贈与を活用するという手もあるよ。
手軽なところでいえば「暦年課税」。年間110万円までは子供や孫にあげても控除されるから、贈与税もかからないし、贈与税の申告の必要もない！
今月のこづかいじゃ
ありがとうございます♪

おおお、なんかおトクってことはわかります！

ということで、相続税の節税アイテムについて説明しましょう
よろぴくです！

01 相続税の節税アイテムを知る

相続税の節税ポイントは「相続税がかかる財産を減らすこと」「相続財産の評価額を下げること」「税額控除をフル活用すること」の3つです。

相続税を減額するには、節税対策が必須!

相続人にとって、相続税の節税は重要なテーマです。できることならば節税して「なるべく相続税を支払いたくない」というのが本音ではないでしょうか。Part 1 - 1でもお話ししましたが、遺産総額(課税価格の合計額)から「3,000万円+600万円×法定相続人の数」の基礎控除額を差し引いたとき、基礎控除額を超えた分に相続税がかかります。逆にいえば、遺産総額を少なくすれば相続税の支払いは少なくなります。つまり、**遺産総額を少なくすることが相続税の節税対策**です。

ただし、相続がはじまってからでは、できる節税対策は限られています。Part 2では、生前から利用できる節税対策と、相続開始後から利用できる節税対策をご紹介します。

相続税の節税ポイント

相続税を節税するには、次の3つのポイントを押さえておくことが大切です。1つ目は**「相続税がかかる財産を減らすこと」**です。生前贈与などを活用して、生前から財産を子供や孫に譲って整理しておけば、相続財産を減らすことができるので遺産総額も少なくなります。また、生前に非課税財産であるお墓などの購入や、生命保険金の非課税枠を利用することでも相続財産を減らせます。なお、このときに遺産総額が相続税の基礎控除額を超えなければ、相続税はかかりません。

2つ目は**「相続財産の評価額を下げること」**です。土地の評価減の特例や非課税財産を増やすことで、相続財産の評価額は下げられます。例えば

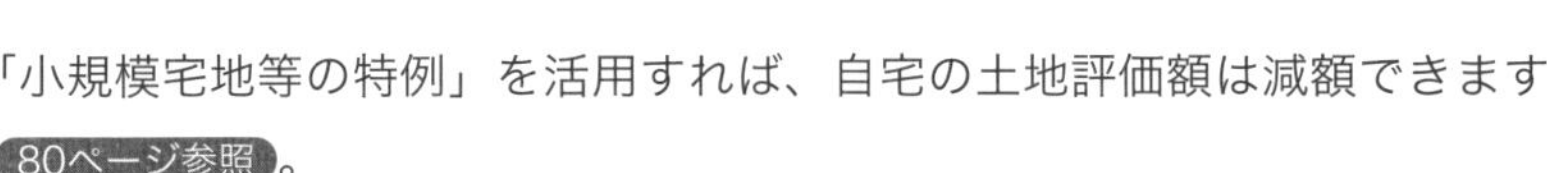

「小規模宅地等の特例」を活用すれば、自宅の土地評価額は減額できます80ページ参照。

3つ目は**「税額控除をフル活用すること」**です。「配偶者の税額軽減」やその他の税額控除を活用すれば、相続税が減らせます44ページ参照。これらの節税ポイントを頭に入れて、相続税の節税対策を行っていきましょう。

18歳から相続税・贈与税の各制度は利用できる

民法改正によって、2022年4月1日から成年年齢が20歳から18歳に引き下げられました。この改正で相続税・贈与税の各制度においても、18歳から利用できるようになりました。主な制度変更は次の通りです。

成年年齢18歳による相続税・贈与税の各制度の変更

	制度	2022年3月31日以前の相続税・贈与税の相続人などの年齢要件	2022年4月1日以降の相続税・贈与税の相続人などの年齢要件
相続税	未成年者控除	相続開始の時点で20歳未満	相続開始の時点で18歳未満
	遺産分割協議	20歳以上(20歳未満の場合は特別代理人などが参加)	18歳以上(18最未満の場合は特別代理人などが参加)
贈与税	相続時精算課税制度	贈与年の1月1日時点で20歳以上	贈与年の1月1日時点で18歳以上
	住宅取得等資金の贈与税非課税制度	贈与年の1月1日時点で20歳以上	贈与年の1月1日時点で18歳以上
	贈与税の特例税率	贈与年の1月1日時点で20歳以上	贈与年の1月1日時点で18歳以上
	事業承継税制	贈与日の時点で20歳以上	贈与日の時点で18歳以上
	結婚・子育て資金一括贈与の非課税制度	契約締結時点で20歳以上50歳未満	契約締結時点で18歳以上50歳未満

POINT

成年年齢が2022年4月1日から20歳から18歳に引き下げられ、相続税・贈与税の各制度においても18歳から利用できるようになりました。

02 節税のキホンは「110万円」の基礎控除を使うこと

財産が数千万円から1億円程度ある人は、贈与税の基礎控除額である年間110万円を数年にわたって複数人に渡すことで、ある程度相続税を減額できます。なお、親族以外の人にも贈与はできます。

基礎控除額110万円を上手に活用して節税する！

贈与税の基礎控除額110万円を活用するのは、相続税対策のキホンです。生前から子供や孫に毎年コツコツ110万円ずつ財産を贈与することで、相続財産を少なくすることができるので相続税を減らせます。

しかも、**1人当たり年間110万円以内であれば贈与税は非課税**なので、**贈与を受けた人は贈与税の申告の必要がありません。**贈与が年間110万円を超える場合は、贈与を受けた人は贈与税の申告が必要です。なお、**贈与税は贈与を受けた人にかかる税金**なので、贈与した人に贈与税はかかりません。

財産が数千万円から1億円程度ある人は、この節税対策を早くから複数人にすることで相続税を減額できます。しかも、親族以外の人にも贈与することができます。

生前贈与で贈与税がかからない人、かかる人

毎年110万円の生前贈与の注意ポイント

贈与税の基礎控除額110万円を生前贈与する場合、次の３つの点に気を付けましょう。**1つ目**は、贈与する親や祖父母が子供や孫の名義で銀行口座を作って、勝手に毎年110万円を移動している場合です。この場合、子供や孫に贈与を受けた認識がなく生前贈与が成立していないと、税務署から**「名義預金」**とみなされて、親や祖父母が亡くなったときに相続税の課税対象になります。贈与する場合は、子供や孫に贈与する旨を伝え、贈与契約書を作成しましょう。**2つ目**は**「定期贈与」**です。定期贈与とはあらかじめ総額を決めて、毎年一定の金額を贈与する方法です。例えば、1,000万円を10年間に分割して、毎年子供に100万円の贈与をすると決めている場合、基礎控除額110万円以内であっても、税務署は「贈与する人と贈与を受ける人の間で事前に約束されている場合には『1年ごとに贈与を受ける』とは考えず、約束した年に『定期金に関する権利』の贈与を受けたもの」とみなす可能性があります（参考文献：国税庁「毎年、基礎控除額以下の贈与を受けた場合」、https://www.nta.go.jp/taxes/shiraberu/shinkoku/tebiki/2015/taxanswer/zoyo/4402_qa.htm）。その場合には、贈与税の申告と、1,000万円に対しての贈与税177万円（特例税率の場合）を支払う必要があります。「定期贈与ではない」ことを証明するためには、贈与のたびに毎年贈与契約書を作成するといいでしょう。**3つ目**は、贈与した人が亡くなった場合、**年間110万円以内の贈与であっても、相続開始前の贈与は「3年以内（2023年12月31日まで）」または「段階的に7年以内（2024年1月1日以降）」は相続税の課税対象**になります72ページ参照。毎年110万円を贈与する場合は、早めに行ったほうがより相続税対策になります。これらの点に気を付けて、年間110万円の贈与税の基礎控除額を節税対策に利用しましょう。

POINT

贈与税の年間110万円の基礎控除額を生前贈与する場合、「名義預金」「定期贈与」「相続財産への加算」には気を付けて贈与しましょう。

03 「暦年課税」「相続時精算課税」の新ルール

2024年1月1日からはじまる贈与税の新ルールで、「暦年課税」「相続時精算課税」の計算方法が大きく変わります。

贈与を受け取ったときにかかる税金が贈与税

「贈与税」とは、個人（贈与者）の財産を無償で受け取った人（受贈者）が支払う税金です。例えば、親や祖父母（贈与者）から子供（受贈者）が一定額以上のお金をもらった場合には贈与税がかかり、子供が贈与税を支払います。

近年、生前贈与で相続税対策をするご家庭も増えているので、「贈与税」は馴染みがある税金の１つともいえます。ただし、**贈与する金額によっては、贈与税が相続税よりも高くなる**場合があり、贈与税の仕組みや非課税制度を知って、賢く使わないと逆に税金を多く支払うことになります。

贈与税の税額計算には**「暦年課税」と「相続時精算課税」**の２つの課税方法があります。贈与を受ける人は贈与をしてくれる人ごとに、これらの課税方法を選択できます。例えば、祖母からは暦年課税を選択して、父親からは相続時精算課税を選択するなどです。

暦年課税とは?

暦年課税とは、**個人が1月1日から12月31日までの1年間に贈与された財産の合計額をもとに贈与税を計算**する方法です。なお、贈与税には**年間110万円の基礎控除**があります。よって、個人が1年間に受け取った贈与額の**合計が基礎控除額の110万円を超えなければ、贈与税はかかりません。**複数の人から贈与を受けた場合も同様です。

暦年課税の計算方法は、1年間に贈与された財産の合計額から基礎控除額の110万円を差し引いたときに超過した課税価格に、**「一般税率」**か**「特**

例税率」をかけたものから、控除額を引いたものが**「贈与税額」**になります。

一般税率は、兄弟姉妹間の贈与や夫婦間の贈与、親から未成年者の子供への贈与など、特例税率が適用されない場合（一般贈与財産）にかかる税率です。また、**特例税率は、両親や祖父母（直系尊属）が18歳以上の子供に贈与した場合（特例贈与財産）にかかる税率**です。相続税対策の観点から考えると、一般税率よりも特例税率のほうが税率の低さや控除額の大きさなどでおトクです。ただし、**特例税率は贈与を受ける子供や孫が成人していないと使えない**ので、**未成年者に贈与する場合は一般税率**になります。なお、**贈与税が生じる場合は、贈与を受けた翌年の2月1日から3月15日までに贈与税の申告と納付**を行います。

暦年課税の計算方法

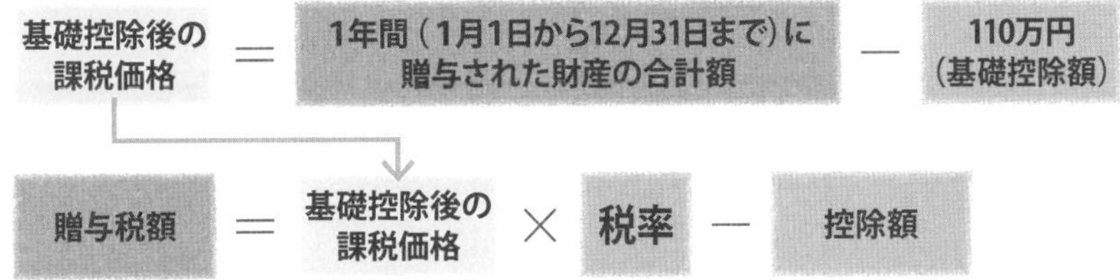

贈与税の速算表

一般税率の基礎控除後の速算表

基礎控除後の課税価格		税率	控除額
200万円以下		10%	−
200万円超	300万円以下	15%	10万円
300万円超	400万円以下	20%	25万円
400万円超	600万円以下	30%	65万円
600万円超	1,000万円以下	40%	125万円
1,000万円超	1,500万円以下	45%	175万円
1,500万円超	3,000万円以下	50%	250万円
3,000万円超		55%	400万円

特例税率の基礎控除後の速算表

基礎控除後の課税価格		税率	控除額
200万円以下		10%	−
200万円超	400万円以下	15%	10万円
400万円超	600万円以下	20%	30万円
600万円超	1,000万円以下	30%	90万円
1,000万円超	1,500万円以下	40%	190万円
1,500万円超	3,000万円以下	45%	265万円
3,000万円超	4,500万円以下	50%	415万円
4,500万円超		55%	640万円

生前贈与の加算対象期間が3年から最大7年に変更!

暦年課税による生前贈与の加算対象期間とは、**相続開始前の「一定期間内」に生前贈与を受けた場合は「相続財産」とみなして、相続税の課税価格に加算**するというものです。つまり、相続が開始したら、**相続財産に生前贈与された一定期間の財産をプラスして「相続税をかける」ということ**です。2023年12月31日までは暦年課税で生前贈与を受けた場合、相続開始前の３年以内に贈与された財産のみが相続税の課税価格に加算されます。それが2023年度の税制改正によって、2024年１月１日以降に受けた贈与は、生前贈与の加算対象期間が**相続開始前の「３年以内」から段階的に「７年以内」に変更**されます。

なお、この改正で相続開始前３年間の生前贈与は相続税の課税価格に加算されますが、さらにそれ以前の４年間の生前贈与に関しては、100万円を控除した残額を相続税の課税価格に加えます。

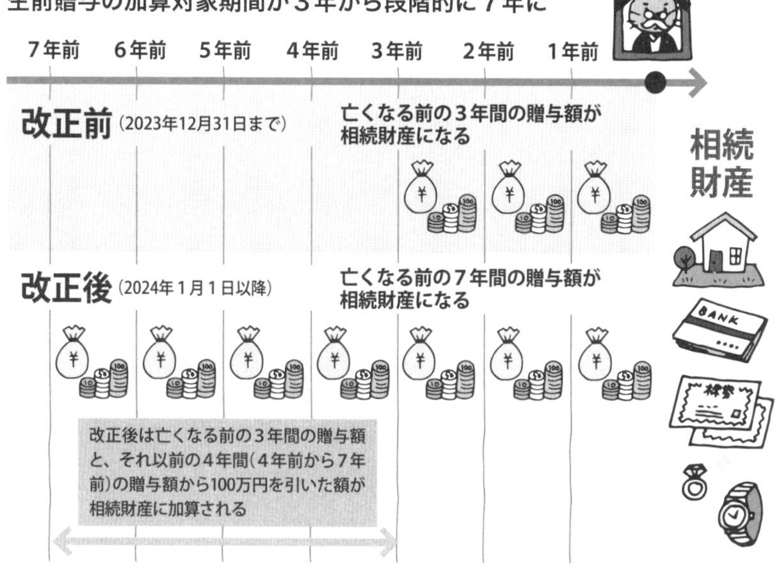

生前贈与の加算対象期間は段階的に変わる?

生前贈与の加算対象期間は2024年1月1日から「7年間」に変更されますが、**亡くなった時期によって、生前贈与にかかる加算対象期間は段階的に変わります。**具体的な亡くなった時期と生前贈与の加算対象期間は次のようになります。なお、**生前贈与の加算対象になる人は、生前に贈与を受けた相続人と受遺者のみ**です。生前に贈与を受けていても、財産を相続しない人は生前贈与の加算対象になりません。

2024年1月1日以降の亡くなった時期と生前贈与の加算対象期間

亡くなった時期	生前贈与の加算対象期間
2023年12月31日以前	相続開始前3年以内
2024年1月1日から2026年12月31日	相続開始前3年以内
2027年1月1日から2027年12月31日	2024年1月1日から相続開始日まで(最長4年以内)
2028年1月1日から2028年12月31日	2024年1月1日から相続開始日まで(最長5年以内)
2029年1月1日から2029年12月31日	2024年1月1日から相続開始日まで(最長6年以内)
2030年1月1日から2030年12月31日	2024年1月1日から相続開始日まで(最長7年以内)
2031年1月1日以降	相続開始前7年以内

改正後、暦年課税による生前贈与の節税対策とは?

暦年課税の生前贈与の加算対象期間が7年以内へ変更になったことで、相続税の課税対象が広がりました。これは、事実上の増税策ともいえます。よって、暦年課税による生前贈与の節税対策をする場合は、なるべく早めに行わないと、節税の意味がなくなってしまいます。

ここで注目したいのは、2024年1月1日以降の暦年課税による主な節税対策は、**孫や子供の配偶者への贈与**です。

生前贈与の加算対象になる人は**相続人と受遺者など遺産を相続した人のみ**です。よって、孫や子供の配偶者は通常相続人ではないので、贈与しても生前贈与の加算対象にはなりません。ただし、孫が代襲相続人で相続している場合や、亡くなった人の遺言で孫や子供の配偶者が相続財産を受け取っている場合、または孫が生命保険金の受取人になっている場合などは、孫や子供の配偶者も生前贈与の加算対象になるため、注意が必要です。

相続時精算課税制度も新ルールに変更

「相続時精算課税制度」とは、**贈与税と相続税を一体とする税金の後払い制度**のことです

この制度を使うと、**個人から贈与を受けたときの累積額が2,500万円以下の場合は贈与税を納める必要はありません。**

贈与額の累計が2,500万円を超えた場合は、**超えた部分の贈与額に一律20%の税率をかけて贈与税を納付**します。

なお、2023年度の税制改正によって、**2024年1月1日から相続時精算課税制度に年間110万円の基礎控除が新設**されました。この基礎控除額110万円は、**贈与額から控除**されます。

改正前後の相続時精算課税の計算方法

改正前（2023年12月31日まで）

贈与税額 ＝（贈与額－2,500万円）× 20%

改正後（2024年1月1日から）

贈与税額 ＝{(贈与額－年間110万円)－2,500万円} × 20%

一方、贈与した人が亡くなると、**贈与額と相続財産額を合計した額から相続税額を計算して、相続税を納付**します。また、**納めた贈与税がある場合は、贈与税額控除で相続税から差し引く**ことができます。なお、改正後の2024年１月１日以降は、贈与額から基礎控除額年間110万円を差し引いた残額と相続財産額を合計した額から相続税額を計算します。

相続時精算課税制度を選択する場合は、**事前に相続税の基礎控除額を超えないように相続財産を残せれば、贈与税も相続税も課税されないので、節税効果は高い**といえます。また、相続税が納めた贈与税より少ない場合、納付した贈与税は還付されます。

改正後の相続時精算課税制度

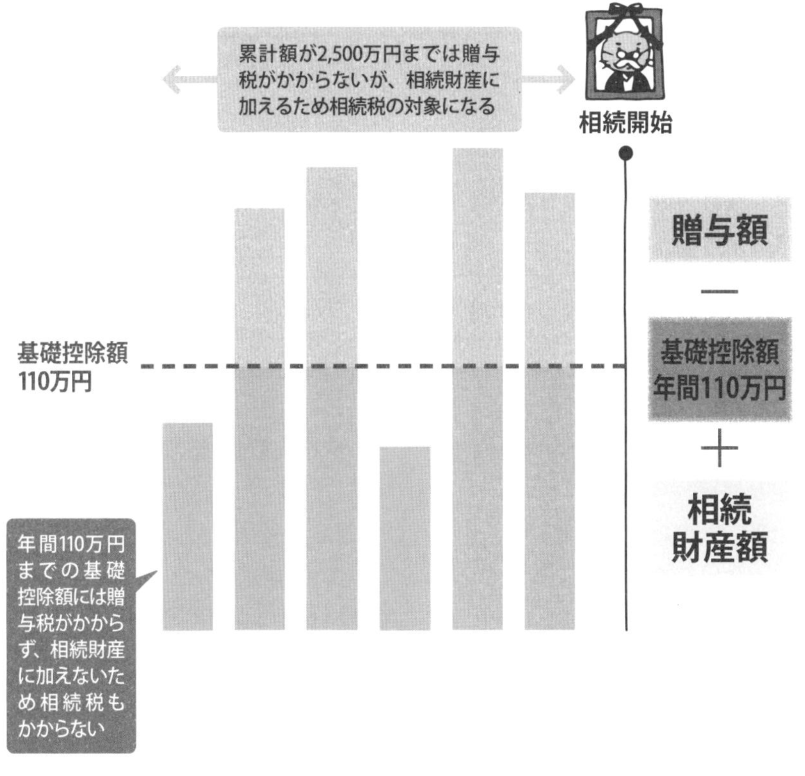

Part 2 これだけは知っておきたい節税アイテムや生前贈与で相続税対策

例 相続時精算課税を適用した場合——

法定相続人が「配偶者1人と子供3人」、累積の贈与額が「3,000万円」、相続財産が「2,000万円」

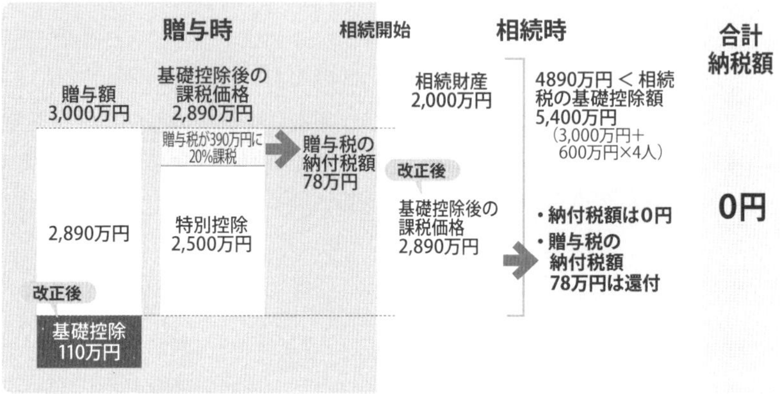

（引用文献：国税庁「令和５年度相続税及び贈与税の税制改正のあらまし」、https://www.nta.go.jp/publication/pamph/pdf/0023006-004.pdf）

相続時精算課税制度を選択するときの注意点とは?

相続時精算課税制度は**利用できる人の年齢制限があり、贈与する人と贈与を受ける人が決められています。**利用できる人は次の通りです。

> ○贈与する人（贈与者）：60歳以上の父母、祖父母
> ○贈与を受ける人（受贈者）：18歳以上の子供、孫

相続時精算課税制度を選択する場合は、贈与を受けた年の**翌年の２月１日から３月15日までの間に税務署へ「相続時精算課税選択届出書」の届出が必要**になります。また、改正前の2023年12月31日までは贈与額の大小にかかわらず、翌年の２月１日から３月15日までに、贈与税の申告と納付が必要でした（贈与税がかからない場合は申告のみ）。

改正後の2024年１月１日以降は、**年間110万円以下の贈与に関しては贈与税の申告が必要なくなり、より使いやすい制度**になります。

ただし、**相続時精算課税制度は暦年課税制度とは併用できず、一度選択すると取り消すことはできない**ので、よく考えて選択しましょう。

2024年１月１日以降の暦年課税と相続時精算課税のポイント

	暦年課税	相続時精算課税
非課税枠	毎年110万円の基礎控除	・累積2,500万円まで特別控除 ・毎年110万円の基礎控除
贈与税額の計算	（贈与額－110万円）×「一般税率」または「特例税率」	{（贈与額－年間110万円）－2,500万円}×20%
贈与する人（贈与者）	条件なし	60歳以上の父、母、祖父母
贈与を受ける人（受贈者）	条件なし	18歳以上の子供、孫
贈与の回数	制限なし	制限なし
贈与税の申告・納付	贈与を受けた翌年２月１日から３月15日の間に申告・納付	贈与を受けた翌年２月１日から３月15日の間に申告・納付
相続財産への加算	段階的に相続開始前７年以内の贈与は加算	年間110万円の基礎控除を超える贈与額は相続財産に加算
手続き	年間110万円を超えた場合、翌年に贈与税の申告	・税務署へ「相続時精算課税選択届出書」の提出 ・年間110万円を超えた場合、翌年に贈与税の申告
課税方法	変更できる	変更できない

POINT

暦年課税は生前贈与の加算対象期間が段階的に7年以内になったことで、相続税の課税対象が広がり節税が難しくなりました。相続時精算課税制度の利用も検討しましょう。

04 相続税を削減する「小規模宅地等の特例」とは?

自宅の場合、「小規模宅地等の特例」を利用すると、土地の限度面積である330㎡まで、土地の評価額が80%減額されます。

「小規模宅地等の特例」で土地の評価額が80%減!?

相続税を大幅に削減できる節税アイテムに**「小規模宅地等の特例(相続した事業の用や居住の用の宅地等の価額の特例)」**があります。この特例を相続時に活用すると、亡くなった人が残した**土地について、一定の面積まで評価額を最大80%減額**できます。特例の対象になる土地の種類は主に**「特定居住用宅地」「特定事業用宅地」「貸付事業用宅地」**の3種類です。自宅の場合はこの特例を利用すると、**土地の限度面積である330㎡まで、土地の評価額が80%減額**されます。事務所や店舗など事業をしていた土**地の場合は、土地の限度面積である400㎡まで、土地の評価額が80%減額**されます。また、賃貸のマンションやアパートなどの場合は、**土地の限度面積である200㎡まで、土地の評価額が50%減額**されます。

「小規模宅地等の特例」の対象になる土地の種類

特定居住用宅地	亡くなっていた人が居住していた土地	
特定事業用宅地、特定同族会社事業用宅地	事務所や店舗などの事業をしていた土地	
貸付事業用宅地	賃貸のマンションやアパートなどの貸していた土地	

小規模宅地等の特例は、亡くなった人が残した自宅や事務所・店舗などの事業用の宅地を、配偶者や子供が相続時に高い相続税を支払えずに手放すことがないように作られた制度です。この制度のおかげで、相続税を大幅に抑えられるので、配偶者や子供は自宅に安心して住み続けることができ、事業も続けられます。

「小規模宅地等の特例」を利用できる人

ただし、**小規模宅地等の特例を利用できる人には「同居」や「親族」などの条件**があります。また、この特例を利用する場合は、**相続税の申告期限までに遺産分割協議が終わっていることと、相続税の申告も条件**です。なお、配偶者が自宅を相続する場合には、無条件で特例の適用が可能です。小規模宅地等の特例の利用条件は次の通りです。

「小規模宅地等の特例」の利用条件

相続する土地の種類	土地の限度面積	減額割合	条件
① **亡くなった人が居住していた土地(特定居住用宅地)**	330㎡まで	80%減額	・配偶者:無条件で適用可能 ・同居の親族:申告期限まで住み続けて、所有していること ・同居していない親族(家なき子):配偶者や同居の親族がいない場合に限る。また、相続開始前3年以内に持ち家に住んでおらず、住んでいた家を過去に所有していない場合など
② **亡くなった人の事務所・店舗などの事業用の土地(特定事業用宅地、特定同族会社事業用宅地)**	400㎡まで	80%減額	・事業を引き継ぐ親族で、申告期限までに事業を承継し、申告期限まで継続・所有していること ・事業開始が原則、相続開始前3年以内ではないこと
③ **亡くなった人が所有する賃貸マンションや駐車場などの貸付事業用の土地(貸付事業用宅地)**	200㎡まで	50%減額	・貸付事業を引き継ぐ親族で、申告期限までに事業を承継し、申告期限まで継続・所有していること ・事業開始が原則、相続開始前3年以内ではないこと

＊上記①から③をすべて併用する場合の限度面積の計算式
(①×200／330)＋(②×200／400)＋③≦200㎡

特例の恩恵を特に受けるのは「都心部」に居住している人?

小規模宅地等の特例の恩恵を特に受けるのは、都心部に住んでいた人が亡くなった場合ではないでしょうか。なぜなら、土地の価格が低くても高くても「330㎡までの自宅の土地は評価額が80%減額」されるということは、**地価が高い自宅の土地のほうが減額される金額は大きくなる**からです。

例えば、都心にある自宅の土地100㎡の評価額が8,000万円の場合、80%減額されるので6,400万円分が控除され、評価額が1,600万円になります。一方、地方にある自宅の土地800㎡の評価額が4,000万円の場合、330㎡までの土地の評価額は80%減額されますが、それ以外は減額されません。この場合は1,320万円分が控除され、評価額が2,680万円です。

「小規模宅地等の特例」を都心部と地方の自宅で利用した場合

都心部にある自宅

土地100㎡の評価額8,000万円の場合

評価額：1,600万円 ＝ 8,000万円 ×（100%－80%）

地方にある自宅

土地800㎡の評価額4,000万円の場合

評価額：2,680万円 ＝

$$\frac{4{,}000\text{万円} \times 330\text{㎡} \times (100\% - 80\%)}{800\text{㎡}} + \frac{4{,}000\text{万円} \times (800\text{㎡} - 330\text{㎡})}{800\text{㎡}}$$

「小規模宅地等の特例」の利用条件を確認する

繰り返しますが、小規模宅地等の特例を利用するには条件があることを忘れないようにしてください。**亡くなった人の居住していた土地（特定居住用宅地）の場合、小規模宅地等の特例を利用できる人は、配偶者、同居親族、持ち家がない別居親族**です。この特例は、原則、**同居していることが条件**です。よって、**二世帯住宅（非分離型・完全分離型）であっても区分所有登記がされていなければ対象**になります。ただし、**条件に当てはま**

れば、持ち家がない別居親族も対象になります。これを通称**「家なき子特例」**といいます。なお、家なき子が小規模宅地等の特例を利用する場合は、次の条件にすべて当てはまる必要があります。

「家なき子特例」の条件

- 亡くなった人に配偶者がいないこと
- 亡くなった人の自宅に同居していた法定相続人がいないこと
- 相続税の申告期限まで相続した土地を所有していること
- 亡くなった人の親族であること
- 相続開始前３年以内に自分の持ち家、配偶者の持ち家、三親等以内の親族の持ち家、特別の関係がある法人の持ち家に住んだことがないこと
- 相続開始時に居住している住居を過去に所有していないこと

入居していた老人ホームで亡くなった場合は？

また、亡くなった人が老人ホームに入居していた場合も、次の条件を満たしていれば、小規模宅地等の特例の対象になります。

亡くなった人が老人ホームに入居していた場合

- 亡くなる前に要介護または要支援認定を受けていたこと
- 老人福祉法等に規定する老人ホームなどに入居していたこと
- 老人ホーム入居後に亡くなった人の自宅を賃貸したり、生計を一にする親族以外の人が移り住んでいないこと

POINT

小規模宅地等の特例は、亡くなった人が残した自宅や事務所・店舗などの事業用の宅地を手放さずに、配偶者や子供が安心して生活ができるように作られた制度です。

05 「家」は相続税を減額するアイテム

家が相続税の減額アイテムである最大の理由は、財産をお金で残すよりも不動産で残したほうが相続税の評価額が低くなるからです。

土地・建物の評価額を調べる

自宅などの不動産の評価額を出す場合は、土地と建物に分けて評価します。その際、**土地は「路線価」**33ページ参照などを基準にして評価額を出します。一方、**建物は「固定資産税評価額」で評価**します。なお、マンションも同様に区分所有部分を固定資産税評価額で評価します。

固定資産税評価額は、固定資産評価基準をもとに、市町村の役所（東京23区は都税事務所）が個別に評価額を決めています。

自宅などの所有している土地や建物の固定資産税評価額を調べたいときは、固定資産税の納税通知書に付いている「課税明細書」を確認するか、市町村の役所か都税事務所で固定資産課税台帳を閲覧して確認できます。

財産は「お金」よりも「家」で残したほうがトク？

さて、家が相続税の減額アイテムである最大の理由は、財産をお金で残すよりも不動産で残したほうが、相続税の評価額が低くなるからです。

例えば、土地を評価する際に使用する「路線価」は、公示価格の概ね80%に設定されているため、5,000万円で購入した土地の相続税評価額は4,000万円程度となり、約1,000万円評価額を下げることができます。一方、建物を評価する際に使用する「固定資産税評価額」は、新築時の建築価格の約50～60%に設定されるため、3,000万円で建てた家の相続税評価額は1,500万円程度になり、約1,500万円評価額を下げることができます。このように相続税の観点から考えると、財産は現金で持っているよりも不動産で持っているほうが、節税効果は高いといえます。

8,000万円で土地・建物を購入した場合

5,000万円で土地を購入	3,000万円で建物を建築
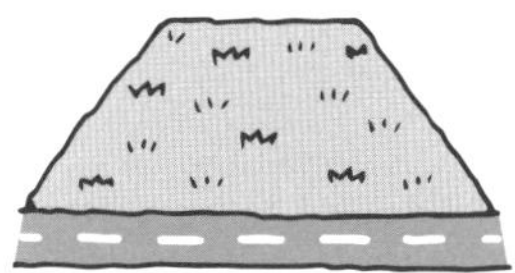	
購入価格 5,000万円	**建築価格** 3,000万円
相続税評価額 約4,000万円 （約1,000万円の評価減）	**相続税評価額** 約1,500万円 （約1,500万円の評価減）

合計で2,500万円の評価減

POINT

相続税の観点から考えると、財産は現金で持っているよりも、不動産で持っているほうが相続税の評価額が下がるので、節税効果が高いといえます。

06 「タワーマンション」購入は節税対策になる?

市場価値の高いタワーマンションの節税対策は、昔ほどのメリットはなくなりつつありますが、居住用であれば「小規模宅地等の特例」や「固定資産税の軽減措置」などが使えるので、まだメリットはあります。

タワマン節税はお金持ちのキホン!?

「タワーマンション節税」は多額のお金を持っている人が、現金を不動産に替えて相続税を減額する節税対策として利用されています。要件を満たせば、「小規模宅地等の特例」も使えるので、**お金で財産を残すよりも不動産で残したほうが断然、相続税の節税効果は高い**からです。

たとえ数億円するタワーマンションであったとしても、マンションの区分所有部分の土地持ち分が330㎡を超えることはそうありませんので、相続時に小規模宅地等の特例を利用すれば、配偶者や親族は土地の相続税評価額を80%減額できます。また、固定資産税の観点からタワーマンションを考えると、2024年３月31日までに所有した新築マンションの場合、５年間は固定資産税の軽減措置が適用されるので、固定資産税が50%減額されます。さらに「住宅用地の特例」を利用すれば、200㎡以下の土地については土地評価額が６分の１に減額されます。

タワマン節税を封じる国税庁の新ルール

国税庁は2024年１月１日以降、タワーマンション節税に対抗して、マンションを相続する場合の相続税評価額の計算方法に、新たなルールを設けました。これまで、相続税評価額の計算方法は**「建物評価額（固定資産税評価額）」に「土地評価額（＝土地の面積×共有持ち分×路線価×各種補正率）」を加算**していました。ただ、この計算方法だと高層階と低層階のマンションの実際の相続税評価額は、専有面積が同じなら基本的に同額となり、高層階の市場価格の高さが評価額には反映されていませんでした。そこで、

国税庁は新ルールとして相続税評価額の計算方法を次のように発表しました。

新旧・相続税評価額の計算方法

旧

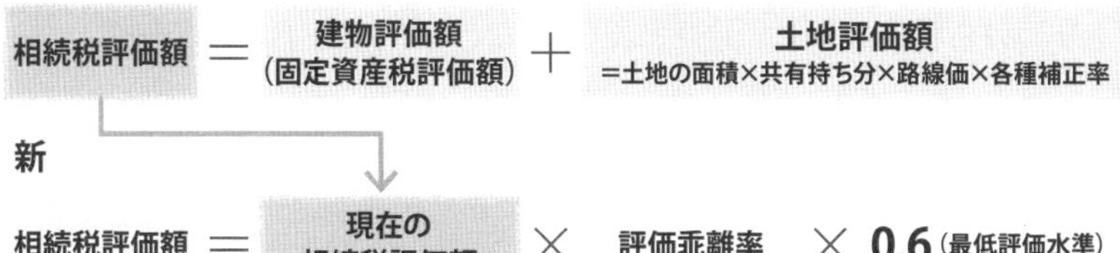

評価乖離率=築年数×−0.033+総階数指数×0.239+所在階×0.018+敷地持ち分狭小度×−1.195+3.220

新しい相続税評価額の計算方法では、マンションの築年数や総階数、物件の所在する階数などに一定の係数をかけて、一般的な市場価格を計算します。その上で、これまでの相続税評価額よりも下回っている場合は60%に引き上げます。国税庁は2024年1月1日以降に相続や贈与で取得したすべてのマンションに、この新しい相続税評価額の計算方法を適用する予定です。今後、タワーマンションの相続税評価額は市場価格と比例して高くなり、節税対策としてのメリットは薄くなります。

とはいえ、これまで通りの要件を満たしていれば、相続時には小規模宅地等の特例が使えるので、市場価値の高いタワーマンションには新ルールでも十分なメリットがあるように思われます。ただし、2022年4月の最高裁判決のように、不動産を使った過度な相続税対策は税務署から否認されるリスクがあるので、行き過ぎた節税対策には注意しましょう。

POINT

国税庁は2024年1月1日以降に相続や贈与で取得したマンションに、原則として新しい相続税評価額の計算方法を適用する予定です。

07 民法改正で使える制度になった「配偶者居住権」

「配偶者居住権」は夫婦のどちらかが亡くなった場合でも、安心して自宅に住み続けられるように、残された配偶者の権利を守るための制度です。

「配偶者居住権」を使えば、安心して自宅に住み続けられる!?

2018年の民法改正によって、残された配偶者の居住権を守るために、2020年４月１日から**「配偶者居住権」**がスタートしました。この制度は夫婦のどちらかが亡くなった場合でも、安心して自宅に住み続けられるように、**残された配偶者の権利を守る**ものです。

改正前は、配偶者が自宅を相続しても自宅の評価額が高額のために預貯金を相続できず、結果、生活するためのお金がなくなって、自宅を手放すというケースが想定されていました。

改正後は、**自宅を「所有権」と「居住権」の２つの権利に分けて相続**ができるようになりました。

配偶者は所有権よりも評価額の低い居住権を相続することで、預貯金などの財産も得られ、一生自宅に住み続けられます。この制度を利用する場合は、次の条件をすべて満たしている必要があります。

配偶者居住権の利用条件

- 亡くなった人の法律上の配偶者であること
- 亡くなった人と自宅で同居していたこと
- 次のいずれかにより配偶者居住権を取得していること

①遺産分割　②遺贈　③死因贈与　④家庭裁判所の審判

①は相続人同士の話し合いの場合、②と③は配偶者居住権に関する遺言または死因贈与契約書がある場合、④は遺産分割の話し合いがまとまらない場合

条件を満たしている場合、配偶者居住権の登記を行います。なお、配偶者（登記権利者）が登記できるのは「建物のみ」で、所有者（登記義務者）とともに法務局へ共同申請を行います。

「配偶者居住権」の改正前後の相続例

「配偶者短期居住権」とは?

配偶者居住権と同時に、相続が開始してから６カ月間、または遺産分割協議がまとまるまで、配偶者が無償で自宅に住み続けられる**「配偶者短期居住権」**という制度もできました。ただし、配偶者短期居住権は住む期間が限定されているので、残された配偶者にとっては配偶者居住権のほうが安心感はあると思われます。

POINT

2020年4月1日以降、「配偶者居住権」で自宅を「所有権」と「居住権」の2つの権利に分けて相続できるようになりました。同時に「配偶者短期居住権」という制度もできました。

08 「贈与税の配偶者控除」を活用して生前贈与

「おしどり贈与」とも呼ばれる「贈与税の配偶者控除」は、20年以上連れ添った夫婦が住宅にまつわる資金を配偶者に贈与した場合、2,000万円までは贈与税が控除できるという配偶者の優遇措置です。

結婚20年以上の夫婦が一度だけ使える控除

「贈与税の配偶者控除」とは、**婚姻期間20年以上の夫婦だけが使える贈与税の特例**です。この特例は通称**「おしどり贈与」**とも呼ばれ、長年連れ添った夫婦が「居住用の住宅」または「住宅取得用の資金」を配偶者に贈与した場合、**2,000万円までは贈与税が非課税になるという配偶者の優遇措置**です。加えて、**基礎控除額110万円も控除される**ので、事実上は**最高2,110万円までは贈与税がかかりません。**

贈与税は原則、夫婦間の贈与でも発生します。もし、特例を利用せずに2,110万円を配偶者へ贈与した場合、贈与税を750万円も支払わなければなりません。一方、贈与税の配偶者控除を利用すれば、贈与税は0円になるので、生前の節税対策として大きなメリットがあります。

「普通の贈与」と「贈与税の配偶者控除」の比較例

普通の贈与

750万円（贈与税）＝（2,110万円 － 110万円）× 50%（一般税率）－ 250万円（控除額）

贈与税の配偶者控除

0円（贈与税）＝ 2,110万円 － 2,000万円（贈与税の配偶者控除）－ 110万円（基礎控除額）

また、**おしどり贈与は相続開始前３年以内（2024年１月１日からは段階的に７年以内）に行われた場合であっても、相続財産に含める必要はありません。**ただし、この特例は同一の配偶者に対しては一度しか使えません。また、贈与税はかかりませんが、**不動産取得税（地方税）と登録免許税（国税）は必要**です。

「贈与税の配偶者控除」の条件

- 贈与時に婚姻期間が20年以上であること
- 「自宅の取得資金」または「自宅の贈与（土地か建物など）」
- 贈与の翌年３月15日までに入居し、継続して居住すること
- 同じ配偶者との間で、過去にこの特例を受けていないこと

贈与税の申告は翌年の2月1日から3月15日までに!

この特例を利用する場合は、たとえ**贈与税が０円でも贈与税の申告が必要**です。贈与税の申告期限は、**配偶者から贈与された翌年の２月１日から３月15日まで**です。また、申告書には次の書類を添付して提出します。

- 戸籍謄本または戸籍抄本
  （贈与を受けた日から10日を経過した日以降のもの）
- 戸籍の附票の写し（贈与を受けた日から10日を経過した日以降のもの）
- 居住用不動産の登記事項証明書
  （金銭ではなく居住用不動産の贈与を受けた場合、上記の書類と固定資産評価証明書などが必要）

POINT

おしどり贈与は相続開始前3年以内（2024年1月1日からは段階的に7年以内）に行われた場合であっても、相続財産に含める必要はありません。

09 贈与税には「期間限定制度」が3つある!

「教育資金一括贈与の非課税制度」「結婚・子育て資金一括贈与の非課税制度」「住宅取得等資金の贈与税非課税制度」の３つには期限があります。今後、制度がなくなる可能性もあるので、利用する場合はお早めに!

「教育資金一括贈与の非課税制度」の期限は2026年3月31日まで

「教育資金一括贈与の非課税制度（祖父母などから教育資金の一括贈与を受けた場合の贈与税の非課税制度）」とは、**親や祖父母が30歳未満の子供や孫に教育資金を贈与した場合、１人当たり1,500万円まで贈与税を非課税にする制度**です。最大のメリットは1,500万円までならば贈与税がかからないので、相続税対策として活用できます。2023年の税制改正により、対象期間が2023年３月31日から**2026年３月31日まで延長**されました。この非課税制度は**教育資金に限定された贈与**です。非課税対象になるのは学校の入学金、授業料、学用品費、給食費、寮費、通学交通費、修学旅行代などです。また、習い事は500万円まで利用でき、学習塾、ピアノ、英会話スクール、プログラミング教室などにも使えます。ただし、**子供や孫が23歳以上の場合は、習い事は原則非課税の対象外**です。加えて、**子供や孫の合計所得金額が1,000万円を超える場合も非課税の対象外**になります。

教育資金一括贈与の非課税制度の利用方法

教育資金一括贈与の非課税制度を利用する場合、**銀行や信託銀行などの金融機関で、子供や孫（受贈者）専用の教育資金口座を開設する必要**があります。親や祖父母（贈与者）は金融機関と契約（教育資金管理契約）を結び、**専用口座に贈与する教育資金を一括入金**します。なお、口座を開設した金融機関には**「教育資金非課税申告書」などの提出が必要**です。申告書は、金融機関経由で子供や孫の住所がある管轄の税務署に提出されます。手続きが済むと、子供や孫は金融機関へ領収書や請求書を提出することで、教育資金を口座から引き出せるようになります。また、子供や孫が未成年者の場合は、親が代理人として教育資金を口座から引き出します。

子供や孫が30歳に達するとこの制度の契約は終了します。ただし、子供や孫が30歳の時点で学校などに在籍している場合は、最長40歳まで延長することができます。また、親や祖父母が亡くなった場合は、口座がある金融機関への届出が必要になり、口座の残額には相続税がかかる可能性があります。

「教育資金一括贈与の非課税制度」の利用条件

- 親や祖父母（直系尊属）から子供や孫（直系卑属）への贈与
- 子供や孫の年齢が30歳未満
- 子供や孫の前年の合計所得金額が1,000万円以下
- 信託受益権を取得
- 銀行や信託銀行などに預け入れる

「教育資金一括贈与の非課税制度」の利用の流れ

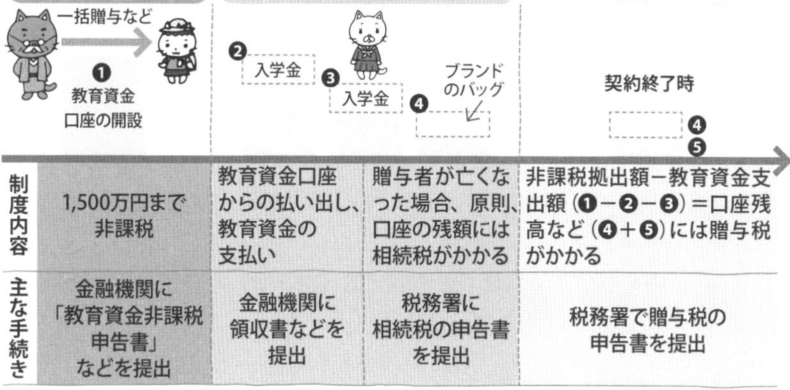

	教育資金口座の開設	教育資金口座からの払い出しや教育資金の支払い		教育資金口座の契約終了
制度内容	1,500万円まで非課税	教育資金口座からの払い出し、教育資金の支払い	贈与者が亡くなった場合、原則、口座の残額には相続税がかかる	非課税拠出額－教育資金支出額（❶－❷－❸）＝口座残高など（❹＋❺）には贈与税がかかる
主な手続き	金融機関に「教育資金非課税申告書」などを提出	金融機関に領収書などを提出	税務署に相続税の申告書を提出	税務署で贈与税の申告書を提出

（引用文献：国税庁「祖父母などから教育資金の一括贈与を受けた場合の贈与税の非課税制度のあらまし」、https://www.nta.go.jp/publication/pamph/sozoku-zoyo/201304/pdf/0023004-114_02.pdf）

「暦年課税」「都度贈与」とも一緒に利用できる

教育資金一括贈与の非課税制度は**「暦年課税」「都度贈与」**とも一緒に利用できるので、上手に組み合わせて使うことでさらに節税対策になります。

「都度贈与」とは、扶養義務者の親や祖父母が子供や孫の生活費や教育費をその都度、贈与することです。例えば、祖父母が孫の学校の入学金を振り込むなどは都度贈与に当たります。基本的に生活費や教育費についての都度贈与は非課税ですが、贈与の内容は明確にしておきます。贈与する側は金融機関から直接学校などに振り込むなどして、領収書を保管しておきましょう。

「結婚・子育て資金一括贈与の非課税制度」の期限は2025年3月31日まで

「結婚・子育て資金一括贈与の非課税制度（直系尊属から結婚・子育て資金の一括贈与を受けた場合の贈与税非課税制度）」とは、**親や祖父母が18歳以上50歳未満の子供や孫に結婚・子育て資金を贈与した場合、１人当たり1,000万円まで贈与税を非課税にする制度**です。2023年の税制改正により、対象期間が2023年３月31日から**2025年３月31日まで延長**されました。

この非課税制度は**結婚・子育てに限定された贈与**です。非課税対象になるのは、結婚式の費用、一定期間内の新居の家賃、引っ越し費、不妊治療費、妊婦健診費、出産費、産後ケア費、子供の医療費、幼稚園・保育園などの保育費などです。なお、**結婚式の費用や家賃、敷金などに使える額は300万円まで**です。

この制度を利用するには「教育資金一括贈与の非課税制度」と同じで、金融機関に口座を開設し、金融機関に**「結婚・子育て資金非課税申告書」など**を提出します。提出した申告書は、金融機関経由で子供や孫の住所がある管轄税務署に提出されます。

なお、**口座を開設するには、親や祖父母（贈与者）と子供や孫（受贈者）は書面で贈与契約を結ぶ必要があります。**

手続きが済むと、子供や孫は金融機関へ領収書や請求書を提出することで、結婚・子育て資金を口座から引き出せるようになります。

子供や孫が50歳になると、口座の契約は終了します。その場合、口座の残額は贈与税の対象になります。親や祖父母が亡くなった場合は、口座がある金融機関へ届出をして、口座の残額は相続財産に加算されるので相続税の対象になります。孫の場合は、2021年４月１日以降に贈与された部分に対応する相続税は２割が加算されます。

このため、相続財産が基礎控除額を超える場合は、相続税の申告期限までに相続税の申告書を税務署に提出する必要があります。

「結婚・子育て資金一括贈与の非課税制度」の利用条件

- 親や祖父母（直系尊属）から子供や孫（直系卑属）への贈与
- 子供や孫の年齢が 18 歳以上 50 歳未満
- 子供や孫の前年の合計所得金額が1,000万円以下
- 信託受益権を取得
- 銀行や信託銀行などに預け入れる

「結婚・子育て資金一括贈与の非課税制度」の利用の流れ

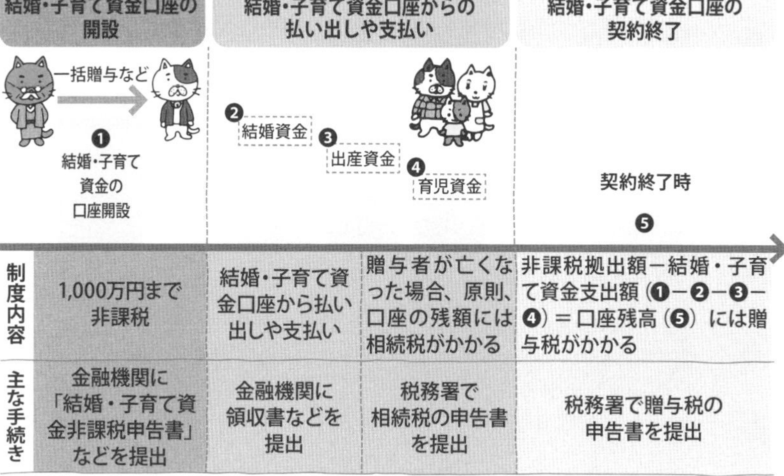

	結婚・子育て資金口座の開設	結婚・子育て資金口座からの払い出しや支払い		結婚・子育て資金口座の契約終了
制度内容	1,000万円まで非課税	結婚・子育て資金口座から払い出しや支払い	贈与者が亡くなった場合、原則、口座の残額には相続税がかかる	非課税拠出額－結婚・子育て資金支出額（❶－❷－❸－❹）＝口座残高（❺）には贈与税がかかる
主な手続き	金融機関に「結婚・子育て資金非課税申告書」などを提出	金融機関に領収書などを提出	税務署で相続税の申告書を提出	税務署で贈与税の申告書を提出

（引用文献：国税庁「父母などから結婚・子育て資金の一括贈与を受けた場合の贈与税の非課税制度のあらまし」、https://www.nta.go.jp/publication/pamph/sozoku-zoyo/201304/pdf/0023004-114.pdf）

「住宅取得等資金の贈与税非課税制度」の期限は2023年12月31日まで

「住宅取得等資金の贈与税非課税制度（直系尊属から住宅取得等資金の贈与を受けた場合の非課税）」は、子供や孫が住宅購入や家屋の新築、増改築などをするときに親や祖父母から資金援助を受けた場合、**一定の条件を満たした省エネ対応等の住宅だと最大1,000万円まで贈与税を非課税に**

する制度です。**それ以外の住宅の場合は500万円まで非課税**です。この制度は、2021年の税制改正によって２年延長され、**2023年12月31日が期限**です。

「住宅取得等資金の贈与税非課税制度」の利用条件は次の通りです。

> **「住宅取得等資金の贈与税非課税制度」の利用条件**
> - 親や祖父母（直系尊属）から子供や孫（直系卑属）への贈与
> - 贈与を受けた年の１月１日において、子供や孫の年齢が18歳以上
> - 贈与を受けた年の子供や孫の合計所得金額が2,000万円以下（ただし、新築などの家屋の床面積が40㎡以上50㎡未満の場合1,000万円以下）
> - 2009年分から2022年分までの贈与税の申告で「住宅取得等資金の贈与税非課税制度」の適用を受けていないこと
> - 子供や孫の配偶者、親族などから取得した住宅や土地ではないこと
> - 贈与を受けた年の翌年３月15日までに、住宅用の家屋を新築、取得、増改築していて、居住が見込まれること
> - 贈与を受けた人は翌年２月１日から３月15日までに贈与税を申告すること

なお、住宅用の家屋の新築、取得、増改築の主な条件は次の通りです。

> **「住宅用の家屋の新築、取得、増改築」の条件**
> - 住宅の面積が登記簿上、床面積40㎡以上240㎡以下
> - ２分の１以上が居住用の家屋
> - 中古住宅の場合は1982年１月以降の新耐震基準を満たすこと
> - 増改築の場合は工事費用が100万円以上で、床面積40㎡以上240㎡以下で、２分の１以上が居住用

「住宅取得等資金の贈与税非課税制度」の手続き

住宅取得等資金の贈与税非課税制度を利用の際、**贈与を受けた人が贈与税の申告と戸籍謄本などの必要書類を管轄の税務署へ提出**します。

> **「住宅取得等資金の贈与税非課税制度」の手続きに必要な主な書類**
> - 贈与税の申告書　・戸籍謄本　・源泉徴収票
> - 新築、取得、増改築した家屋やその土地の登記事項証明書
> - 不動産の売買契約書や建築請負契約書の写し　・住宅性能証明書
> - 建設住宅性能評価書の写し　・増改築等工事証明書　……など

「住宅取得等資金の贈与税非課税制度」の流れ

贈与者 住宅取得等資金の贈与 受贈者

父母・祖父母
（直系尊属）

❶ 住宅取得等資金

❷非課税限度額
省エネ住宅などは1,000万円まで。
それ以外の住宅は500万円まで

課税価格
❶ － ❷

子供や孫
（直系卑属）

課税価格

暦年課税
基礎控除額　110万円

基礎控除額を差し引いたあとの課税価格

課税価格に応じた税率をかける

相続時精算課税
特別控除額　2,500万円

特別控除額を差し引いたあとの課税価格

一律20%の税率をかける

（引用文献：国税庁「『住宅取得等資金の贈与を受けた場合の贈与税の非課税』等のあらまし」、https://www.nta.go.jp/publication/pamph/pdf/0022005-028.pdf）

「住宅取得等資金の贈与税非課税制度」の注意点

この制度は、暦年課税や相続時精算課税72ページ参照と併用できます。なお、非課税額の1,000万円は贈与を受ける人の限度額です。

POINT
「教育資金の非課税制度」は2026年3月31日、「結婚・子育て資金の非課税制度」は2025年3月31日、「住宅取得等資金の贈与税非課税制度」は2023年12月31日までです。

10 生命保険を活用して相続税対策

生命保険金の非課税枠を適用したい場合は、必ず保険の契約形態を「契約者＝被保険者」「受取人＝法定相続人」にしましょう。生命保険は契約形態によって、かかる税金の種類が異なるからです。

生命保険金には非課税枠がある

生命保険金には**「法定相続人１人につき500万円」の非課税枠**があり、相続税対策に役立つアイテムといえます。

生命保険金の非課税枠

非課税枠 ＝ 500万円 × 法定相続人の数

ただし、非課税枠は受取人が「法定相続人以外の人」と「相続放棄した人」の場合には適用されません。生命保険金の非課税枠を適用したい場合は、必ず保険の契約形態を**「契約者＝被保険者」「受取人＝法定相続人」**にしましょう。というのも、**生命保険は契約形態によって、かかる税金の種類が異なる**からです。

生命保険の契約形態によってかかる税金が異なる

被保険者	契約者	受取人	税金の種類
亡くなった人（被相続人）	亡くなった人	配偶者	相続税
	配偶者	配偶者	所得税（一時所得）
	配偶者	子供	贈与税

生命保険金の受取人を子供にする場合は?

生命保険の契約者と被保険者が亡くなった人で、受取人を子供にしていた場合、生命保険金の非課税枠内であれば、相続税の対象外となります。

例えば、父親が1,500万円の生命保険金の受取人を長女と次女にして、法定相続人が母親、長女、次女の計３人の場合、生命保険金の非課税枠は「1,500万円＝500万円×３人」です。したがって、生命保険金に相続税はかかりません。

一方、父親が１億円の生命保険金の受取人を長女と次女にして、法定相続人が母親、長女、次女の計３人の場合、相続税の対象になります。生命保険金の非課税枠「1,500万円」に、相続税の基礎控除額「4,800万円＝3,000万円＋600万円×３人」を加算すると、控除額が「6,300万円」になります。１億円からこの控除額を差し引いた「3,700万円」に対しての相続税額は「412万5,000円」です。ただ、１億円の生命保険金の受取人が母親であれば、配偶者の税額軽減を適用できるため相続税がかかりません。

長女と次女を生命保険金の受取人にした場合の例

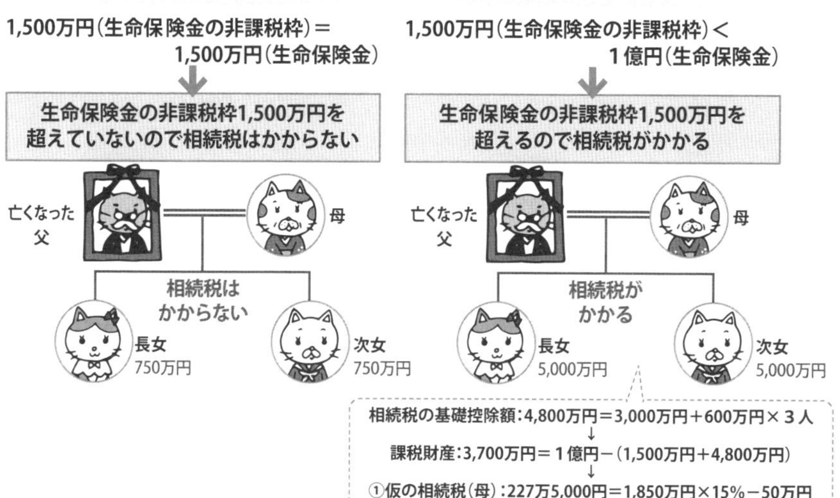

よって、**子供を生命保険金の受取人にする場合は、相続税の非課税枠内に納まる額にしたほうが相続税を支払う必要がない**ので、相続税対策になります。

相続時の納税資金や代償分割に役立つ

生命保険金は比較的、素早く支払われるので、葬儀や相続税の納税などの支払いに役立ちます。特に、主な相続財産が自宅のみの場合、相続税の納税資金として生命保険金は活用できるアイテムです。

また、**生命保険金は相続時の代償分割** 136ページ参照 **にも活用**できます。自宅を相続した人が、受け取った生命保険金を他の相続人に代償金として支払う方法です。生前から代償分割を考えている場合は、**生命保険の被保険者は「本人（契約者）」、受取人は「自宅を相続する人」にしておけば相続対策**になります。

生命保険金には遺留分はない

生命保険金は、亡くなった契約者が指名した受取人の財産になります。

原則、**受取人は配偶者か二親等以内の血族**です。ただし事実婚の場合は、保険会社によってはパートナーを受取人にできる保険もあります。

生命保険金は受取人の財産になるので、遺産分割協議で分ける必要はありません。また、原則、他の相続人に遺留分請求をされることもありません。生命保険の契約者は、相続時の揉め事を防ぐためにも、生命保険金の有効活用を考えて受取人の指名をしましょう。

相続放棄していても、生命保険金はもらえる!

相続放棄した人でも、生命保険金の受取人に指定されていれば保険金は受け取れます。受け取った生命保険金は相続税の対象になりますが、**相続税の非課税枠は適用されません。**

ただし、相続税がかからない場合もあります。亡くなった人の相続財産に生命保険金を加えた金額が基礎控除額を超えていなければ、相続税は非課税です。また、相続放棄した配偶者が生命保険金を受け取った場合は、配偶者の税額軽減が適用できるので、１億6,000万円または法定相続分ま

では控除されて相続税がかかりません。

なお、生命保険金の非課税枠の計算をする際は、法定相続人の中に相続放棄した人も含まれます。

相続における生命保険金のメリット

- 法定相続人「1人につき500万円」の非課税枠
- 相続税の納税資金に生命保険金を活用
- 相続時の代償分割に活用
- 生命保険金は受取人の固有の財産
- 相続放棄した人でも生命保険金はもらえる

POINT

生命保険金のメリットは相続税対策に活用できること。生前から、相続時にどのように活用したいかをしっかりと考えて契約することがポイントです。

11 生前に非課税財産を購入して節税対策！

非課税財産は、生前に購入した場合にのみ「非課税財産」とみなされるので、亡くなったあとに相続財産から「非課税財産」を購入しても、非課税にはなりません。

お墓は生前に買う!?

「非課税財産」は相続税が課税されない財産です。

非課税財産の代表には、墓地や墓石、仏壇、仏具、神を祭る道具などがあります。その他にも、相続税の非課税枠が一部設定されている生命保険金、死亡退職金、また公共団体などへの寄附も非課税です。

生前にこれらの非課税財産を購入することは、節税対策のポイントになります。

例えば、預貯金が3,000万円ある人が生前に200万円のお墓を購入すると、亡くなったあとにお墓の200万円は非課税財産になるので、2,800万円にのみ相続税が課税されます。

つまり、**生前から所有している財産の内訳に、非課税財産の割合を増やしておけば、相続税がかかる財産を減らせる**ということです。

引き継ぐお墓がない場合は、生前にお墓を建てておけば相続財産が減らせるので、節税対策として検討することをお勧めします。

なお、**生前に購入した場合にのみ「非課税財産」とみなされるので、亡くなったあとに相続財産から「非課税財産」を購入しても、非課税にはなりません。**

また、骨董品的な価値がある仏具などを購入した場合は非課税にはならず、相続税が課税されるので気を付けてください。

相続財産はないと思っている人でも、自宅の土地などを評価したときに案外と相続税が高くなる場合もあります。生前から非課税財産を活用して、相続税の対策をしておくといいでしょう。

相続税の非課税財産

非課税財産	内容
墓地や墓石、仏壇、仏具、神を祭る道具など日常礼拝をしているもの 	・生前に購入したものが対象 ・骨董品的価値があり投資対象になるものには相続税が課税される
「生命保険金」の一部 	相続で受け取った生命保険金のうち「500万円×法定相続人の数」までは非課税
「死亡退職金」の一部 	相続で受け取った死亡退職金のうち「500万円×法定相続人の数」までは非課税
国や地方公共団体などへの寄附 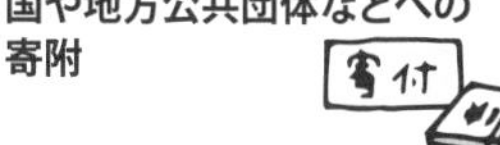	国や地方公共団体、特定の公益法人などに寄附した相続財産は非課税。ただし、相続税の申告時に別途手続きが必要
公共事業や公益事業 	宗教、慈善、学術などの公益を目的とする事業を行う個人が相続や遺贈によって取得した財産で、公益を目的とする事業に使われることが確実な場合には非課税
心身障害者共済制度の給付金を受ける権利 	地方公共団体の条例によって、精神や身体に障害のある人、その人を扶養する人が取得する心身障害者共済制度に基づいて支給される給付金を受ける権利については非課税
個人で経営している幼稚園 	個人で経営している幼稚園の事業に使われていた財産で一定の要件を満たすものは非課税。ただし、相続人が事業を継続することが条件

POINT

生前から所有している財産の内訳に、お墓などの非課税財産の割合を増やしておけば、相続税がかかる財産を減らせます。

12 孫と養子縁組で節税する?

相続税法上、養子縁組で法定相続人になれる養子の人数には制限があります。実子がいない場合は「2人」まで、実子がいる場合は「1人」までです。

養子縁組をして相続人の数を増やす

相続税の基礎控除額は法定相続人の数に影響されるので、法定相続人が多いほど「基礎控除額」も大きくなり、相続税は減額します。そこで、**相続税対策として、孫と養子縁組をして法定相続人の数を増やす**という方法もあります。

養子縁組で法定相続人を増やすメリットは次の3つです。**1つ目は「基礎控除額を増やせる」**ことです。相続税の基礎控除額は「3,000万円＋600万円×法定相続人の数」なので、法定相続人が1人増えるごとに600万円ずつ多くなります。**2つ目は「生命保険金と死亡退職金の非課税枠が増える」**ことです。生命保険金と死亡退職金の非課税枠は「500万円×法定相続人の数」です。法定相続人が1人増えるごとに500万円ずつ多くなります。**3つ目は「税率が下がる可能性がある」**ことです。法定相続人の数が増えると、各相続人の法定相続分が減るため、結果的に適用される税率も下がる可能性があります。これら3つの効果によって、相続税も減額されます。

ただし、相続税法上、**養子縁組で法定相続人になれる養子の人数には制限があります。**実子がいない場合は**「2人」**まで、実子がいる場合は**「1人」**までです。

孫を養子にした場合

孫を養子にした場合、相続税対策の観点から考えるとメリットがあります。ただし、**養子になった孫には相続税額が2割加算される**というデメリットもあります。

通常の相続では「親から子供」「子供から孫」の順番で相続が行われます。一方、祖父母が孫を養子にすると「祖父母（養親）から孫（養子）」への相続になり、相続を１回免れることになるため、孫養子の場合は相続税額が２割加算になります。孫を養子にする場合は、通常の相続と比較してどちらが相続税を多く支払わなくて済むかも検討しておきましょう。

孫と養子縁組する場合

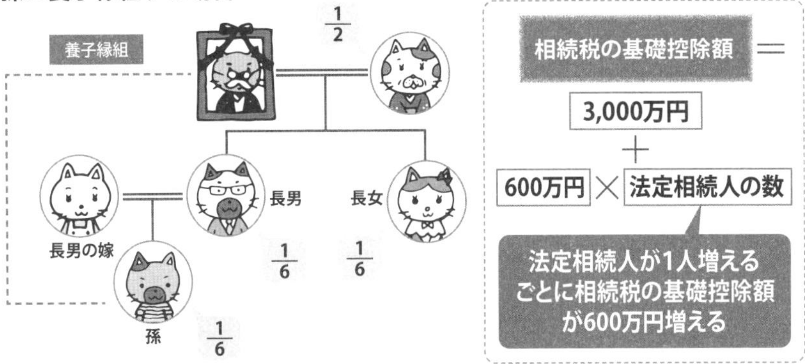

通常の相続と養子縁組による相続との比較

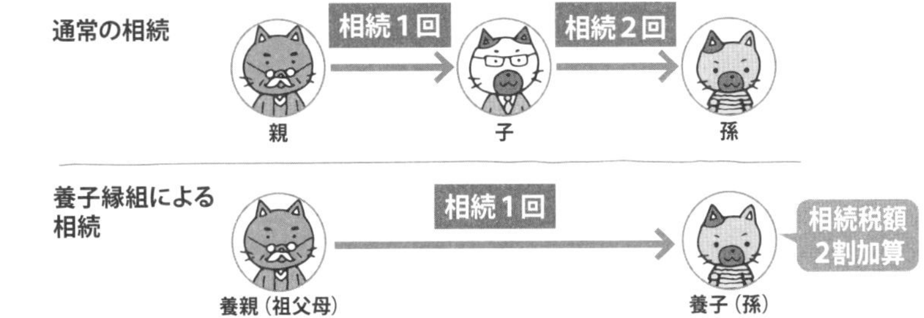

POINT

祖父母が孫を養子にすると「祖父母（養親）から孫（養子）」への相続になり、相続を1回免れることになるため、孫養子の場合は相続税額が2割加算になります。

13 贈与税の申告と納付は忘れずに！

贈与を受けた人は、贈与税が発生する場合、翌年の2月1日から3月15日までの間に必ず、管轄税務署で贈与税の申告と納付を行います。

贈与を受けた人が贈与税を払う

贈与税は**基礎控除額の110万円を超える贈与を受けた人が支払う税金**です。贈与を受けた人は**翌年の２月１日から３月15日までの間に、管轄税務署で贈与税の申告と納付を行います。**

贈与税の申告が必要な人は次の通りです。

- **1年間に110万円を超える贈与を受けた人**
- **「相続時精算課税制度」を適用して財産を受けた人**
  （2024年以降は、年間110万円の基礎控除額以下の贈与の場合は、贈与税の申告不要）
- **「贈与税の配偶者控除」を適用した人**
- **「住宅取得等資金の贈与税非課税制度」を適用した人**

なお、**贈与を受けた人が贈与税の申告・納付期限までに税務署へ「贈与税の申告書」の提出をしなかった場合は、ペナルティとして「無申告加算税」と「延滞税」が発生**します。

「贈与税の申告書」を作成して提出

「贈与税の申告書」の作成は、次の２つの方法から選べます。

１つ目は「贈与税の申告書」を税務署から入手するか、国税庁のウェブサイトからダウンロードしたデータを紙に印刷し、必要事項を記入する方法です。**2つ目**は、国税庁のウェブサイト「確定申告書等作成コーナー」を利用して、必要事項を入力する方法です。

贈与税の申告書を作成したら、紙による申告書の場合は管轄税務署へ持参して提出、または郵送します。「確定申告書等作成コーナー」で作成した申告書は「e-Tax」でデータ送信、または管轄税務署に持参して提出するか郵送します。なお、次のような**贈与税の非課税制度を利用している場合は、贈与税の申告書と一緒に各非課税制度に応じた必要書類を添付**します。

贈与税の申告書に添付する書類

贈与税の非課税制度	必要書類
暦年課税の特例税率を適用する場合	・贈与を受けた人の戸籍謄本または戸籍抄本
相続時精算課税制度	・相続時精算課税選択届出書 ・贈与を受けた人の戸籍謄本または戸籍抄本（贈与日のあとに取得） ・贈与を受けた人の戸籍の附票の写し（贈与日のあとに取得） ・贈与した人の住民票の写しまたは戸籍の附票の写し（贈与日のあとに取得）
贈与税の配偶者控除	・贈与を受けた人の戸籍謄本または戸籍抄本（贈与日から10日を経過した日以降に取得） ・贈与を受けた人の戸籍の附票の写し（贈与日から10日を経過した日以降に取得） ・登記事項証明書（贈与日から10日を経過した日以降に取得）
住宅取得等資金の贈与税非課税制度	・戸籍謄本 ・源泉徴収票 ・新築、取得、増改築した家屋やその土地の登記事項証明書 ・新築、取得した際の売買契約書や建築請負契約書の写し ・申告期限の3月15日までに対象住宅に居住していない場合は事情などを記載した書面など

贈与税の納付

贈与税の納付書は管轄する税務署、または管轄税務署管内の金融機関に用意してあります。贈与税の納付は相続税の納付と同じで、税務署の窓口や金融機関で現金納付するか、クレジットカード、コンビニ納付（QRコード）、ダイレクト納付、インターネットバンキングなどで行えます 221ページ参照。

贈与税の申告書 巻末付録参照

「贈与税の申告書　第一表」

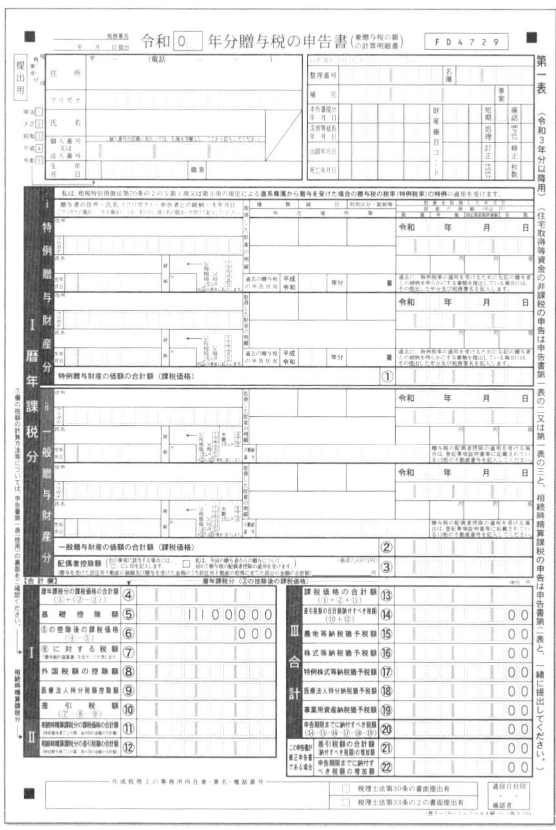

令和[0]年分贈与税の申告書（兼贈与税の額の計算明細書）　FD4729

提出用

第一表（令和3年分以降用）

住所 / フリガナ / 氏名 / 個人番号又は法人番号 / 生年月日 / 職業

整理番号 / 名簿 / 補完 / 申告書提出年月日 / 災害等延長年月日 / 出国年月日 / 死亡年月日 / 財産細目コード

I 暦年課税分

私は、租税特別措置法第70条の2の5第1項又は第3項の規定による直系尊属から贈与を受けた場合の贈与税の税率（特例税率）の特例の適用を受けます。

i 特例贈与財産分

特例贈与財産の価額の合計額（課税価格）①

ii 一般贈与財産分

一般贈与財産の価額の合計額（課税価格）②

配偶者控除額 ③

【合計欄】		金額
暦年課税分の課税価格の合計額（①+(②−③)）	④	
基礎控除額	⑤	1100000
⑤の控除後の課税価格（④−⑤）	⑥	000
⑥に対する税額	⑦	
外国税額の控除額	⑧	
医療法人持分税額控除額	⑨	
差引税額（⑦−⑧−⑨）	⑩	
相続時精算課税分の課税価格の合計額	⑪	
相続時精算課税分の差引税額の合計額	⑫	

III 合計		金額
課税価格の合計額（④+②+⑪）	⑬	
差引税額の合計額（納付すべき税額）（⑩+⑫）	⑭	00
農地等納税猶予税額	⑮	00
株式等納税猶予税額	⑯	00
特例株式等納税猶予税額	⑰	00
医療法人持分納税猶予税額	⑱	00
事業用資産納税猶予税額	⑲	00
申告期限までに納付すべき税額（⑭−⑮−⑯−⑰−⑱−⑲）	⑳	00
この申告書が修正申告書である場合　差引税額の合計額（納付すべき税額）の増加額	㉑	00
この申告書が修正申告書である場合　申告期限までに納付すべき税額の増加額	㉒	00

作成税理士の事務所所在地・署名・電話番号

税理士法第30条の書面提出有　税理士法第33条の2の書面提出有

（住宅取得等資金の非課税の申告は申告書第一表の二又は第一表の三と、相続時精算課税の申告は申告書第二表と、一緒に提出してください。）

「贈与税の申告書第一表」は贈与税を申告する場合、すべての人が提出する書類

贈与税の申告は国税庁のウェブサイト「確定申告書等作成コーナー」が利用できる

「贈与税の申告書　第二表」

令和 0 年分贈与税の申告書（相続時精算課税の計算明細書）　FD4736

第二表（令和3年分以降用）（第二表は、必要な添付書類とともに申告書第一表と一緒に提出してください。）

受贈者の氏名

提出用

次の特例の適用を受ける場合には、□の中にレ印を記入してください。
□ 私は、租税特別措置法第70条の3第1項の規定による相続時精算課税選択の特例の適用を受けます。　（単位：円）

相続時精算課税分

特定贈与者の住所・氏名（フリガナ）・申告者との続柄・生年月日 ／ 種類 ／ 細目 ／ 利用区分・銘柄等 ／ 所在場所等 ／ 財産を取得した年月日（令和　年　月　日）／ 財産の価額（数量 ／ 単価 ／ 固定資産税評価額 ／ 倍数）

続柄　父 1、母 2、祖父 3、祖母 4、1～4以外 5

生年月日　明治 1、大正 2、昭和 3、平成 4

財産の価額の合計額（課税価格）	㉓	
特別控除額の計算　過去の年分の申告において控除した特別控除額の合計額（最高2,500万円）	㉔	
特別控除額の残額（2,500万円－㉔）	㉕	
特別控除額（㉓の金額と㉕の金額のいずれか低い金額）	㉖	
翌年以降に繰り越される特別控除額（2,500万円－㉔－㉖）	㉗	
税額の計算　㉖の控除後の課税価格（㉓－㉖）【1,000円未満切捨て】	㉘	000
㉘に対する税額（㉘×20％）	㉙	00
外国税額の控除額（外国にある財産の贈与を受けた場合で、外国の贈与税を課せられたときに記入します。）	㉚	
差引税額（㉙－㉚）	㉛	

上記の特定贈与者からの贈与により取得した財産に係る過去の相続時精算課税分の贈与税の申告状況	申告した税務署名	控除を受けた年分	受贈者の住所及び氏名（「相続時精算課税選択届出書」に記載した住所・氏名と異なる場合にのみ記入します。）
	署	平成 令和 年分	
	署	平成 令和 年分	
	署	平成 令和 年分	
	署	平成 令和 年分	

（注）上記の欄に記入しきれないときは、適宜の用紙に記載し提出してください。

◎ 上記に記載された特定贈与者からの贈与について初めて相続時精算課税の適用を受ける場合には、申告書第一表及び第二表と一緒に「相続時精算課税選択届出書」を必ず提出してください。なお、同じ特定贈与者から翌年以降財産の贈与を受けた場合には、「相続時精算課税選択届出書」を改めて提出する必要はありません。

※	税務署整理欄	整理番号		名簿		届出番号	－
		財産細目コード		確認			

※欄には記入しないでください。　（資5－10－2－1－A4統一）（令3.10）

「贈与税の申告書第二表」は相続時精算課税制度を適用している人が提出する書類

「相続時精算課税選択届出書」

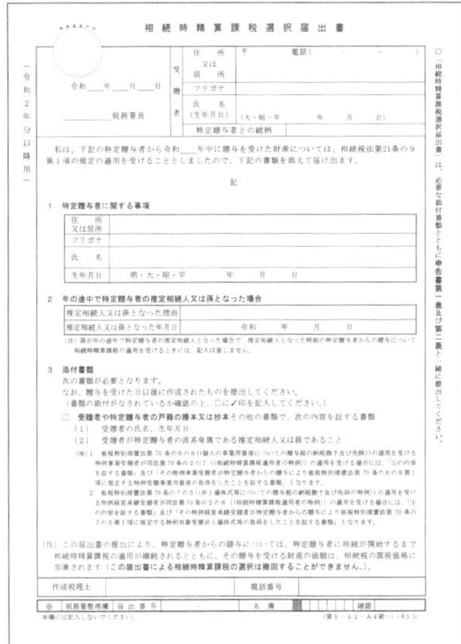

相続時精算課税選択届出書

（令和2年分以降用）

令和＿年＿月＿日

＿＿＿＿税務署長

受贈者		
住所又は居所	〒　電話（　－　－　）	
フリガナ		
氏名（生年月日）	（大・昭・平　年　月　日）	
特定贈与者との続柄		

私は、下記の特定贈与者から令和＿年中に贈与を受けた財産については、相続税法第21条の9第1項の規定の適用を受けることとしましたので、下記の書類を添えて届け出ます。

記

1　特定贈与者に関する事項

住所又は居所	
フリガナ	
氏名	
生年月日	明・大・昭・平　年　月　日

2　年の途中で特定贈与者の推定相続人又は孫となった場合

推定相続人又は孫となった理由	
推定相続人又は孫となった年月日	令和　年　月　日

（注）孫が年の途中で特定贈与者の推定相続人となった場合で、推定相続人となった時前の特定贈与者からの贈与について相続時精算課税の適用を受けるときには、記入は要しません。

3　添付書類
次の書類が必要となります。
なお、贈与を受けた日以後に作成されたものを提出してください。
（書類の添付がなされているか確認の上、□に✓印を記入してください。）
□　受贈者や特定贈与者の戸籍の謄本又は抄本その他の書類で、次の内容を証する書類
（1）　受贈者の氏名、生年月日
（2）　受贈者が特定贈与者の直系卑属である推定相続人又は孫であること
（※）1　租税特別措置法第70条の6の8（（個人の事業用資産についての贈与税の納税猶予及び免除））の適用を受ける特例事業受贈者が同法第70条の2の7（（相続時精算課税適用者の特例））の適用を受ける場合には、「(1)の内容を証する書類」及び「その特例事業受贈者が特定贈与者からの贈与により租税特別措置法第70条の6の8第1項に規定する特例受贈事業用資産の取得をしたことを証する書類」となります。
2　租税特別措置法第70条の7の5（（非上場株式等についての贈与税の納税猶予及び免除の特例））の適用を受ける特例経営承継受贈者が同法第70条の2の8（（相続時精算課税適用者の特例））の適用を受ける場合には、「(1)の内容を証する書類」及び「その特例経営承継受贈者が特定贈与者からの贈与により租税特別措置法第70条の7の5第1項に規定する特例対象受贈非上場株式等の取得をしたことを証する書類」となります。

（注）この届出書の提出により、特定贈与者からの贈与については、特定贈与者に相続が開始するまで相続時精算課税の適用が継続されるとともに、その贈与を受ける財産の価額は、相続税の課税価格に加算されます（この届出書による相続時精算課税の選択は撤回することができません。）。

○「相続時精算課税選択届出書」は、必要な添付書類とともに申告書第一表及び第二表と一緒に提出してください。

作成税理士		電話番号	

※	税務署整理欄	届出番号	－	名簿		確認	

※欄には記入しないでください。　（資5－42－A4統一）（令3.3）

「相続時精算課税選択届出書」は初めて相続時精算課税制度の適用を受ける場合に提出する書類

POINT

贈与を受けた人が贈与税の申告・納付期限までに税務署へ「贈与税の申告書」を提出しなかった場合、ペナルティとして「無申告加算税」と「延滞税」が発生するので、贈与税の申告と納付は必ず行いましょう。

Part 2

これだけは知っておきたい 節税アイテムや 生前贈与で相続税対策

2024年1月1日からはじまる贈与税の新ルールで「暦年課税」「相続時精算課税」の計算方法が変わる。

1人当たり年間110万円以内の贈与であれば贈与税は非課税なので、贈与を受けた人は贈与税の申告は必要ない。

小規模宅地等の特例を利用する場合は、相続税の申告期限までに遺産分割協議が終わっていることと、相続税の申告も条件。その他、配偶者以外が申告期限前に売却した場合は特例が適用されない。

「贈与税の配偶者控除」を利用する場合は、たとえ贈与税が0円でも贈与税の申告が必要。贈与税の申告期限は配偶者から贈与された翌年の2月1日から3月15日まで。

生命保険の被保険者は「本人（契約者）」、受取人を「自宅を相続する人」にしておけば、納税資金や代償分割に役立つ。

相続税法上、養子縁組で法定相続人になれる養子の人数には制限がある。
実子がいない場合は「2人」まで、実子がいる場合は「1人」まで。

たとえ贈与税が0円であっても、贈与税の申告が非課税制度利用の条件となっている場合には、贈与を受けた人は翌年の2月1日から3月15日までの間に、管轄税務署で贈与税の申告を忘れずに行う。

Part

3

遺言書・遺産分割協議書の活用ポイントを押さえる!

亡くなった人が遺言を残しているかどうかで、
相続財産の分け方は変わる。
Part 3では、「遺言書」と「遺産分割協議書」の
役割を詳しくご紹介!

知っているようで知らない「遺言書」と「遺産分割協議書」

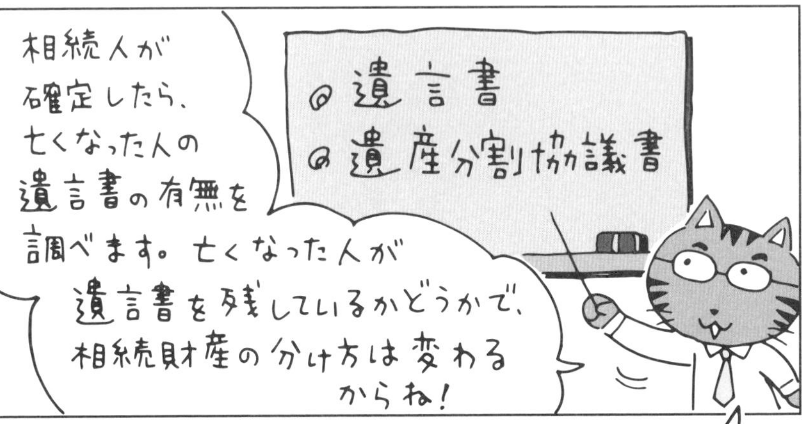

そうならないように、
実は相続する上で
大切な書面「遺言書」と
「遺産分割協議書」
についての
アレコレを
詳しく説明
しましょう！

01 相続財産の分け方を決める！

**遺言書のあるなしで、相続財産の分け方は変わります。
分け方は「遺言書がある場合」「遺言書がない場合」「遺言書がなくても遺産分割をしなくていい場合」の３つです。**

遺言書のあるなしで相続財産の分け方は変わる

相続人が確定したら、亡くなった人の遺言書の有無を調べましょう。

亡くなった人が遺言書を残しているかどうかで、相続財産の分け方は変わります。主な分け方は次の３つです。

１つ目は、遺言書がある場合です。この場合は、基本的に**法定相続分よりも遺言書が優先**されます。遺言書は**亡くなった人が自分の財産を誰に渡したいのか、どのように分けたいのかを、書面で意思表示したもの**です。例えば、特定の法定相続人だけにすべての財産を渡すことも、法定相続人以外の人に財産を遺贈することも、遺言書に書いていれば基本的に亡くなった人の遺志が尊重されます。また、亡くなった人が遺言に**「遺言執行者」を指定している場合は、その遺言執行者が相続手続き**を進めます。ただし「特定の人だけにすべての財産を渡す」と書かれている場合、法定相続人（兄弟姉妹以外）には**法定相続分に則った一定額の「遺留分」**122ページ参照**が保障されている**ので、遺言によって亡くなった人の財産を得た人に、遺留分を請求することができます。

２つ目は、遺言書がない場合です。この場合は**遺産分割協議**を行います。遺産分割協議とは、**法定相続人全員で話し合いをして、遺産の分割方法を決めること**です。遺産分割協議は法定相続人全員の参加と同意が必要です。よって、話し合いに参加しない人や、法定相続人の中に１人でも分割内容に反対する人がいる場合は、遺産分割協議が成立しません。また、法定相続人の中に音信不通の人や連絡先がわからない人がいる場合も、何らかの方法で連絡を取って、遺産分割協議に参加してもらう必要があります。

３つ目は、遺言書がなくても、遺産分割協議を行う必要がなく、遺産分割協議書も作成しなくていい場合です。法定相続人が１人の場合、遺産は１人ですべてを相続することになるので、遺産分割は行いません。

遺言書や遺産分割協議には、トラブルがつきもの？

本来、遺言書や遺産分割協議書はトラブルを避けるために作成するものです。ただ遺言書がある場合でも、例えば、遺言に記載されていない財産があとから見つかることもあります。また、遺産分割協議が相続税の申告期限までに終わらない場合は、特例や控除を受けられず、延滞税などのペナルティが発生することもあり得ます。

相続手続きは、知っているようで知らないことの連続なので、かなりストレスがかかります。事前に相続手続きの大まかな知識を仕入れておけば、手続きの優先順位が決められるので、余計な手間を省くこともできます。

遺言書のあるなしで手続きが変わる

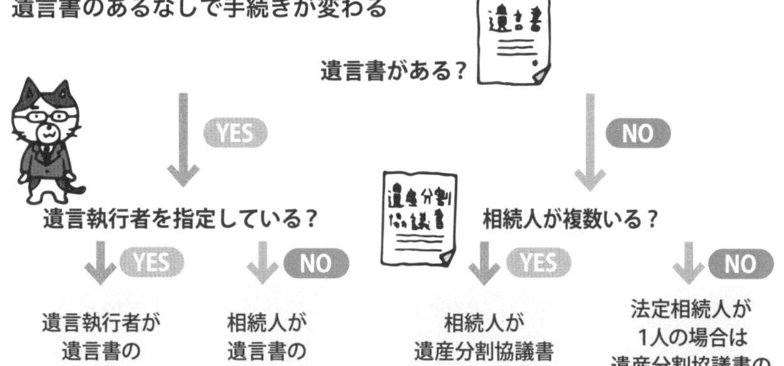

POINT

遺言は基本的に亡くなった人の遺志が尊重されますが、法定相続人（兄弟姉妹以外）には法定相続分に則った一定額の「遺留分」が保障されています。

02 遺言書の作成方法は3種類ある！

遺言書の作成方法は「自筆証書遺言」「公正証書遺言」「秘密証書遺言」の3種類から選択します。

遺言書の作成方法は3種類

遺言書の作成方法は**「自筆証書遺言」「公正証書遺言」「秘密証書遺言」**の３種類から選択します。自筆証書遺言は、**遺言者が手書きで作成できる遺言書**です。公正証書遺言は、**遺言者が遺言の趣旨を口頭で述べて、公正役場で証人２人の立ち会いのもと、公証人が文書にする遺言書**です。秘密証書遺言は**遺言の内容を秘密にしたまま、遺言者は封印した遺言書を公証役場で証人２人の立ち会いのもと証明してもらう遺言書**です。なお、自宅などで本人が保管している自筆証書遺言と秘密証書遺言の場合は、遺言者が亡くなったあとに家庭裁判所の**「検認」**が必要ですPart3-5参照。３種類の遺言書のメリットとデメリットは次の通りです。

３種類の「遺言書」のメリット・デメリット

種類	メリット	デメリット
自筆証書遺言	・費用をかけずに、遺言者が簡単に作成できる ・財産目録はパソコンでの作成も可能 ・「自筆証書遺言書保管制度」を利用して、法務局で遺言を預かってもらう場合、検認は不要(利用しない場合は検認が必要)	・遺言の書式や書き方に不備がある場合、遺言は無効 ・紛失、発見されない場合がある ・第三者による破棄や変造のリスクがある
公正証書遺言	・公証役場で公証人に作成してもらえる ・作成した遺言書の原本は公証役場で保管 ・検認は不要 ・第三者による破棄や変造のリスクがない ・紛失のリスクがない	・手数料が必要 ・証人が2人以上必要 ・遺言書の変更や撤回に手間がかかる

種類	メリット	デメリット
秘密証書遺言	・公証役場で遺言書の内容を秘密にしたまま、遺言書の「存在」のみを証明できる ・内容はパソコンや代筆で作成可能（署名と押印は必要）	・遺言書の書式や書き方に不備がある場合、遺言は無効 ・検認が必要 ・証人が2人以上必要 ・実務上ではあまり利用されない

ただし、亡くなった人がこれらの遺言書を残していても、**民法では法定相続人である配偶者、子供、親には「遺留分」という遺産を最低限相続できる権利**が認められています。なお、兄弟姉妹には遺留分がありません。この遺留分を請求すれば、法定相続人は一定の財産を相続することができます。次は、３種類の遺言書の作成方法の比較です。

３種類の「遺言書」作成方法の比較

	自筆証書遺言	公正証書遺言	秘密証書遺言
作成人	本人	公証人（公証役場）	本人
作成方法	直筆（財産目録はパソコン可）	パソコン、代筆可	パソコン、代筆可
手数料	・本人保管の場合は0円 ・自筆証書遺言書保管制度利用の場合は3,900円	証書作成手数料は遺言で残す財産価額によって決まる（5,000円から財産価額に応じて段階的に上がる）。加えて、財産が１億円以下のときは11,000円が加算	公証人手数料は11,000円
証人	不要	証人２人	証人２人
保管方法	・本人 ・法務局（自筆証書遺言書保管制度）	公証役場で原本を保管	本人
家庭裁判所での検認	・本人保管の場合は必要 ・自筆証書遺言書保管制度利用の場合は不要	不要	必要

POINT

自宅などで本人が保管している自筆証書遺言と秘密証書遺言の場合は、遺言者が亡くなったあとに家庭裁判所の「検認」が必要です。

03 「自筆証書遺言」が便利になった？

**2020年に法務局でスタートした「自筆証書遺言書保管制度」は、遺言者と相続人にとって便利で安心できる仕組みです。
自筆証書遺言の場合は、この制度の利用をお勧めします。**

自分だけで「自筆証書遺言」を書くのは案外大変？

「自筆証書遺言」とは、遺言を残したい人が手書きで作成できる遺言書です。誰でも気軽に作成でき、費用もかからないので便利な遺言書です。

2019年の民法改正では、**遺言書に添付する「財産目録」について、パソコンでの作成や預貯金通帳のコピーなどが認められる**ようになりました。

ただし、**財産目録の全ページには偽造防止のために、自筆の署名と押印**が必要です。

「自分でも書けるかも!?」と考える人が多い一方、自筆証書遺言の作成には民法で定めたルールがあるので、間違えて書いてしまうリスクもあります。もし、**ルールを守らないで遺言書を書くと、その遺言書は無効**になります。自分で自筆証書遺言を書く場合には、くれぐれも作成ルールを守って書きましょう。

また、自筆証書遺言は遺言者が亡くなったあとに、家族に遺言の存在を気付かれないこともあります。さらに、自宅での紛失や、誰かによって書き換えなどが行われてしまうリスクもあります。

遺言者が自宅で遺言書を保管する場合は、事前に信頼できる家族に伝えておくようにしましょう。

なお、**自宅で保管していた自筆証書遺言**は遺言者が亡くなったあと、**法定相続人が家庭裁判所に遺言書を提出し、検認の手続きを行う**必要があります。

自筆証書遺言の作成ルールは次の通りです。

民法で定められた自筆証書遺言書の作成ルール

○遺言書の全文、日付、氏名の自筆と押印
- 遺言者本人が、遺言書の本文のすべてを自筆で書く
- 日付は、遺言書を作成した年月日を具体的に記載
- 遺言者が署名(自筆証書遺言書保管制度を利用する場合は、住民票の記載通りに署名)
- 押印は認印でも可だが、実印が望ましい

○自筆によらない財産目録を添付する場合
- 財産目録は、パソコンで作成した目録や預金通帳や登記事項証明書等のコピーなどを添付する方法でも作成が可能。なお、その場合は各ページに署名と押印が必要(両面コピーの場合は両面に署名・押印が必要)
- 財産目録は、本文が記載された用紙とは別の用紙で作成

○書き間違った場合の変更・追加
- 遺言書を変更する場合は、間違った箇所に二重線を引き、正しい文字を書いて、訂正のための押印が必要。なお、間違った箇所は、余白に「削除」「付加」した文字数の変更も加えて書き、署名が必要

(引用文献:政府広報オンライン「知っておきたい遺言書のこと　無効にならないための書き方、残し方」、https://www.gov-online.go.jp/useful/article/202009/1.html)

遺言書保管制度を利用して「自筆証書遺言」を作成する!

2020年に法務局で「自筆証書遺言」を管理・保管する**「自筆証書遺言書保管制度」**がスタートしました。この制度のメリットは、**法務局の職員が民法で定める「自筆証書遺言」の形式に適合しているか、外形的なチェックをしてくれること**です。また、法務局で**遺言書の原本と画像データを長期間保管**してくれるので、紛失や偽造などの心配もありません。その他にも、遺言者が亡くなったあとに、法務局は亡くなった人の遺言書が保管されていることを**相続人へ通知**してくれます。通知方法は**「関係遺言書保管通知」**と**「指定者通知」**の２つです。具体的には次のような方法です。

法務局からの通知方法

❶**関係遺言書保管通知**

相続人などが遺言書を閲覧等したあとに、その他の相続人全員へ遺言書が保管されていることを通知

❷**指定者通知**

遺言者の死亡後、遺言者が指定した３名までに遺言書が保管されていることを通知（ただし、遺言者が希望する場合に限り実施）

相続開始後、相続人は法務局で遺言書の閲覧ができ、**遺言書情報証明書の交付**が受けられます。その上、遺言書はデータでも管理されているので、**全国の法務局で遺言書のデータが閲覧**でき、**遺言書情報証明書の交付**も受けられます。**家庭裁判所での検認手続きも不要**です。ただし、**遺言書の原本閲覧は遺言書保管所のみ**です。

「自筆証書遺言書保管制度」は、遺言者と相続人にとって便利で安心できる仕組みです。自筆証書遺言の場合は、この制度の利用をお勧めします。

自筆証書遺言書保管制度

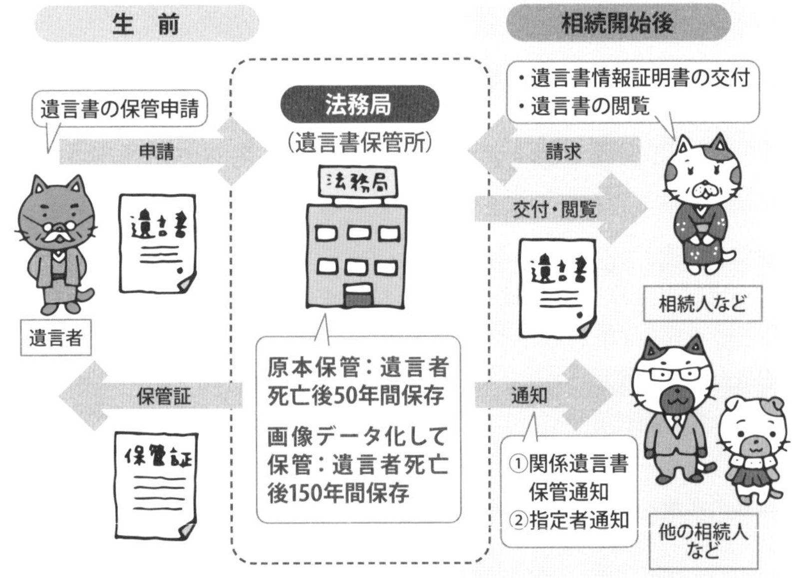

遺言書の書き方例（自筆証書遺言書保管制度を利用する場合）

（A4サイズ）　余白5㎜以上

遺　言　書

1　私は、私の所有する別紙1の不動産を、長男猫田アル（平成9年3月3日生）に相続させる。

2　私は、私の所有する別紙2の~~不動産~~（預貯金）㊞を、次の者に遺贈する。
住　所　東京都豊島区大寝子2丁目2番地
氏　名　島猫ハチ
生年月日　平成8年8月8日

3　私は、この遺言の遺言執行者として、次の者を指定する。
住　所　東京都豊島区小寝子3丁目9番地
職　業　弁護士
氏　名　猫山ネコ助
生年月日　平成元年2月22日

令和6年10月10日
住所　東京都豊島区小寝子2丁目2番地
猫　田　ト　ラ㊞

上記2中、3字削除3字追加　猫田トラ

余白20㎜以上　余白5㎜以上　余白10㎜以上

POINT

法務局は亡くなった人の自筆証書遺言書が保管されていることを相続人などへ通知してくれます。通知方法は「関係遺言書保管通知」と「指定者通知」の2つです。

04 遺言がある場合でも「遺留分」は守られる?

民法では法定相続人が最低限相続できる権利として、基本的に法定相続分のうち「$\frac{1}{2}$」の遺留分を保障しています。ただし、兄弟姉妹には遺留分はありません。

「遺留分」って何?

「遺留分」とは、**法定相続人(配偶者、子供[代襲相続の場合は孫]、親)が最低限相続できる一定の割合のこと**です。なお、**兄弟姉妹には遺留分は認められていません。**

したがって、亡くなった人が遺言で特定の人に財産を残そうとしても、該当する法定相続人は自分の遺留分を請求することができます。

基本的には亡くなった人の遺言書は尊重されますが、実際に遺言者の遺志に従ったとき、遺言の内容によっては問題が起こり得ます。

例えば、遺言書に子供3人のうちの1人だけを指名して、「長女の猫田タマに全財産を相続させる」と遺言者が書いていた場合、配偶者と残りの子供2人は1円も相続できません。

つまり、長女以外の残された家族は財産を何一つ相続できないため、住む家まで奪われてしまうこともあり得ます。

民法ではこのようなことが起こらないように、遺言で法定相続人が最低限相続できる権利として、**基本的に法定相続分のうち「$\frac{1}{2}$」の遺留分を保障**しています。

よって、**遺言書がある場合でも、法定相続人(配偶者、子供、親)は遺留分として法定相続分の「$\frac{1}{2}$」は相続できる**ということです。

遺留分の割合は、**配偶者は$\frac{1}{2}$、「残りの$\frac{1}{2}$」は子供(または孫)の数で分けます。**ただし、親(直系尊属)のみが相続人の場合は、遺留分の割合は$\frac{1}{3}$になります。

遺留分の範囲と割合?

遺留分の権利がある法定相続人を**「遺留分権利者」**といいます。遺留分権利者の範囲は次の通りです。

亡くなった人の**「配偶者」「子(子の代襲者の孫、再代襲者も含む)」「父母、祖父母(直系尊属)」です。兄弟姉妹には遺留分がありません。**

全体で認められる遺留分の割合を**「総体的遺留分」**といい、配偶者、子供、親が個人的に受け取る割合を**「個別的遺留分」**といいます。

法定相続人の総体的遺留分の割合

❶ 配偶者や子供(または孫)のどちらか一方でもいる場合は、相続財産の$\frac{1}{2}$

❷ 父母、祖父母(直系尊属)のみの場合は、相続財産の$\frac{1}{3}$

❸ 兄弟姉妹のみの場合、遺留分なし

法定相続人の遺留分の範囲と割合

法定相続人	遺留分全体の合計(総体的遺留分)	各法定相続人の遺留分(個別的遺留分) 配偶者	子供	父母	兄弟姉妹
配偶者のみ	$\frac{1}{2}$	$\frac{1}{2}$			
配偶者と子供	$\frac{1}{2}$	$\frac{1}{4}$	$\frac{1}{4}$		
配偶者と父母	$\frac{1}{2}$	$\frac{2}{6}$		$\frac{1}{6}$	
配偶者と兄弟姉妹	$\frac{1}{2}$	$\frac{1}{2}$			権利なし
子供のみ	$\frac{1}{2}$		$\frac{1}{2}$		
父母のみ	$\frac{1}{3}$			$\frac{1}{3}$	
兄弟姉妹のみ	権利なし				権利なし

遺留分の計算方法とは？

遺留分の計算方法は、次のようになります。

遺留分 ＝ 遺留分算定の基礎になる財産の価格（相続財産） × 総体的遺留分の割合 × 各相続人の法定相続分の割合

具体的な遺留分の計算例を、次に見ていきましょう。

「遺留分」の具体的な計算例

相続財産：9,000万円
法定相続人：妻、長女、次女、長男の4人
遺言内容：「長女の猫田タマに全財産を相続させる」

配偶者の遺留分

2,250万円 ＝ 9,000万円 × $\frac{1}{2}$ × $\frac{1}{2}$

次女の遺留分

750万円 ＝ 9,000万円 × $\frac{1}{2}$ × $\frac{1}{2}$ × $\frac{1}{3}$

長男の遺留分

750万円 ＝ 9,000万円 × $\frac{1}{2}$ × $\frac{1}{2}$ × $\frac{1}{3}$

遺留分
配偶者
次女
長男

この場合は、長女に対して、配偶者は「2,250万円」、次女と長男は「750万円ずつ」を遺留分として請求することができる。

「遺留分」を得るには?

配偶者、子供（または孫)、親が遺留分を請求するためには、亡くなった人の遺言で財産を受け取った人などに対して**「遺留分侵害額請求」の手続き**を行わなければなりません。

遺留分侵害額請求とは、**遺言者が配偶者などの遺留分権利者の遺留分を守らず、財産を第三者か、特定の人に贈与または遺贈した場合に行える請求手続き**です。配偶者などの遺留分権利者は、遺留分を侵害する遺贈や生前贈与を受けた人に対して、金銭の支払い請求ができます。これが、遺留分侵害額請求です。

気を付けなければならないのは、**遺留分侵害額請求には時効がある**ことです。その**期間は、相続の開始及び、遺留分の侵害を知った日から1年以内です。**遺留分を請求する場合には、この期間内に相手に対して内容証明郵便を送付して、遺留分侵害額請求権を行使します。なお、それでも話し合いがつかない場合は、「家庭裁判所」に調停の申し立てをしましょう。また、第三者への遺贈や贈与を知らなかったとしても、**相続開始から10年経つと、遺留分侵害額請求の権利は消滅します。**

生前贈与も遺留分侵害額請求の対象?

生前贈与も遺留分侵害額請求の対象になることがあります。

例えば、生前に亡くなった人が長女のみに2,000万円の事業資金を贈与していて遺産がほとんど残っていない場合、他の子供たちが贈与を受けていないと「遺留分」を侵害していることになります。

2019年7月1日に施行された相続法改正で、遺留分侵害額請求の対象となる生前贈与は次のように定められました。

- **相続開始前1年間に行われた生前贈与**
- **当事者双方が遺留分権利者を害すると知って行われた生前贈与**
- **法定相続人に対して行われた相続開始前10年以内の生前贈与**

このように、一部の相続人だけが生前贈与によって特別に利益を得ていた場合には**「特別受益」**に該当するので、相続人の間の不公平感を調整するために、遺留分を計算する際の財産に加算されることになります。

遺留分侵害額請求の方法

遺留分を侵害した人へ連絡

書面、口頭、内容証明郵便で、遺留分侵害額請求の旨を知らせる

手続き

当事者同士で話し合いがまとまらなければ、家庭裁判所に遺留分侵害額請求調停の申し立てをする

「遺留分侵害額請求」の調停を申し立てる人が提出する書類（家事調停の申立添付書類）

費用	・収入印紙1,200円分　・郵便切手
必要書類	申立書及びその写し（相手方の数の通数）
	亡くなった人の出生時から死亡時までのすべての戸籍謄本（除籍謄本、改製原戸籍謄本）
	相続人全員の戸籍謄本
	亡くなった人の子供（または孫）が亡くなっている場合、その子供（または孫）の出生時から死亡時までのすべての戸籍謄本（除籍謄本、改製原戸籍謄本）
	遺言書の写し、または遺言書の検認調書謄本の写し
	遺産に関する証明書（不動産登記事項証明書、固定資産評価証明書、預貯金通帳のコピーまたは残高証明書、有価証券の残高証明書、債務の額に関する資料など）
	〈相続人に亡くなった人の父母が含まれている場合〉父母の一方が亡くなっているときは、その死亡の記載のある戸籍謄本（除籍謄本、改製原戸籍謄本）

「遺留分侵害額請求」する人が提出する書類

「家事（調停）申立書」

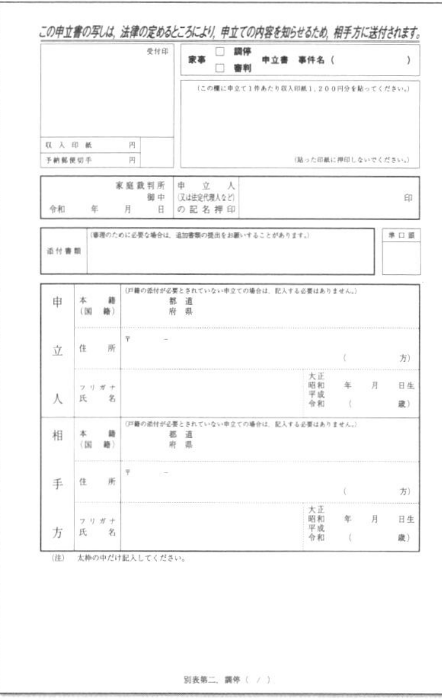

この申立書の写しは，法律の定めるところにより，申立ての内容を知らせるため，相手方に送付されます。

受付印

家事 □ 調停 □ 審判 申立書 事件名（ ）

（この欄に申立て1件あたり収入印紙1,200円分を貼ってください。）

（貼った印紙に押印しないでください。）

収入印紙 円

予納郵便切手 円

家庭裁判所 御中 令和 年 月 日	申立人 （又は法定代理人など） の記名押印	印

添付書類	（審理のために必要な場合は，追加書類の提出をお願いすることがあります。）	準口頭

申立人	本籍 （国籍）	（戸籍の添付が必要とされていない申立ての場合は，記入する必要はありません。） 都道 府県	
	住所	〒 － （ 方）	
	フリガナ 氏名		大正 昭和 年 月 日生 平成 令和 （ 歳）
相手方	本籍 （国籍）	（戸籍の添付が必要とされていない申立ての場合は，記入する必要はありません。） 都道 府県	
	住所	〒 － （ 方）	
	フリガナ 氏名		大正 昭和 年 月 日生 平成 令和 （ 歳）

（注） 太枠の中だけ記入してください。

別表第二，調停（ / ）

この申立書の写しは，法律の定めるところにより，申立ての内容を知らせるため，相手方に送付されます。

申立ての趣旨

申立ての理由

別表第二，調停（ / ）

POINT

亡くなった人が生前に特定の人だけに贈与していた場合、他の法定相続人が贈与を受けていないと「遺留分」を侵害している可能性があります。

05 遺言書の「検認」とは？

検認は遺言書の内容を明確にして、遺言書の偽造・変造を防止するための手続きです。よって、遺言の有効・無効を判断する手続きではありません。

遺言は家庭裁判所で「検認」する

「検認」とは、「自筆証書遺言」か「秘密証書遺言」がある場合に、家庭裁判所が**相続人に対して亡くなった人の遺言の存在とその内容を知らせるとともに、遺言書の形状、加除訂正の状態、日付、署名など、検認の日時点における遺言書の内容を明確にする手続き**です。また、検認は遺言書の内容を明確にして、遺言書の偽造・変造を防止するための手続きでもあります。よって、**遺言の有効・無効を判断する手続きではありません。**なお、「公正証書遺言（公証役場で公証人が作成した文書）」か、法務局で保管している「自筆証書遺言」がある場合は、家庭裁判所による検認を受ける必要はありません117ページ参照。

検認の手続きはどうするの？

遺言書が「自筆証書遺言」「秘密証書遺言」の場合は、「遺言書の保管者」または「遺言書を発見した相続人」が**亡くなった人の住所地を管轄する家庭裁判所に遺言書を提出して、「検認」の申し立て**を行います。

このとき、申し立てをする人を**「申立人」**といいます。また、遺言書に遺言執行者が指定されている場合は、**遺言執行者が検認の申立人**になります。申し立て後、裁判所はすべての相続人に**検認期日（検認を行う日）**の通知をします。なお、**検認期日への出席は申立人のみ義務**ですが、申立人以外の相続人は出席の義務はありません。

検認期日の当日、申立人は裁判所から指示されたもの（遺言書、申立人の印鑑など）を持参して出席します。申立人が裁判所へ提出した遺言書は、出席した相続人の立ち会いのもと、裁判官が封印してある遺言書を開封して、遺言書の検認を行います。

検認後、申立人は家庭裁判所に**「検認済証明書」を申請**して、**遺言書に「検認済証明書」を添付**してもらいます。検認済証明書は、金融機関で名義変更をする際など、相続手続きに必要な書類です。

なお、家庭裁判所で検認を受けずに、相続人が勝手に遺言書を開封すると、**5万円以下の過料が発生する可能性があります。**自筆証書遺言か秘密証書遺言がある場合は、必ず家庭裁判所で検認手続きを行いましょう。

検認を受けた遺言書は有効な遺言書?

先ほども述べましたが、**検認は遺言書の有効・無効を判断する手続きではなく、遺言の存在と内容を明確にするもの**です。よって、検認を受けた遺言書であっても、次のような遺言書は無効になる可能性があります。

- **民法のルールに則って作成されていない遺言書**
- **共同の遺言書(民法では「遺言は、2人以上の者が同一の証書ですることができない」と定めている)**
- **認知症により判断能力を失っている方、または15歳未満の方の遺言書**
- **第三者の強迫や詐欺などで書かせられた遺言書**
- **第三者が遺言者の遺言を勝手に作成、または書き換えた遺言書**
- **遺言の内容が公序良俗に反する遺言書**

このような場合、遺言の無効を主張するには、まず相続人全員で話し合いを行いますが、それでも解決しない場合には家庭裁判所で調停の申し立てを起こすか、地方裁判所で訴訟の申し立てを起こします。

例えば、遺言者が認知症などで判断能力がない状態で遺言を残していた場合、法定相続人は家庭裁判所で**「遺言無効確認調停」**の申し立てを起こせます。ただし、家庭裁判所では遺言書の有効・無効については判断しません。調停では、遺産の分け方についての話し合いをします。話し合いのもと、相続人全員が同意した場合は調停が成立します。

調停で話し合いがつかない場合は、地方裁判所で**「遺言無効確認訴訟」**の申し立てを起こします。そこでは、遺言書が無効であるかどうかを判断してもらいます。

なお、遺言書の破棄、偽造、変造をした場合、「有印私文書偽造罪」や「私用文書毀棄罪(しようぶんしょきざい)」に問われ、その相続人は相続資格を失います。

家庭裁判所での遺言書の検認手順

検　認

❶申立人が家庭裁判所に「検認の申し立て」
申立先の家庭裁判所は「遺言者の最後の住所地を管轄する家庭裁判所」
- 主な必要書類：遺言書の検認の申立書1通、遺言者の戸籍謄本(生まれてから亡くなるまでのすべてのもの)、相続人全員分の戸籍謄本など
- 費用：収入印紙800円、連絡用の郵便切手

❷家庭裁判所から検認日(検認期日)の通知

❸家庭裁判所で遺言書の「検認」手続き
・申立人以外の相続人全員がそろわなくても検認手続きは行われる
・出席した相続人等の立ち会いのもと、裁判官は封がされた遺言書については開封の上、遺言書を検認
- 持参するもの：遺言書、申立人の印鑑など

❹検認済証明書を発行
検認後は、「検認済証明書」を申請(遺言を執行するには、遺言書に検認済証明書が添付されていることが必要)
- 費用：遺言書1通につき150円分の収入印紙
- 持参するもの：申立人の印鑑

❺検認期間はおおよそ1カ月から2カ月
「遺言書の検認の申し立て」から検認期日までの期間はおおよそ1カ月から2カ月。検認の申し立てをするには、事前に戸籍謄本類などの書類を集める必要がある

不要

- 自筆証書遺言書保管制度を利用している場合の自筆証書遺言
- 公正証書遺言
(公証役場で公証人が作成した文書)

遺言書を検認してもらう人が提出する書類

「家事審判申立書」

受付印

家事審判申立書　事件名(　　　)

(この欄に申立手数料として1件について800円分の収入印紙を貼ってください。)

(貼った印紙に押印しないでください。)

(注意)登記手数料としての収入印紙を納付する場合は、登記手数料としての収入印紙は貼らずにそのまま提出してください。

収入印紙	円
予納郵便切手	円
予納収入印紙	円

準口頭　　関連事件番号　平成・令和　　年(家　　)第　　号

家庭裁判所　御中
令和　年　月　日

申立人(又は法定代理人など)の記名押印　　印

添付書類　(審理のために必要な場合は、追加書類の提出をお願いすることがあります。)

申立人	本籍(国籍)	(戸籍の添付が必要とされていない申立ての場合は、記入する必要はありません。) 都道府県
	住所	〒　－　電話　(　)　(　方)
	連絡先	〒　－　電話　(　)　(　方)
	フリガナ 氏名	昭和 平成 令和　年　月　日生　(　歳)
	職業	
※	本籍(国籍)	(戸籍の添付が必要とされていない申立ての場合は、記入する必要はありません。) 都道府県
	住所	〒　－　電話　(　)　(　方)
	連絡先	〒　－　電話　(　)　(　方)
	フリガナ 氏名	昭和 平成 令和　年　月　日生　(　歳)
	職業	

(注)　太枠の中だけ記入してください。
※の部分は、申立人、法定代理人、成年被後見人となるべき者、不在者、共同相続人、被相続人等の区別を記入してください。

別表第一(1/　)

申立ての趣旨

申立ての理由

別表第一(　/　)

POINT

家庭裁判所で検認を受けずに、相続人が勝手に遺言書を開封すると、5万円以下の過料が発生する可能性があります。

06 「遺産分割協議書」は絶対に作成しないとダメ？

遺産分割協議書は、相続人全員で亡くなった人の遺産の分け方について話し合い、相続人全員が合意した内容を記載した書面です。

遺言書がない場合、絶対に遺産分割協議書を作成するの？

「遺産分割協議書」とは、**遺言書がない場合に相続人全員で亡くなった人の「遺産分割」について話し合いをし、合意した内容をまとめた書面です。**

簡単にいうと、相続人全員で亡くなった人の遺産の分け方について話し合い、**相続人全員が合意した内容を記載したもの**です。

とはいえ、すべての相続人が遺産分割協議書を作成するわけではありません。遺産分割協議書を作成しなくていい人は、次の通りです。

遺産分割協議書を作成しなくていい人

- 相続人が１人のみ
- 相続人間で争いがなく、遺産が現金のみで、相続税の申告が不要な人

遺産分割協議書の作成が必要になる人は、主に**「相続人が複数いる」「名義変更（相続登記）をする」「相続税の申告手続きをする」などの場合**です。**名義変更や相続税の申告の手続きには、遺産分割協議書が必要**です。というのも、遺産分割協議書がないと預貯金や上場株式、不動産などの名義変更の手続きを行えないからです。

また、遺産分割協議書がないと、相続税の申告に当たり「小規模宅地等の特例」「配偶者の税額軽減」などの特例を受けることができません。

遺産分割協議書の作成が必要な人

- 遺言書がない
- 遺言書にない財産が発覚した
- 相続人が複数いる
- 名義変更、相続税の申告手続きに必要

遺産分割協議書を作成するには？

遺産分割協議書の作成が必要な場合、相続人全員で話し合いの場を持って、遺産の分け方を決め、相続人全員が合意した内容を書面にする必要があります。

遺産分割協議書を作成する際の大まかな流れは、次のようになります。

遺産分割協議書を作成する流れ

STEP 1　相続人を確定する

STEP 2　亡くなった人の遺産を確定する

STEP3　相続人全員で遺産分割協議を行う

STEP4　遺産分割協議書に相続人全員が合意した内容を記載して、相続人全員で署名・実印を押印する

POINT

遺産分割協議書を作成する人は「遺言書がない」「遺言書にない財産が発覚した」「相続人が複数いる」「名義変更、相続税の申告手続きに必要」などの場合です。

07 「遺産分割協議」の話し合いは参加必須

**遺産分割協議は相続人全員が参加しなければなりません。
１人でも参加しない場合は、その協議は無効になります。**

相続人を確定する

遺産分割協議を行うためには、まず、**誰が相続人なのかを確定させる**必要があります。そのためには、亡くなった人の本籍地がある市区町村の役所から戸籍謄本、除籍謄本、改製原戸籍謄本を取り寄せて、出生から亡くなるまでの戸籍を調べ、法定相続人を確定します。

なお、亡くなった人に離婚歴がある場合は以前の配偶者との子供についても確認します。また、**養子や亡くなった人が認知した子供も法定相続人になるので、遺産分割協議への参加が必要**です。

さらに、**亡くなった人から遺産の一部を受け取ると約束した人（包括受遺者）も遺産分割協議には参加**します。

一方、相続人の中に認知症などにより判断能力を失っている人や未成年者がいる場合は、遺産分割協議に当たり代理人を選任します。認知症などの場合は、家族が家庭裁判所に申し立てを行い、成年後見人を選任します。未成年者の場合もまた、家族が家庭裁判所に申し立てを行い、親権者（父母）を選任します。ただし、親権者が相続人の場合は**特別代理人（利害関係のない親族など）を選任**します。なお、未成年者が複数いる場合は、それぞれに特別代理人を選任します。これらの場合は、選任された各代理人が遺産分割協議に参加します。

相続人の中に探しても見つからない行方不明者がいる場合は、他の相続人が家庭裁判所に申し立てを行い、不在者財産管理人を選任します。この場合も、選任された不在者財産管理人が遺産分割協議に参加することになります。

亡くなった人の財産を洗い出して、確定する

相続人を確定させるとともに、**亡くなった人の財産も確定**させましょう。

一般的な相続財産は、現金、預貯金、不動産、株式などのプラスの財産と、借金や未払金などの債務といったマイナスの財産です。これらの財産をすべて洗い出します。相続する財産を調べ上げたら、**財産目録も作成**しておきます。

なお、相続財産の内容を見て、相続放棄や限定承認を考えている場合は、必ず相続の開始を知ってから3カ月以内に結論を出しましょう50ページ参照。

相続人全員で遺産分割協議を行う

次に、財産目録を見ながら、相続人全員で遺産分割協議を開始します。

なお、**遺産分割協議は相続人全員が参加しなければなりません。1人でも参加しない場合は、その協議は無効になります。**

「相続人が多数いる」「仕事で都合がつかない」「遠方に住んでいる」などの場合は、電話やオンラインなどで話し合いを進めましょう。

相続人の意見が合わない場合、話し合いで財産の分け方が決まらずに、税務署への相続税の申告期限を過ぎてしまうこともあり得ます。遺産分割をスムーズに行うためにも、相続人の確定と財産の特定は早く行い、遺産分割協議の時間を長めに取れるように調整しましょう。

実は**遺産分割に期限はありませんが、遺産分割協議書がないと名義変更（相続登記）はできません**。また、**相続税の申告期限までに遺産分割協議書を税務署へ提出しなければ、原則、相続税を軽減する特例を受けることもできません。**

よって、相続税の申告が必要な場合、遺産分割協議書の作成は、相続開始から10カ月以内に終わらせることがベストです。

それでも、相続人同士の話し合いで財産の分け方を決められない場合や、相続人が遺産分割協議への参加を拒む場合などは、家庭裁判所に申し立てをして、調停（調停分割）や審判（審判分割）を受けることもできます。

実際の遺産分割の方法

遺産分割は、法定相続分通りに分ける必要はなく、相続人同士の話し合いで相続財産の分け方を決められます。遺産分割には**「現物分割」「代償分割」「換価分割」「共有分割」**の４つの方法があり、これらを組み合わせて遺産分割を行います。分割方法の内容は次の通りです。

遺産分割の４つの方法

現物分割

現物の財産を各相続人が、一つひとつ現物のままの形で相続する方法

代償分割

一部の相続人のみが遺産を取得し、その代わりに他の相続人には見合ったお金（代償金）を支払う方法

換価分割

相続財産の全部または一部を売却して、売却で得たお金を相続人の間で分ける方法（ただし、売却で得たお金［売却益］に所得税や住民税がかかる）

共有分割

相続財産を複数の相続人で共有する方法

現物分割は実際の相続でよく行われる方法です。ただし、現実的には法定相続分の割合通りに分けることは難しいでしょう。

例えば、預貯金、株式、不動産を３人の相続人にそれぞれ分ける場合、預貯金の額と株式の額、不動産の額が釣り合わない場合には、相続財産の価値に偏りが起こるので、不公平感が生まれやすい方法です。

代償分割は、法定相続分以上の相続財産を一部の相続人が受け取った場合、他の相続人に対して財産に見合ったお金（代償金）を支払うので、代償金を支払うだけの資金力がないと難しい方法です。

換価分割は公平な財産の分け方ではありますが、相続人全員の同意がないと行えません。また、不動産などの売却で得たお金（売却益）には所得税や住民税がかかります。

共有分割は相続人全員で財産を共有するので、公平な財産の分け方です。

とはいえ、共有分割した場合、共有者が資産全体を個人の自由で動かすことはできません。

例えば、土地を共有分割した場合、のちに共有者の１人が急にお金が必要になっても、自分の共有分だけしか売却することはできません。

他の共有者が買い取ってくれればいいのですが、それもできない場合は、共有者との間で揉め事に発展する可能性があります。

共有分割はのちに問題が起こりやすいので、共有分割する場合は、相続人同士であとあとのことまでしっかりと話し合いをした上で行いましょう。

POINT

遺産分割には「現物分割」「代償分割」「換価分割」「共有分割」の4つの方法があり、これらを組み合わせて遺産分割を行います。

08 遺産分割協議書を作成する!!

遺産分割協議書の書式は特に決まっていませんが、「亡くなった人の名前と死亡日」「相続人が遺産分割内容に合意した旨」「相続財産から各相続人が相続した内容」「遺産分割協議が成立した年月日」などを記載します。

遺産分割協議書を作成する

話し合いで相続人全員からの合意が得られたら、遺産分割協議書を作成します。**遺産分割協議書の書式は特に決まっていませんが、「亡くなった人の名前と死亡日」「相続人が遺産分割内容に合意していること」を記載**します。また**「亡くなった人の財産から各相続人が相続した具体的な内容」と「遺産分割協議が成立した年月日」も記載**します。なお、相続人の人数分作成した遺産分割協議書には、**相続人全員の署名と住所、実印の押印が必要**です。**遺産分割協議書は相続人がそれぞれで保管**します。

遺産分割協議書は相続登記などの名義変更や相続税の申告の際に必要です。相続税の申告期限に遅れないように、必ず作成しましょう。

「遺産分割協議書」作成後に新たな相続財産が出てきた場合は?

遺産分割協議書を作成した後に亡くなった人の新たな相続財産が出てきた場合、原則、**その相続財産については再度の遺産分割協議をする**ことになります。このようなことも起こり得ますので、**遺産分割協議書の中に「新たな財産が見つかった場合には、相続人猫田アルが相続する」などの一文を事前に記載しておく方法**もあります。

また、遺産分割協議書を作成後に遺言書が見つかった場合は、**相続人全員と受遺者で「遺言書に従う」か「遺言書に従わない」かの、どちらかを選択**します。相続人と受遺者のうち１人でも「遺言書の内容に従う」といった場合は、遺言書に従って相続財産を分け直す必要があります。

一方、相続人全員と受遺者が「遺言書には従わず、遺産分割協議書を優先する」と決めた場合は、遺産分割協議に従って相続財産を分けます。

「遺産分割協議書」の記載例

遺産分割協議書

令和6年2月22日、被相続人猫田トラの死亡により、相続人猫田アル、相続人猫田ハチ、相続人猫田ソラはその相続財産について、遺産分割の協議を行い、下記の通りに被相続人の遺産を分割することに合意した。

1. 相続人猫田アルは次の財産を取得する。
 所在　東京都豊島区小寝子3丁目
 番地　9番
 地目　宅地
 地積　222平方メートル

2. 相続人猫田ハチは次の財産を取得する。
 チュール銀行大寝子支店
 普通預金　口座番号222○●222
 口座名義　猫田トラ

3. 被相続人のその他の財産は相続人猫田ソラが取得する。

以上の通り、相続人全員による遺産分割協議が成立したので、この協議書を作成し署名押印し、各自1通保有する。

令和6年11月3日

東京都豊島区小寝子3丁目9番　猫田アル㊞
東京都豊島区大寝子2丁目2番　猫田ハチ㊞
神奈川県横浜市根子区3丁目22番　猫田ソラ㊞

❶ 表題「遺産分割協議書」を入れる

❷ 亡くなった人の名前と死亡日

❸ 確定した相続人が遺産分割内容に合意していること

❹ 各相続人が得た相続財産の具体的な内容（預貯金の場合は銀行名・支店名・口座番号など）

❺ 遺産分割協議書が成立した年月日を記載（年月日は「○年○月吉日」という表記は不可）

❻ 相続人全員の署名、住所、実印の押印

POINT

遺産分割協議書を作成後に遺言書が見つかった場合、相続人と受遺者のうち1人でも「遺言書の内容に従う」といった場合は、遺言書に従って相続財産を分け直す必要があります。

09 名義変更で相続人の財産を明確にする!?

基本的に、名義変更手続きに期限はありませんが、相続した財産の権利関係を明確にしておくことで、次の相続トラブルを防ぐことができます。名義変更は、早めに手続きを行いましょう。

相続財産の名義変更手続きでトラブルを回避!?

名義変更には、遺言書か遺産分割協議書のいずれかが必要です。

遺言書か遺産分割協議書が用意できたら、亡くなった人の各種財産の名義を相続人の名義に変更しましょう。これで、基本的な相続手続きは完了します。基本的に、**名義変更手続きに期限はありませんが、相続した財産の権利関係を明確にしておくことで、次の相続トラブルを防ぐことができます。**名義変更は、早めに手続きを行いましょう。

なお、不動産の相続登記に関しては、法改正によって2024年４月１日から**「相続登記の申請」が義務化**されます。2024年４月以降、正当な理由もなく、不動産を相続したことを知った日から３年以内に申請手続きをしなかった場合、**10万円以下の過料の適用対象となります。**

また、**2024年３月31日までに不動産の相続登記をしていない場合も、この法改正の施行日から３年以内に同様の申請手続きを行わないと過料の適用対象となります。**

名義変更の手続きに必要なものは?

さまざまな財産の名義変更をする場合、手続き先によって集める書類は異なりますが、同じような書類を提出することも多いので、事前に役所で集められる書類は用意しておきましょう。**主な必要書類は「遺言書」または「遺産分割協議書」「相続人全員の印鑑登録証明書」「亡くなった人の出生から死亡までのすべての戸籍謄本」「相続人の戸籍謄本」**などです。なお、法定相続情報証明制度を利用して**「法定相続情報一覧図の写し」**を入手すれば、**この１枚で戸籍関係書類の内容が証明できる**ので、戸籍謄本などの提出は省略できるようになります。

主な名義変更の届出に必要な書類

名義変更	届出先	必要書類
不動産 （相続登記）	不動産の所在地を管轄する法務局	登記申請書、亡くなった人の出生から死亡までの戸籍謄本、亡くなった人の住民票の除票、相続人全員の戸籍謄本、不動産を相続する人の住民票の写し、固定資産評価証明書、遺言書または遺産分割協議書、相続人全員の印鑑登録証明書など
預貯金 （名義変更）	金融機関	金融機関の所定の書類、通帳、証書、各種カード、届出印、亡くなった人の出生から死亡までの戸籍謄本、相続人全員の戸籍謄本、遺言書または遺産分割協議書、相続人全員の印鑑登録証明書など
上場株式 （名義書き換え）	証券会社、信託銀行など	証券会社などの所定の書類、株券、亡くなった人の出生から死亡までの戸籍謄本、相続人全員の戸籍謄本、遺言書または遺産分割協議書、相続人全員の印鑑登録証明書など
自動車 （移転登録）	運輸支局	移転登録申請書、自動車検査証、亡くなった人の死亡が確認できる戸籍謄本、相続人全員の戸籍謄本、遺言書または遺産分割協議書、自動車を相続する人の印鑑登録証明書と実印、手数料納付書（自動車検査登録印紙を添付）、新所有者の車庫証明など
ゴルフ会員権	会員登録しているゴルフ場	ゴルフ場の定める所定の書類、亡くなった人の出生から死亡時までの戸籍謄本、相続人全員の戸籍謄本、遺言書または遺産分割協議書、相続人全員の印鑑登録証明書など
生命保険契約 	生命保険会社	生命保険会社所定の書類、保険証券など。なお、手続きに必要な書類は各生命保険会社に問い合わせて確認

法定相続情報証明制度で相続手続きの必要書類がラクになる

「法定相続情報証明制度」とは、2017年に法務局が開始した各種相続手続きに利用できる書類制度です。

この制度では、相続手続きの労力を軽減するために、登記所（法務局）に亡くなった人と相続人全員の戸籍関係の書類と、相続関係を一覧にした**「法定相続情報一覧図」を作成して提出**すれば、登記所で戸籍関係の内容を証明する「認証文」を付けた**「法定相続情報一覧図の写し」**を無料で交付してくれます。法定相続情報一覧図の写しは、相続税の申告手続きや各種の名義変更などに利用できます。なお、**この制度を利用できる人は、亡くなった人の法定相続人か法定相続人に指名された代理人**です。

法定相続情報証明制度の手続きの流れ

STEP 1　必要書類の収集

●法定相続情報一覧図の保管及び一覧図の写しの交付の申出の手続き書類

❶亡くなった人の出生から死亡までの戸籍謄本と除籍謄本
❷亡くなった人の住民票の除票
❸相続人全員の戸籍謄抄本
（亡くなった人が死亡した日以後の証明日のもの）
❹申出人（相続人の代表）の氏名・住所を確認することができる公的書類：運転免許証の表裏両面コピー、マイナンバーカードの表面コピー、住民票の写し（住民票記載事項証明書）などのうち、いずれか1つ

＊亡くなった人の兄弟姉妹が法定相続人となる場合、法定相続人の確認のために「亡くなった人の出生から死亡までの戸籍謄本と除籍謄本」の書類に加えて、亡くなった人の親等に係る戸除籍謄本の添付が必要な場合がある

●必要となる場合がある書類

❺法定相続情報一覧図に相続人の住所を記載する場合
各相続人の住民票記載事項証明書（住民票の写し）
❻委任による代理人が申出の手続きをする場合
・委任状
・親族が代理する場合は、申出人と代理人が親族関係にあることがわかる戸籍謄本（❶または❸の書類で親族関係がわかる場合は不要）
・資格者代理人が代理する場合は、資格者代理人団体所定の身分証明書の写しなど
❼❷の書類を取得できない場合は、亡くなった人の戸籍の附票

STEP 2　法定相続情報一覧図の作成

亡くなった人と相続人の相続関係を一覧にした図を作成

STEP 3　申出書の記入と登記所へ申出

申出書に必要事項を記入し、STEP 1の必要書類とSTEP 2の法定相続情報一覧図を一緒に次の地を管轄する、いずれかの登記所に申出する

❶亡くなった人の本籍地　❷亡くなった人の最後の住所地
❸申出人の住所地　❹亡くなった人名義の不動産の所在地

なお、申出や一覧図の写しの交付は、登記所の窓口または郵送でも可。郵送の場合は、返信用の封筒と郵便切手を同封する。窓口の場合は、受取人の確認のため、「申出人の表示」欄に記載した住所及び氏名と同一のものが記載されている公的書類（運転免許証、マイナンバーカード、住民票記載事項証明書［住民票の写し］など）を持参

（引用文献：法務局「法定相続情報証明制度の具体的な手続について」、https://houmukyoku.moj.go.jp/homu/page7_000014.html）

「法定相続情報一覧図」と「法定相続情報一覧図の写し」の見本

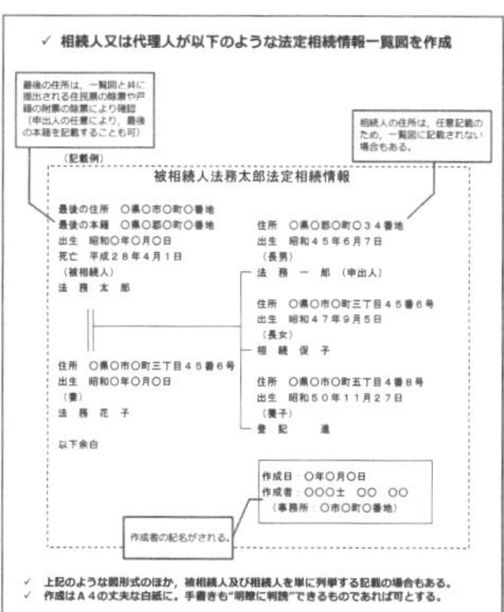

✓ 相続人又は代理人が以下のような法定相続情報一覧図を作成

最後の住所は，一覧図と共に提出される住民票の除票や戸籍の附票の除票により確認（申出人の任意により，最後の本籍を記載することも可）

相続人の住所は，任意記載のため，一覧図に記載されない場合もある。

（記載例）

被相続人法務太郎法定相続情報

最後の住所　〇県〇市〇町〇番地
最後の本籍　〇県〇郡〇町〇番地
出生　昭和〇年〇月〇日
死亡　平成２８年４月１日
（被相続人）
法　務　太　郎

住所　〇県〇市〇町三丁目４５番６号
出生　昭和〇年〇月〇日
（妻）
法　務　花　子

住所　〇県〇郡〇町〇３４番地
出生　昭和４５年６月７日
（長男）
法　務　一　郎（申出人）

住所　〇県〇市〇町三丁目４５番６号
出生　昭和４７年９月５日
（長女）
相　続　促　子

住所　〇県〇市〇町五丁目４番８号
出生　昭和５０年１１月２７日
（養子）
登　記　　進

以下余白

作成日：〇年〇月〇日
作成者：〇〇〇士　〇〇　〇〇
（事務所：〇市〇町〇番地）

作成者の記名がされる。

✓ 上記のような図形式のほか，被相続人及び相続人を単に列挙する記載の場合もある。
✓ 作成はＡ４の丈夫な白紙に。手書きも"明瞭に判読"できるものであれば可とする。

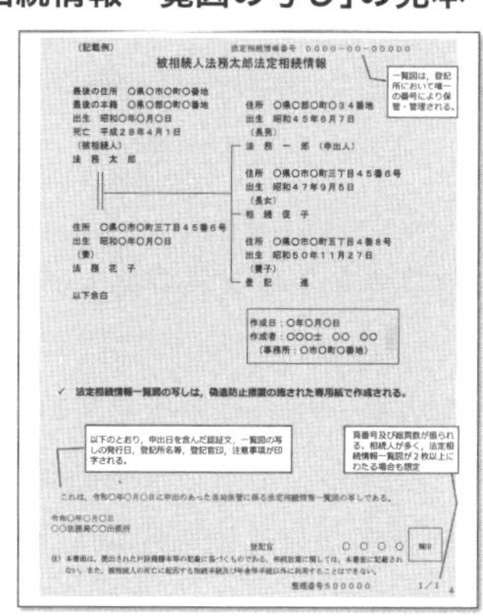

（記載例）　法定相続情報番号　００００－００－０００００

被相続人法務太郎法定相続情報

一覧図は，登記所において唯一の番号により保管・管理される。

最後の住所　〇県〇市〇町〇番地
最後の本籍　〇県〇郡〇町〇番地
出生　昭和〇年〇月〇日
死亡　平成２８年４月１日
（被相続人）
法　務　太　郎

住所　〇県〇市〇町三丁目４５番６号
出生　昭和〇年〇月〇日
（妻）
法　務　花　子

住所　〇県〇郡〇町〇３４番地
出生　昭和４５年６月７日
（長男）
法　務　一　郎（申出人）

住所　〇県〇市〇町三丁目４５番６号
出生　昭和４７年９月５日
（長女）
相　続　促　子

住所　〇県〇市〇町五丁目４番８号
出生　昭和５０年１１月２７日
（養子）
登　記　　進

以下余白

作成日：〇年〇月〇日
作成者：〇〇〇士　〇〇　〇〇
（事務所：〇市〇町〇番地）

✓ 法定相続情報一覧図の写しは，偽造防止措置の施された専用紙で作成される。

以下のとおり，申出日を含んだ認証文，一覧図の写しの発行日，登記所名等，登記官印，注意事項が印字される。

頁番号及び総頁数が振られる。相続人が多く，法定相続情報一覧図が２枚以上にわたる場合も想定

これは，令和〇年〇月〇日に申出のあった当局保管に係る法定相続情報一覧図の写しである。

令和〇年〇月〇日
〇〇法務局〇〇出張所

登記官　〇　〇　〇　〇　職印

注）本書面は，提出された戸除籍謄本等の記載に基づくものである。相続放棄に関しては，本書面に記載されない。また，被相続人の死亡に起因する相続手続及び年金等手続以外に利用することはできない。

整理番号S００００００　１／１

（引用文献：法務省民事局「法定相続情報証明制度について」、https://houmukyoku.moj.go.jp/homu/content/001331397.pdf）

POINT

法定相続情報証明制度を利用して「法定相続情報一覧図の写し」を入手すれば、この1枚で戸籍関係書類の内容が証明できるので、戸籍謄本などの提出は省略できるようになります。

10 相続登記の義務化でルールが変わる!!

2024年4月1日以降、不動産を相続する人は相続登記の申請が義務化されることになりました。なお、2024年3月31日までに不動産を相続した人も、相続登記をしていない場合は登記の申請が義務化されます。

2024年4月1日から相続登記の申請が義務化!?

不動産の相続登記の申請はこれまで義務ではありませんでした。それが、**2024年4月1日から「相続登記」の申請が義務化**されます。

背景には、相続登記がされていない所有者不明の土地や建物の放置が増えたことにあります。所有者不明の土地とは「不動産登記簿で所有者が判明しない土地」または「所有者が判明しても、所在が不明で連絡がつかない土地」のことです。近年、相続時に登記していない土地が増えたことで、都市開発や公共事業を妨げることが社会問題になっています。

そのため、**2024年4月1日以降、不動産を相続する人は相続登記の申請が義務化**されることになりました。なお、**2024年3月31日までに不動産を相続した人も、相続登記をしていない場合は登記の申請が義務化**されます。いずれにしても、原則、**不動産を相続したことを知った日から3年以内に正当な理由がなく登記申請をしない場合は、10万円以下の過料の適用対象となります。**なお、**「正当な理由」**とは次のような場合です。

正当な理由の例

- 相続登記を長い間放置したために相続人の数が多くなり、相続人の把握や戸籍謄本などの必要資料の収集に多くの時間がかかる場合
- 遺言の有効性や遺産の範囲などが争われている場合
- 申請義務を負う相続人に重病などの事情がある場合 ……など

相続登記申請の期限

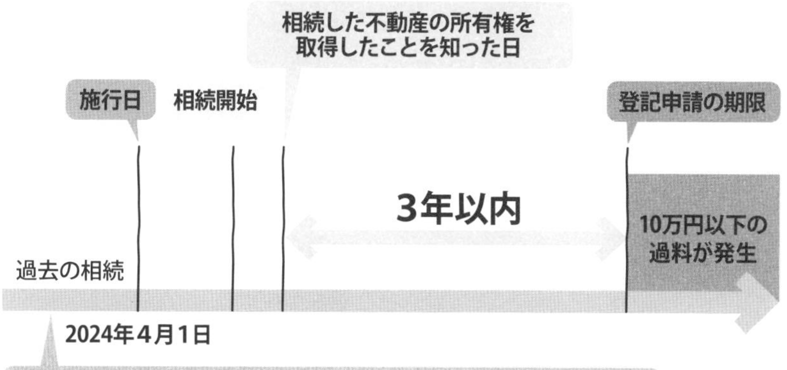

遺産分割が終わっていない場合は「相続人申告登記」を!!

不動産の相続登記の期限までに遺産分割協議が成立していない場合は、**2024年４月１日からスタートする「相続人申告登記」という制度を利用**しましょう。相続人申告登記とは、**登記簿上の所有者について相続が開始したことと、自らがその相続人であることを申し出る制度**です。

これを行っておくことで、申請義務を履行したものとみなされます。

なお、相続人が複数いる場合でも、相続人のうち１人が単独で申し出ることはできます。

申出手続きは、**申出をする相続人自身が亡くなった人の相続人であることがわかる戸籍謄本を提出するだけ**です。

ただし、**相続人申告登記だけでは「相続登記」にはなりません。**申出をした相続人の氏名と住所などは登記されますが、不動産の持ち分までは登記されないからです。あくまでも、不動産の所有者が亡くなったということを知らせるための暫定的な手続きです。

遺産分割が終わったら、遺産分割協議が成立した日から３年以内に「相続登記」の申請をしなければなりません。

「相続人申告登記」から「相続登記」手続きの流れ

3年以内に遺産分割が成立しなかった場合

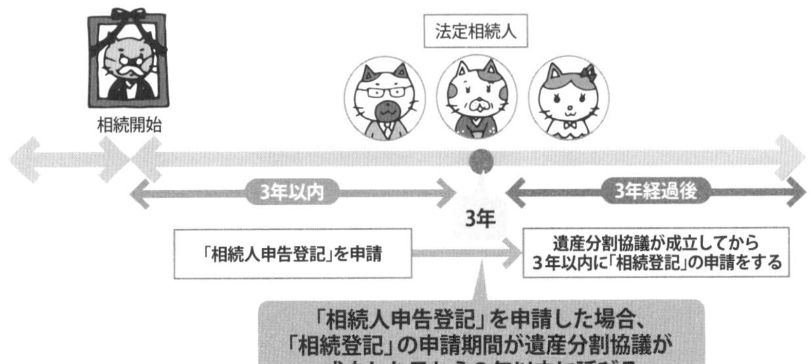

住所・氏名変更登記の申請が義務化

不動産登記法の改正で、**2021年4月に「住所・氏名変更登記の申請義務化」が成立し、2026年4月1日に施行される予定**です。この改正により、**不動産所有者が住所や氏名を変更する場合、変更日から2年以内に法務局で住所や氏名の変更登記の申請をすることが義務化**されました。また、**相続以外の場合でも同様で、不動産を所有する人が引っ越しや結婚をする場合にも、住所や氏名変更登記の申請が義務化**されています。施行日前であっても、所有している不動産の氏名や住所の変更登記をしていない場合も義務化の対象です。この場合は、施行日から2年間の経過措置が設けられています。

ただし、正当な理由がないのに申請手続きを行わない場合は、5万円以下の過料の適用対象となります。

施行日前に住所等を変更した場合

施行日（2026年4月1日）

住所・氏名などが
変更

住所・氏名変更登記の申請義務の
履行期間（施行日から2年間）

土地の所有権放棄の権利化

「相続土地国庫帰属制度」とは、2023年４月27日にスタートした制度です。土地の所有者の不明化を防ぎ、管理不全になることを予防するために、この制度が作られました。

この制度を利用すると、土地の所有権を相続した人は亡くなった人の宅地や田畑、森林などの望まない土地を手放して、国に引き渡す（国庫に帰属させる）ことができます。

ただし、制度を利用するには一定の要件を満たしていることが必要です。相続土地国庫帰属制度を利用するための要件は次の通りです。

相続土地国庫帰属制度を利用するための要件

利用できる人	・相続や遺贈で土地を取得した相続人（制度開始前の2023年４月26日以前に相続した土地でも申請可）
	・共同所有の土地を相続した人（所有者全員の申請が必要）
土地の要件	・建物がない（建物がある場合は解体する）
	・担保権や使用収益権が設定されていない
	・特定の有害物質によって土壌汚染されていない……など
費用	・審査手数料は一筆14,000円*
	・10年分の管理負担金が必要 原則、20万円（面積にかかわらず）。 ただし、市街化区域内などの土地の場合は、面積に応じて別途算定。 例：宅地200㎡で約80万円、田畑：1,000㎡で約113万円、森林3,000㎡で約30万円（面積に応じて算定）

＊「筆」とは、登記上の土地の個数を表す単位

POINT

「相続登記」「相続人申告登記」「住所・氏名変更登記」は申請手続きが必須です。また、「相続土地国庫帰属制度」を利用するには、一定の要件を満たしていることが必要です。

11 亡くなった人の銀行口座の手続きはどうするの?

家族や親族が銀行へ「口座名義人が亡くなったこと」を連絡すると、口座はすぐに凍結されるので、公共料金の引き落としや入出金などの取引ができなくなります。

銀行へ連絡する前と後にすること

亡くなった人の銀行口座の預金は相続財産なので、相続人が相続します。そのために、**相続人である家族や親族は銀行口座の解約と払い戻し(口座凍結解除)の手続き**を行います。

まず、**銀行へ連絡する前に、必ず通帳の記帳を行いましょう。**その上で、**「亡くなった人の預金残高」「公共料金などの引き落とし口座になっていないか」なども確認**しておきます。

その後、家族や親族が銀行へ「口座名義人が亡くなったこと」を連絡すると、口座が凍結されるので、公共料金の引き落としや入出金などすべての取引ができなくなります。

ちなみに、銀行に口座名義人が亡くなったことを連絡せずに預金を引き出すと、相続を単純承認したとみなされ、相続放棄できない場合があります。単純承認とは、プラスの財産もマイナスの財産も引き継ぐことです。相続放棄したい場合にはくれぐれも気を付けましょう。

銀行口座の相続手続きの大まかな流れ

亡くなった人の銀行口座の相続手続きをする際は、相続人全員の同意が必要です。また、**遺言書のあるなしで提出する必要書類も異なります。**

手続き自体はシンプルですが、相続人全員から必要書類を集めたり、遺産分割協議が難航したりと、案外、銀行からの口座の払い戻しには時間がかかります。事前に銀行口座の相続手続きの大まかな流れを掴んで、必要書類を地道に集めておくと、スムーズに手続きを行えます。

銀行口座の相続手続きの流れ

❶ 口座名義人の死亡 → ❷ 通帳の記帳 → ❸ 亡くなった人の口座がある銀行に連絡

亡くなった人の預金残高、自動引き落としの有無を確認

❹ 銀行に連絡をした時点で、口座の入出金はできなくなり、凍結される → ❺ 銀行から相続届等の書類を取得し、戸籍謄本などの必要書類を集める → ❻ 銀行へ必要書類を提出

❼ 銀行側での処理が終わると口座が解約され、預金が払い戻しされる

口座の相続手続きのキモは「必要書類」の準備と提出

銀行へ「口座名義人が亡くなったこと」を伝えると、銀行から必要書類の案内が送られてきます。なお、口座の相続手続きは、遺言書の有無や遺言執行者が指定されているかなどで、相続手続きをする人も準備する書類も異なります。**事前に遺言書の有無や、必要書類については銀行に確認**しておきましょう。

銀行口座の相続手続きに必要な書類が準備できたら、銀行へ連絡します。各銀行所定の届出書と必要書類に相続人の署名押印をして、銀行へ提出します。次は、遺言書が「ない場合」と「ある場合」に準備するべき、主な必要書類です。

●遺言書がない場合の必要書類

遺言書がない場合は、基本的に相続人全員で手続きを行います。なお、**「遺産分割協議書」がある場合は相続人全員で「口座受取人」を決めて、手続きをしてもらうこともできます。**「遺産分割協議書」の有無によって、次のように必要書類が異なります。

遺産分割協議書がある場合とない場合

	遺産分割協議書がある場合	遺産分割協議書がない場合
主な必要書類	①相続届（各銀行ごとに雛形が異なる）	①相続届（各銀行ごとに雛形が異なる）
	②亡くなった人の出生から死亡までの戸籍謄本	②亡くなった人の出生から死亡までの戸籍謄本
	③相続人全員の戸籍謄本	③相続人全員の戸籍謄本
	④相続人全員の印鑑登録証明書	④相続人全員の印鑑登録証明書
	⑤通帳やキャッシュカードなど（紛失の場合は窓口で相談）	⑤通帳やキャッシュカードなど（紛失の場合は窓口で相談）
	⑥遺産分割協議書	

●遺言書がある場合の必要書類

遺言書がある場合は次の書類が必要となります。なお遺言書の内容によっては、手続きや必要書類が変わります。

また、**遺言書が自筆証書遺言の場合は「検認」が確認できる書類を用意**

してから、銀行に手続きの相談をしましょう。

遺言の内容に**「遺言執行者（遺言書に基づいて相続手続きをする人）」か「受遺者（銀行口座を相続する人）」が記載されている場合は、亡くなった人の口座はそのどちらかが相続手続きをする**ことになります。

遺言書がある場合

	遺言執行者がいる場合	遺言執行者がいない場合
主な必要書類	①相続届 （各銀行ごとに雛形が異なる）	①相続届 （各銀行ごとに雛形が異なる）
	②亡くなった人の死亡の記載がある戸籍謄本	②亡くなった人の死亡の記載がある戸籍謄本
	③遺言執行者の印鑑登録証明書	③受遺者の印鑑登録証明書
	④遺言書 （自筆証書遺言の場合には検認済証明書が必要）	④遺言書 （自筆証書遺言の場合には検認済証明書が必要）
	⑤通帳やキャッシュカードなど （紛失の場合は窓口で相談）	⑤通帳やキャッシュカードなど （紛失の場合は窓口で相談）
	⑥遺言執行者の選任審判書謄本 （裁判所で遺言執行者が選任されている場合）	

●口座解約と払い戻しの手続き完了

銀行へ必要書類を提出してから口座の解約完了まで、大体２週間から1カ月程度かかり、残高は相続人が指定した銀行口座に振り込まれます。

凍結された銀行口座からお金を引き出したい場合は?

亡くなった人の預金から葬儀代などの費用を賄おうと考えていても、銀行に口座名義人が亡くなったことを伝えると、口座が凍結されてしまいます。また、遺産分割協議中の場合は基本的に口座の相続手続きも行えないので、口座からお金を引き出せず、家族が困ることもあります。

このようなときは、**「遺産分割前の相続預金の払戻し制度」**を利用しましょう。この制度を利用すると、亡くなった人の口座から一定額のお金を引き出すことができます。

「遺産分割前の相続預金の払戻し制度」には2つの制度がある

「遺産分割前の相続預金の払戻し制度」には、2つの制度があります。

1つ目は、法定相続人であれば、銀行から1人で亡くなった人の口座から払い戻しが受けられる制度です。この制度は、相続人全員の同意を受ける必要はありません。

ただし、各銀行からの**払い戻しの上限は150万円**です。亡くなった人が同一銀行の複数の支店に口座を持っていた場合も、**1つの銀行につき上限は150万円**です。1人で払い戻しができる額は、次の計算式で算定します。

1人で払い戻しができる額の計算式

払い戻しができる額（1人当たり） ＝ **相続開始時の預金額（口座・明細基準）** × **$\frac{1}{3}$** × **払い戻しを行う相続人の法定相続分**

例 相続人は長女と長男の2名で、亡くなった人の預金額は600万円の場合、長女が1人で払い戻しができる額

100万円 ＝ 600万円 × $\frac{1}{3}$ × $\frac{1}{2}$

＊この計算式で150万円を超えた場合でも、1つの銀行からの支払い上限は150万円

2つ目は、家庭裁判所の判断により払い戻しができる制度です。この制度を利用する場合は、家庭裁判所に遺産分割の審判または調停の申し立てを行います。このとき、裁判所が払い戻しの必要性を認めた場合には、払い戻しが受けられます。

1人で払い戻しができる額　＝　家庭裁判所が払い戻しを認めた金額

この２つの払戻し制度を利用する場合、主に次の書類が必要になります。利用の際は、亡くなった人の口座がある銀行に確認してから、必要書類を銀行へ提出しましょう。

「遺産分割前の相続預金の払戻し制度」に必要な書類

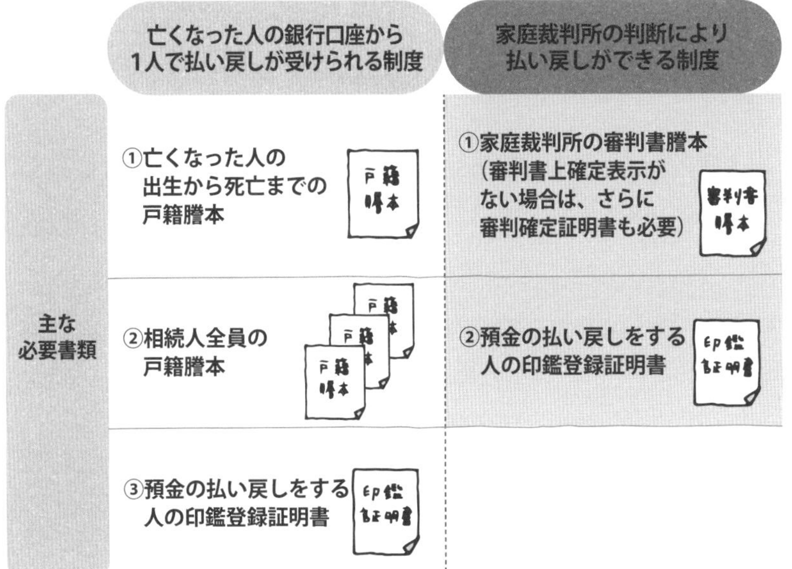

	亡くなった人の銀行口座から1人で払い戻しが受けられる制度	家庭裁判所の判断により払い戻しができる制度
主な必要書類	①亡くなった人の出生から死亡までの戸籍謄本	①家庭裁判所の審判書謄本（審判書上確定表示がない場合は、さらに審判確定証明書も必要）
	②相続人全員の戸籍謄本	②預金の払い戻しをする人の印鑑登録証明書
	③預金の払い戻しをする人の印鑑登録証明書	

なお、**これらの制度を利用した場合、払い戻し分を遺産分割協議や相続税の申告の際に忘れないように注意**しましょう。

ネット銀行口座の相続手続きも忘れずに

最近では、ネット銀行を利用している人も多くなっています。

亡くなった人がネット銀行の口座を持っていた場合は、ネット銀行のウェブサイトに掲載されているサポート電話や受付フォームなどに連絡をして手続きを行いましょう。

基本的な相続手続きの流れや、必要書類の提出は変わりません。

次に示すのは「ａｕじぶん銀行」での相続手続きの流れと、主な必要書類です。

「auじぶん銀行」での相続手続きの流れ

STEP 1　auじぶん銀行の相続手続き受付フォームから申し込み

STEP 2　auじぶん銀行から手続きの案内書類などが届く

STEP 3　auじぶん銀行へ必要書類の提出

STEP 4　払い戻しなどの手続きが完了

「auじぶん銀行」の場合

	共通の必要書類	遺産分割協議書がある場合	遺言がある場合
主な必要書類	①相続届	①相続届	①相続届
	②相続届などに署名押印する人の印鑑登録証明書	②相続届などに署名押印する人の印鑑登録証明書	②相続届などに署名押印する人の印鑑登録証明書
	③法定相続情報一覧図の写し、または、亡くなった人の出生から死亡までのすべての戸籍謄本と相続人全員の戸籍謄本	③法定相続情報一覧図の写し、または、亡くなった人の出生から死亡までのすべての戸籍謄本と相続人全員の戸籍謄本	③法定相続情報一覧図の写し、または、亡くなった人の出生から死亡までのすべての戸籍謄本と相続人全員の戸籍謄本
		④遺産分割協議書	④自筆証書遺言の場合： ・遺言書原本 ・検認済証明書 公正証書遺言の場合： ・遺言公正証書原本
		⑤相続人全員の印鑑登録証明書	

（引用文献：aじぶん銀行「相続」、https://www.jibunbank.co.jp/landing/inheritance/documents/）

POINT

遺産分割協議中に口座からお金が引き出せず、困ったときは「遺産分割前の相続預金の払戻し制度」を利用すれば、亡くなった人の口座から一定額のお金を引き出すことができます。

Part 3

遺言書・遺産分割協議書の活用ポイントを押さえる！

民法では法定相続人である配偶者、子供、親には「遺留分」という財産を最低限相続できる権利が認められている。遺留分を請求すれば一定の財産を相続できる。

「自筆証書遺言書保管制度」は、法務局で遺言書の原本と画像データを長期間保管するので、紛失や偽造などの心配もない。

遺産分割協議書の書式は特に決まっていないが「亡くなった人の名前と死亡日」「相続人が遺産分割内容に合意した旨」「相続財産から各相続人が相続した内容」「遺産分割協議が成立した年月日」などを必ず記載する。

名義変更に必要となる主な書類は「遺言書」または「遺産分割協議書」「相続人全員の印鑑登録証明書」「亡くなった人の出生から死亡までのすべての戸籍謄本」「相続人の戸籍謄本」など。

法定相続情報証明制度を利用して「法定相続情報一覧図の写し」を入手すれば、戸籍関係書類の内容が証明できるので、戸籍謄本などの書類の提出が省略できる。

2024年４月１日以降、不動産を相続する人は相続登記の申請が義務化。なお、2024年３月31日までに不動産を相続した人も、相続登記をしていない場合は登記の申請が義務化！

「遺産分割前の相続預金の払戻し制度」を利用すると、亡くなった人の口座から一定額のお金を引き出すことができる。

Part

4

身近な人が亡くなったときの相続手続きのキホン！

相続が始まると、
各相続手続きの期限に合わせた対応が必要。
Part 4では、相続手続きと
スケジュールの流れをご紹介！

身近な人が亡くなったときにやるべき相続手続きを知る

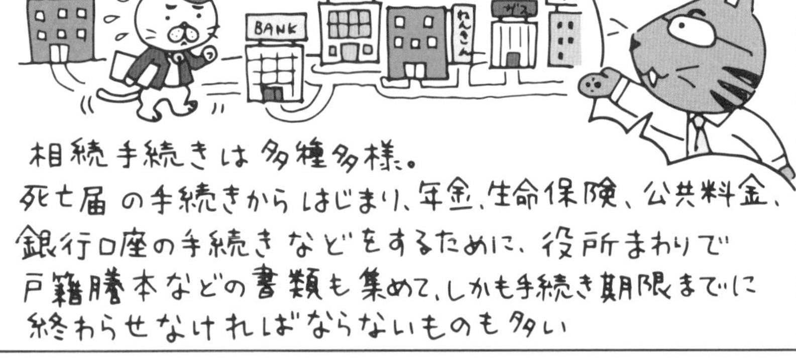

相続手続きをスムーズに行うポイントは、手続き関係の必要書類を効率よく集めること。各種手続きで重複している必要書類もあるから事前に確認しておこう！

戸籍課

01 身近な人が亡くなってからの主な相続手続きのスケジュール

相続がはじまると、各手続きの期限に合わせて対処します。相続手続きのスケジュールを把握しておけば期限忘れも防止でき、スムーズに手続きを行えます。

相続手続きは身近な人が亡くなった日からはじまる

身近な人が亡くなった日から相続は開始します。つまり、相続手続きもはじまります。相続手続きは役所や金融機関への届出など、意外と手間のかかることが多いです。しかも、相続手続きには期限があり、期限までに終わらせる必要があります。

相続の当事者になると、初めてのことに何をすればいいのかわからず、途方に暮れる方もいるかもしれません。

でも、安心してください。手続き期限を忘れずに、一つひとつ進めていけば、相続手続き自体は難しいものではありません。

相続手続きに関わる場所

税務署
相続税の申告
所得税の準確定申告

市区町村の役所
死亡届や健康保険などの手続き

銀行などの金融機関
預貯金の相続手続き

保険会社
生命保険金の請求手続き

法務局
相続登記

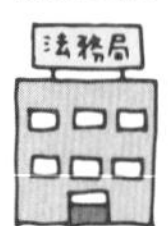

年金事務所など
年金手続き

証券会社
証券などの相続手続き

相続手続きのスケジュール

相続がはじまると、各手続きの期限に合わせて対処します。

相続手続きのスケジュールの流れを把握しておけば期限忘れを防止でき、スムーズに手続きが行えます。

相続手続きの流れと期限

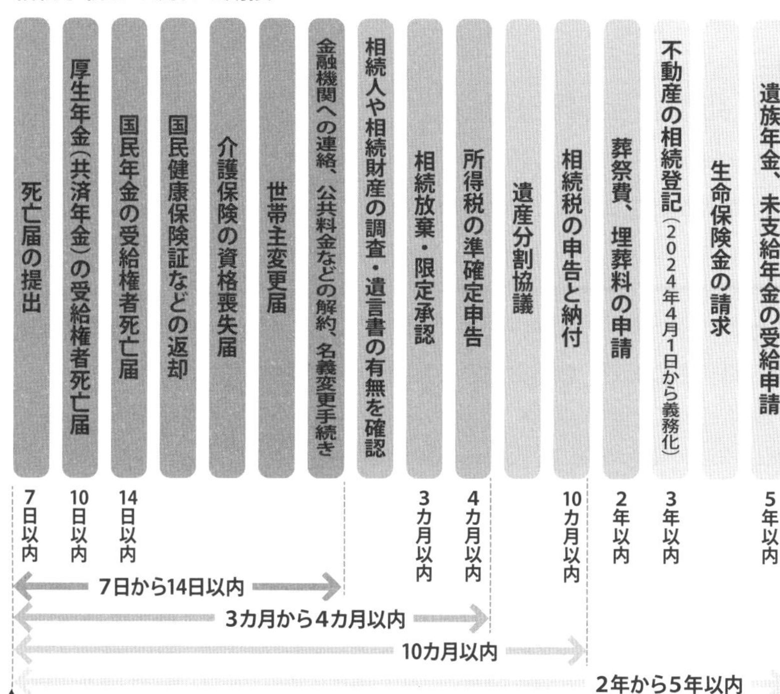

POINT

相続手続きは役所や金融機関への届出など、意外と手間のかかることが多いです。ただ、手続き期限を忘れずに、一つひとつ進めていけば、相続手続き自体は難しいものではありません。

02 身近な人が亡くなってから「7日以内」にする手続きとは？

身近な人が亡くなったときに、最初にしなければならない手続きは、亡くなった人が在住していた市区町村の役所などに「死亡届」を提出することです。

「死亡届」の提出期限は「7日以内」

身近な人が亡くなったとき、最初にしなければならない手続きは、**亡くなった人が在住していた市区町村の役所などに「死亡届」を提出**することです。死亡届を提出するのは、**亡くなった人の死亡を役所が把握するため**です。

この手続きをしないと、**火葬や埋葬ができず、戸籍の変更や住民票の消除、世帯主の変更、金融機関の名義変更などの手続きが行えません。**

死亡届の提出期限は亡くなったことを知った日から**「7日以内」**です。死亡届は、役所の窓口が平日以外の土日も開いている場合にはいつでも提出できますが、役所によっては閉庁日（土日・祝日・年末年始）には提出できないこともあります。提出期限の7日目が閉庁日の場合は、翌開庁日に提出しましょう。また、**国外で亡くなった場合の提出期限は、亡くなったことを知った日から「3カ月以内」**です。

基本的には、死亡届の提出は誰でもかまいません。ただし、**死亡届に「届出人」として記載される人は、親族、同居人、後見人、亡くなった人が賃借していた家主や地主**などです。

死亡届は医師が発行する**「死亡診断書（死亡検案書）」と対になっている**ので、病院から入手して死亡届に必要なことを記入し、届出人が署名と押印（認印）をして提出します。

なお、この死亡届は役所に原本として提出しますが、戻ってこないので**事前にコピーを複数枚取っておきましょう。**その後、保険金の請求や遺族年金などの手続きにも必要になります。また**「火葬（埋葬）許可申請書」**

の提出期限も亡くなったことを知った日から「７日以内」なので、死亡届と同時に提出すると、役所から**「火葬（埋葬）許可証」**が発行されます。この許可証が発行されたら、火葬・埋葬（納骨）まで大切に保管しておきましょう。

亡くなってから「７日以内」に提出するもの

	死亡届	火葬(埋葬)許可申請書
提出期限	亡くなったことを知った日から**７日以内**(国外で亡くなった場合、その事実を知った日から３カ月以内)	亡くなったことを知った日から**７日以内**(国外で亡くなった場合、その事実を知った日から３カ月以内)
届出先	亡くなった人の死亡地・本籍地、または届出人の所在地の市区町村役所	亡くなった人の死亡届を提出した市区町村役所
届出人	親族、同居人、後見人、亡くなった人が賃借していた家主や地主など	死亡届を提出する人など
必要な書類	死亡診断書(または死体検案書)	死亡届、届出人の印鑑、届出人の本人確認書類
手数料	なし	なし
受付時間	届出先の役所窓口に要確認	届出先の役所窓口に要確認

死亡届を提出しないと?

死亡届を期限内に提出しないと、その後の相続手続きをする上で次のような問題が生じます。

- ５万円以下の過料が発生(正当な理由がない場合)
- 火葬、埋葬、葬儀ができない
- 住民票の手続きができない
- 世帯主変更の届出が出せない
- 国民健康保険、社会保険、介護保険などの資格喪失届が行えない
- 役所が亡くなった人の死亡を確認できないため、年金の不正受給につながる

このようなことを起こさないためにも、**死亡届は必ず期限の７日以内に提出**しましょう。また、最近では手続き関係についても、葬儀社が相談に乗ってくれます。もし、自分で役所に死亡届などの書類を出しに行けない場合は、葬儀社に代理をお願いしましょう。

「死亡届」「死亡診断書(死体検案書)」

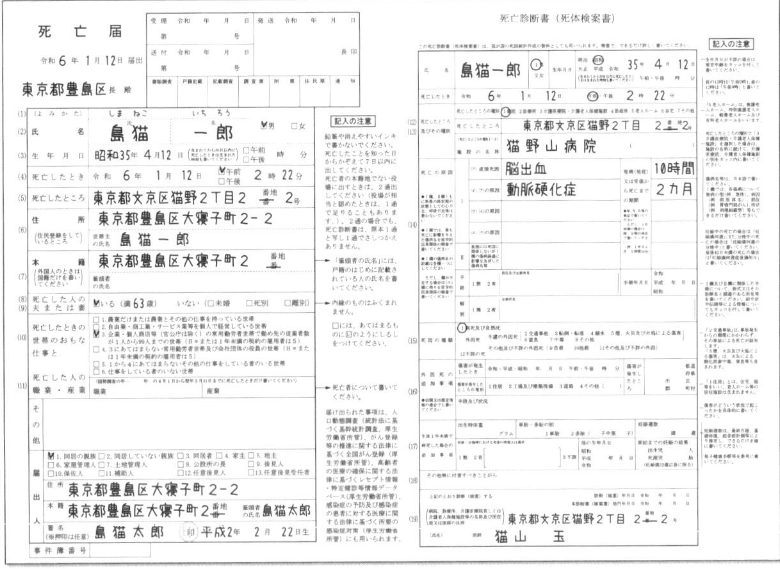

死　亡　届

令和 6 年 1 月 12 日 届出

東京都豊島区 長 殿

受理 令和 年 月 日 第 号	発送 令和 年 月 日
送付 令和 年 月 日 第 号	長印

書類調査	戸籍記載	記載調査	調査票	附票	住民票	通知

(1)	(よみかた)	しま ねこ　いち ろう
(2)	氏名	氏 島猫　名 一郎　☑男 □女
(3)	生年月日	昭和35年 4月12日 (生まれてから30日以内に死亡したときは生まれた時刻も書いてください) □午前 □午後 時 分
(4)	死亡したとき	令和 6年 1月 12日 ☑午前 □午後 2時 22分
(5)	死亡したところ	東京都文京区猫野2丁目2 番地 番 2号
(6)	住所 (住民登録をしているところ)	東京都豊島区大寝子町2－2 世帯主の氏名 島猫一郎
(7)	本籍 (外国人のときは国籍だけを書いてください)	東京都豊島区大寝子町2 番地 番 筆頭者の氏名
(8)(9)	死亡した人の夫または妻	☑いる(満63歳)　いない(□未婚 □死別 □離別)
(10)	死亡したときの世帯のおもな仕事と	□1. 農業だけまたは農業とその他の仕事を持っている世帯 □2. 自由業・商工業・サービス業等を個人で経営している世帯 ☑3. 企業・個人商店等(官公庁は除く)の常用勤労者世帯で勤め先の従業者数が1人から99人までの世帯(日々または1年未満の契約の雇用者は5) □4. 3にあてはまらない常用勤労者世帯及び会社団体の役員の世帯(日々または1年未満の契約の雇用者は5) □5. 1から4にあてはまらないその他の仕事をしている者のいる世帯 □6. 仕事をしている者のいない世帯
(11)	死亡した人の職業・産業	(国勢調査の年… 年…の4月1日から翌年3月31日までに死亡したときだけ書いてください) 職業　産業
	その他	
	届出人	☑1. 同居の親族 □2. 同居していない親族 □3. 同居者 □4. 家主 □5. 地主 □6. 家屋管理人 □7. 土地管理人 □8. 公設所の長 □9. 後見人 □10. 保佐人 □11. 補助人 □12. 任意後見人 □13. 任意後見受任者 住所 東京都豊島区大寝子町2－2 本籍 東京都豊島区大寝子町2 番地 番　筆頭者の氏名 島猫太郎 署名(※押印は任意) 島猫太郎 印 平成2年 2月 22日生
	事件簿番号	

記入の注意

鉛筆や消えやすいインキで書かないでください。
死亡したことを知った日からかぞえて７日以内に出してください。
死亡者の本籍地でない役場に出すときは、２通出してください(役場が相当と認めたときは、１通で足りることもあります。)。２通の場合でも、死亡診断書は、原本１通と写し１通でさしつかえありません。

「筆頭者の氏名」には、戸籍のはじめに記載されている人の氏名を書いてください。

内縁のものはふくまれません。

□には、あてはまるものに☑のようにしるしをつけてください。

死亡者について書いてください。

届け出られた事項は、人口動態調査(統計法に基づく基幹統計調査、厚生労働省所管)、がん登録等の推進に関する法律に基づく全国がん登録(厚生労働省所管)、高齢者の医療の確保に関する法律に基づくレセプト情報・特定健診等情報データベース(厚生労働省所管)、感染症の予防及び感染症の患者に対する医療に関する法律に基づく所要の感染症対策(厚生労働省所管)にも用いられます。

死亡診断書(死体検案書)

	氏名	島猫一郎　①男 2女　生年月日 明治 昭和 大正 平成 令和 35年 4月 12日　午前・午後 時 分
	死亡したとき	令和 6年 1月 12日 (午前)・午後 2時 22分
(12)(13)	死亡したところ及びその種別	死亡したところの種別 ①病院 2診療所 3介護医療院・介護老人保健施設 4助産所 5老人ホーム 6自宅 7その他 死亡したところ 東京都文京区猫野2丁目 2 番地 番 2号 施設の名称 猫野山病院
(14)	死亡の原因	Ⅰ (ア)直接死因 脳出血　発病(発症)又は受傷から死亡までの期間 10時間 (イ)(ア)の原因 動脈硬化症　2カ月 (ウ)(イ)の原因 (エ)(ウ)の原因 Ⅱ 手術 1無 2有　手術年月日 令和 平成 昭和 年 月 日 解剖 1無 2有
(15)	死因の種類	①病死及び自然死 外因死 不慮の外因死 2交通事故 3転倒・転落 4溺水 5煙、火災及び火焔による傷害 6窒息 7中毒 8その他 その他及び不詳の外因死 9自殺 10他殺 11その他及び不詳の外因 12不詳の死
(16)	外因死の追加事項	傷害が発生したとき 令和・平成・昭和 年 月 日 午前・午後 時 分 傷害が発生したところの種別 1住居 2工場及び建築現場 3道路 4その他( ) 傷害が発生したところ 都道府県 市 区 郡 町村 手段及び状況
(17)	生後1年未満で病死した場合の追加事項	出生時体重 グラム　単胎・多胎の別 1単胎 2多胎(子中第 子)　妊娠週数 満 週 1無 2有 3不詳　母の生年月日 昭和 平成 令和 年 月 日　前回までの妊娠の結果 出生児 人 死産児 胎
(18)	その他特に付言すべきことがら	
(19)		上記のとおり診断(検案)する　診断(検案)年月日 令和 年 月 日　本診断書(検案書)発行年月日 令和 年 月 日 (病院、診療所、介護医療院若しくは介護老人保健施設等の名称及び所在地又は医師の住所) 東京都文京区猫野2丁目 2 番地 2号 (氏名) 医師 猫山 玉

「死亡届」の記入例

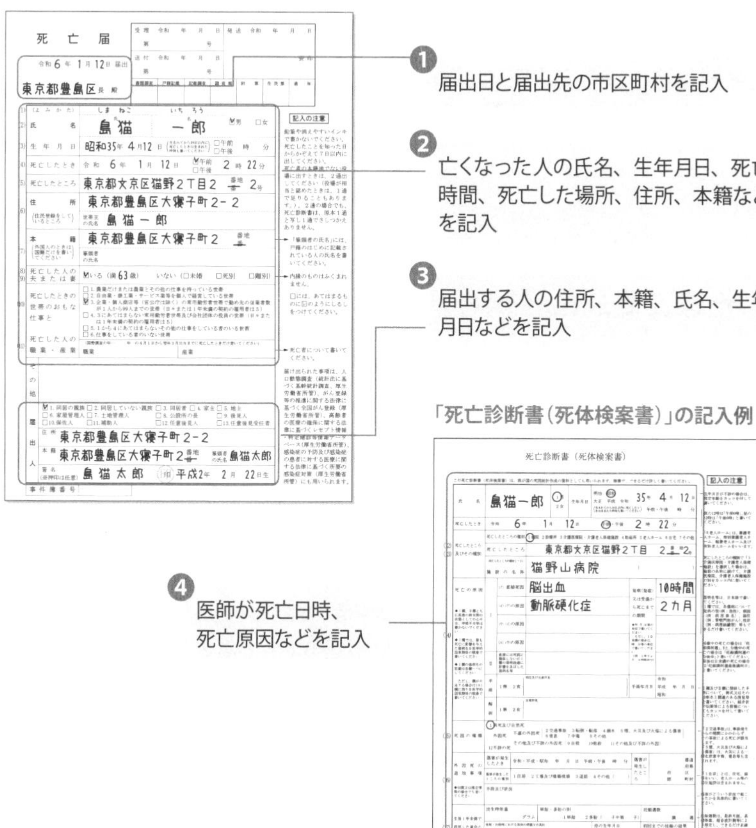

「死亡診断書（死体検案書）」の記入例

POINT
死亡届の提出は誰でもかまいませんが、死亡届に「届出人」として記載される人は、親族、同居人、後見人、亡くなった人が賃借していた家主や地主などです。

03 世帯主が亡くなったときは「14日以内」に世帯変更手続きを!?

世帯変更届とは、世帯主が亡くなったときや世帯が合併や分離したときなどに、新しい世帯主へ変更する手続きです。

世帯変更届は「14日以内」に提出

亡くなった人が住民票上の世帯主の場合、変更があった日から「14日以内」に「世帯変更届」の提出が必要です。世帯変更届とは、世帯主が亡くなったときや世帯が合併や分離したときなどに、新しい世帯主へ変更する手続きです。世帯主の変更手続きは、まず「住民異動届」という申請書を市区町村の役所窓口で入手するか、市区町村の役所のウェブサイトからダウンロードして、必要事項を記入します。その後、亡くなった人の世帯が登録されている住所地の市区町村の役所（郵送手続きは不可）に「住民異動届」を提出します。このとき、新たな世帯主である人や同一世帯の人の場合は本人確認書類と国民健康保険被保険者証（加入者のみ）が必要です。代理人の場合は、委任状や本人確認書類などが必要になります。

世帯変更手続き

期限	亡くなった日から14日以内
手続きをする人	新しい世帯主、同一世帯の人、代理人
提出先	亡くなった人の世帯が登録されている住所地の市区町村の役所（郵送手続き不可）
届出に必要なもの	同一世帯の人：本人確認書類（運転免許証、パスポート、マイナンバーカードなど）、国民健康保険被保険者証（加入者のみ）
	代理人の場合：委任状、本人確認書類（運転免許証、パスポート、マイナンバーカードなど）

提出期限を過ぎると?

世帯変更届の期限である14日を過ぎてしまった場合は、「住民異動届」に加えて「届出期間経過通知書」に遅延理由を記入して一緒に提出します。

遅延理由や遅延期間によっては５万円以下の過料が発生する可能性もあるので、必ず期限内に届出を行いましょう。

また、提出期限は14日以内ですが、死亡に関連する届出なので「死亡届」や「火葬（埋葬）許可申請書」と一緒に提出したほうが、手続き漏れを防げますし、再度役所へ行く手間が省けます。

「住民異動届出書」の見本

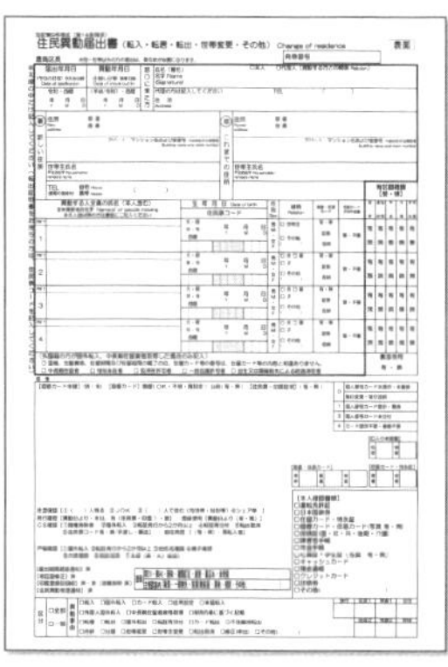

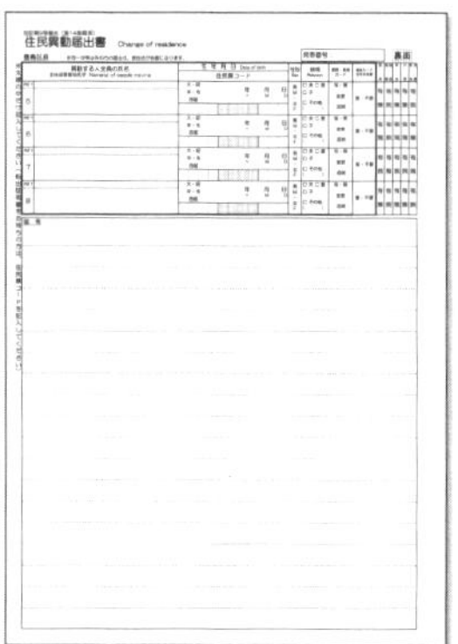

「世帯変更届」を出さなくてもいい人

ただし、世帯変更届を出さなくてもいい人もいます。世帯変更の手続きが必要ない人は次のような場合です。

- 亡くなった人が２人世帯の場合（もう１人が自動的に世帯主）
- 一人暮らしだった場合
- 世帯主以外の人が亡くなった場合
- 残された世帯の人が、亡くなった人の配偶者と15歳未満の場合

POINT

「世帯変更届」は「死亡届」や「火葬（埋葬）許可申請書」と一緒に提出したほうが、再度役所へ行く手間が省けます。

04 公的医療保険は「手続き」も「期限」もさまざま！

亡くなった人が加入していた公的医療保険の種類によって手続きが異なるので、「国民健康保険」「社会保険（健康保険）」のどちらに加入していたかを確認してから手続きを行いましょう。

公的医療保険は種類によって、返却手続きが異なる？

相続手続きでは、亡くなった人が加入していた健康保険証の返却も必要になります。その際、加入していた保険の「資格喪失手続き」を行います。ただし、具体的な手続きは加入していた公的医療保険の種類によって異なるので、亡くなった人が**「国民健康保険」「社会保険（健康保険）」のどちらに加入していたかを確認してから手続きを行いましょう。**

公的医療保険の種類

医療保険	国民健康保険	個人事業主やフリーランスなど
	後期高齢者医療制度	75歳以上の人
	社会保険	会社員や公務員など（扶養されている人も含む）
介護保険		

国民健康保険証の返却手続きとは？

亡くなった人が75歳未満の個人事業主やフリーランスで**「国民健康保険」に加入していた場合、亡くなった日から「14日以内」に「国民健康保険資格喪失届（国民健康保険被保険者異動届）」を、亡くなった人が居住していた市区町村の役所に提出して、保険証を返却**します。また、自治体によっては「死亡届」を提出していれば、国民健康保険資格喪失届の提出が必要ない場合もあるので、**居住していた市区町村の役所に確認**しましょう。ただし、その場合も保険証は返却します。

国民健康保険証の返却手続き（75歳未満の場合）

期限	亡くなった日から14日以内
手続きをする人	世帯主、同一世帯の人、代理人（委任状があれば可）
提出先	亡くなった人が居住していた市区町村の役所窓口
必要なもの	国民健康保険証、国民健康保険資格喪失届、戸籍謄本または死亡届の写しなど死亡を証明するもの、手続きをする人の本人確認書類（運転免許証、パスポート、マイナンバーカードなど）、印鑑（認印可）

世帯主が亡くなった場合の国民健康保険証の返却手続きは？

国民健康保険に加入している世帯主が亡くなって、家族（同一世帯）も同保険に加入している場合は、**新しい世帯主に保険料の納付義務が移ります**。したがって、国民健康保険証の「世帯主氏名」も変更が必要なので、「世帯変更届」の手続き166ページ参照と同時に、国民健康保険証の返却手続きをするとスムーズです。

国民健康保険証の返却手続きは、まず亡くなった世帯主の「資格喪失手続き」と「世帯変更届」を行います。その際、**亡くなった人の保険証と加入している家族の保険証も居住している市区町村の役所に提出**して、返却します。世帯主と被保険者番号の変更手続きが終わると、新しい世帯主のもとに新しい保険証が郵送されてきます。

社会保険証の返却手続きとは？

亡くなった人が会社の**「社会保険（協会けんぽ、組合健保、共済組合）」に加入していた場合、会社の担当者が資格喪失に関する手続きを行います。**その際、会社が加入している社会保険の団体に**「健康保険・厚生年金保険被保険者資格喪失届」を提出**します。**提出期限は亡くなった日から「5日以内」**です。家族（被扶養者）は、すぐに亡くなった人（被保険者）の会社へ連絡して、社会保険証を返却する必要があります。

社会保険証の返却手続き

期限	亡くなった日から５日以内
手続きをする人	会社の担当者
提出先	亡くなった人の会社から加入している社会保険の団体へ提出
必要なもの	・健康保険被保険者証 ・健康保険・厚生年金保険被保険者資格喪失届

亡くなった世帯主が「社会保険」の場合

亡くなった世帯主（被保険者）が会社の「社会保険」に加入していた場合、**配偶者や子供などの家族（被扶養者）は加入資格を失うので、保険証がなくなります。**よって、**残された家族は「国民健康保険」または、別の「社会保険」に加入する必要があります。**

社会保険から国民健康保険への加入手続き

加入期限	社会保険に加入していた人が亡くなった日の翌日から14日以内
手続きをする人	亡くなった人の被扶養者（配偶者、子供など）
提出先	住所地の市区町村の役所窓口
必要なもの	・国民健康保険資格取得届 ・健康保険資格喪失証明書 ・本人確認書類（運転免許証やマイナンバーカードなど）

後期高齢者医療保険証の返却手続きは?

75歳以上の人は全員が後期高齢者医療制度に加入しています。

よって、亡くなった人が75歳以上の場合、後期高齢者医療制度の資格を喪失しますので、**家族（配偶者、子供）は亡くなった日から14日以内に市区町村の役所窓口に「後期高齢者医療障害認定申請書及び資格取得（変更・喪失）届書」を提出し、保険証を返却**する必要があります。

後期高齢者医療保険証の返却手続きは、次の通りです。

後期高齢者医療保険証の返却手続き（75歳以上の場合）

期限	亡くなった日から14日以内
手続きをする人	世帯主、同一世帯の人、代理人（委任状があれば可）
提出先	亡くなった人が居住していた市区町村の役所窓口
必要なもの	・後期高齢者医療被保険者証 ・後期高齢者医療障害認定申請書及び資格取得（変更・喪失）届書

ただし、役所によっては亡くなった人の死亡届が提出されていれば、後期高齢者医療制度の資格喪失の手続きが不要になるので、居住していた市区町村の役所に確認しましょう。

POINT

亡くなった世帯主が会社の「社会保険」に加入していた場合、家族は加入資格を失うので保険証がなくなります。速やかに「国民健康保険」または別の「社会保険」に加入しましょう。

05 亡くなった人が介護保険を受けていたときの手続き

介護保険は原則65歳から利用できますが、40歳から64歳の間に国が定めた特定疾病にかかった場合、要支援・要介護の認定がされればサービスを受けられます。

公的介護保険制度とは?

「公的介護保険」は、2000年に社会全体で介護が必要になった人を支える制度として開始されました。**介護保険は40歳から加入が義務付けられており、保険料を支払います。**よって、会社員は給与から健康保険料と一緒に介護保険料が天引きをされ、個人事業主やフリーランスは国民健康保険料と一緒に介護保険料を支払います。**介護保険は原則65歳から利用できますが、40歳から64歳の間に国が定めた特定疾病(末期のがん、認知症、関節リウマチなど)にかかった場合、要支援・要介護の認定がされればサービスを受けられます。**介護保険制度の加入者(被保険者)と介護保険のサービスを受けられる人は次の通りです。

介護保険制度の加入者と介護保険のサービスを受けられる人

年齢	被保険者	保険料の徴収方法	介護保険のサービスを受けられる人
65歳以上の人	第1号被保険者	・65歳になった月から徴収開始 ・原則、年金から天引き	原因にかかわらず、要支援・要介護認定を受けた人
40歳以上65歳未満の医療保険加入者	第2号被保険者	・40歳になった月から徴収開始 ・健康保険加入者：給与・賞与から天引き ・国民健康保険加入者：保険料に上乗せして市区町村に納付	国が定めた特定疾病(末期のがん、認知症、脳血管疾患、関節リウマチ、骨粗しょう症など)によって要支援・要介護認定を受けた人

「介護保険資格喪失届」の手続き

「介護保険資格喪失届」の手続きが必要になるのは、**亡くなった人が「第１号被保険者（65歳以上の人）」「第２号被保険者（40歳以上65歳未満の人）で、要支援・要介護認定を受けていた場合」**です。第２号被保険者で要支援・要介護認定を受けていない人は手続きをする必要はありません。

介護保険資格喪失届の手続きは、**亡くなった日から「14日以内」に、亡くなった人の居住していた市区町村の役所に「介護保険資格喪失届」「介護保険被保険者証」を持参、または郵送で提出**します。また亡くなった人の「介護保険被保険者証」を紛失している場合、その旨も一緒に役所へ伝えましょう。ただし、役所によっては「死亡届」を提出していれば、介護保険資格喪失届の手続きや介護保険被保険者証の返却が不要の場合もあるので、事前に提出先の役所に確認しておくとスムーズに行えます。

介護保険資格喪失届の手続き

POINT

「介護保険資格喪失届」は「第２号被保険者（40歳以上65歳未満の人）」で要支援・要介護認定を受けていない人は手続きをする必要はありません。

06 葬祭費・埋葬料の請求をする！

国民健康保険と社会保険によって給付額は異なりますが、給付を受ける場合はいずれの保険に加入していても申請が必要になるので、忘れないようにしましょう。

葬儀費には補助金がある

亡くなった人の葬儀費には補助として給付金が支給されます。**国民健康保険や後期高齢者医療制度に加入している場合は「葬祭費」、社会保険に加入している場合は「埋葬料」または「埋葬費」として、加入している保険から給付**を受けられます。

ただし、**国民健康保険と社会保険によって給付額は異なります。**また給付を受ける場合はいずれの保険に加入していても申請が必要になるので、忘れないようにしましょう。**期限は葬祭費の場合、葬儀の翌日から２年以内**です。**埋葬料の場合は亡くなった日の翌日から２年以内**です。**埋葬費の場合は、埋葬を行った日の翌日から２年以内**です。いずれの場合も期限経過後は時効により請求権を失います。

葬祭費の給付手続き

「葬祭費」は国民健康保険、後期高齢者医療制度に加入していた場合に給付されます。繰り返しますが、申請しないと給付は受けられません。

市区町村によって給付額は変わりますが、**３万円から７万円の間**です。葬祭費の申請は、喪主などの葬儀を行った人が亡くなった人の居住していた市区町村の役所窓口で手続きを行います。郵送する場合は、役所によっては受け付けていないこともあるので事前に確認しましょう。また、代理人が申請する場合は委任状が必要になるので、役所に事前に持参するものを確認しておきましょう。

手続きは市区町村の役所窓口で**申請書を入手**するか、役所のウェブサイトから**「葬祭費支給申請書」などの申請書をダウンロード**して記入します。また、亡くなった人の**保険証、葬儀費用の領収書、申請者の印鑑、預貯金通帳、本人確認書類なども必要**になります。ただし、役所によっては死亡診断書などの死亡が確認できる書類の提出を求められることもあるので、事前に役所に確認しておくとスムーズに手続きを行えます。

給付金の入金は、一般的に申請してから**1カ月から2カ月程度**です。

「葬祭費」の申請手続き

葬祭費の申請人	喪主などの葬儀執行者 （代理人が申請する場合は、委任状を持参）
葬祭費の申請先	亡くなった人が居住していた市区町村の役所 （郵送の場合は市区町村の役所に確認）
給付額	3万円から7万円（亡くなった人の市区町村の役所で確認）
必要なもの	・葬祭費支給申請書 （市区町村の役所の窓口で入手するか、市区町村のウェブサイトからダウンロード） ・亡くなった人の国民健康保険証、または後期高齢者医療保険証 ・葬儀費用の領収書（宛名が申請人になっているもの） ・申請人の印鑑（認印可） ・申請人の預貯金口座番号（預貯金通帳） ・申請人の本人確認書類（運転免許証など）
手数料	なし
申請期限	葬儀の翌日から2年以内（2年経過後は時効により請求権が消滅）

埋葬料・埋葬費の給付手続き

「埋葬料」は健康保険組合などの社会保険に加入している人（被保険者・被扶養者）に給付されます。埋葬料の申請は、被保険者が亡くなった場合、配偶者や子供（被扶養者）、同居していた人（被扶養者ではない人）などが手続きを行います。**埋葬料の給付額は一律5万円**です。また、被扶養者である配偶者や子供が亡くなった場合、被保険者の人は**「家族埋葬料」**として申請手続きを行います。**家族埋葬料の給付額も５万円**です。

一方、亡くなった人に被扶養者がいない場合は、埋葬した人が**「埋葬費」**として申請すると**上限５万円が支給**されます。

申請手続きは、**亡くなった人が加入していた社会保険のウェブサイトから「埋葬料（費）支給申請書」をダウンロードして記入**します。また、この申請書に「死亡に関する事業主証明」を受けて、加入している社会保険に提出します。ただし、被扶養者でない場合は住民票の写しなども提出します。また、任意継続で保険に加入している人などで「事業主による死亡の証明」が受けられない場合は、「死亡診断書の写し」「死体検案書または検視調書の写し」など、亡くなったことがわかる書類も提出します。

給付金の入金は、一般的に申請してから**２週間から３週間程度**です。

「埋葬料・埋葬費」の申請手続き

埋葬料の申請人	被扶養者、被扶養者以外で生計を維持されていた人(亡くなった人が被保険者の場合)、被保険者(亡くなった人が被扶養者の場合)、代理人(雇用関係のある事業主)
埋葬費の申請人	埋葬した人
埋葬料・埋葬費の申請先	亡くなった人が加入していた保険組合(郵送可)
給付額	埋葬料・家族埋葬料：一律５万円 埋葬費：上限5万円
必要なもの	・被扶養者・被保険者が申請する場合:「埋葬料(費)支給申請書」「事業主による死亡の証明」など ・被扶養者以外の人の場合:「埋葬料(費)支給申請書」、住民票(亡くなった被保険者と申請人が記載されているもの)など ・埋葬をした人が申請する場合:「埋葬料(費)支給申請書」、埋葬費用を支払った人のフルネームが記載されている領収書の原本と埋葬にかかった明細書を添付
申請期限	・埋葬料は亡くなった日の翌日から２年以内 ・埋葬費は埋葬を行った日の翌日から２年以内 ＊2年経過後は時効により請求権が消滅

(引用文献：全国健康保険協会「健康保険埋葬料（費）支給申請書」、https://www.kyoukaikenpo.or.jp/g2/cat230/r129/)

葬儀費用は相続税の対象外

Part 1でも説明しましたが、葬儀にかかった費用は遺産総額から差し引くことができます。相続税の申告書を作る際に内訳を記入するので、**葬儀費用は必ず記録して、領収書も保管**しておきましょう。

葬儀費用に含まれるものと、含まれないものは次の通りです。

葬儀費用に含まれるもの、含まれないもの

含まれるもの	含まれないもの
・通夜、告別式の費用 ・葬儀での飲食費用 ・遺体や遺骨の回送費用 ・火葬料、埋葬料、納骨の費用 ・寺社仏閣に戒名代、読経料などでお布施した費用 ・死体の捜索または死体や遺骨の運搬にかかった費用 ・死亡診断書の費用 ・お心付け ……など	・香典返しの費用 ・墓石や墓地にかかった費用 ・四十九日や法事などにかかった費用 ・仏壇、仏具などにかかった費用 ……など

POINT

葬祭費の期限は葬儀の翌日から2年以内、埋葬料の期限は亡くなった日の翌日から2年以内です。期限経過後は時効により請求権を失います。

07 公的年金の停止手続きとは?

年金を受給している人が亡くなった場合、「年金受給権者死亡届(報告書)」を提出します。期限は、国民年金の場合は亡くなった日から「14日以内」、厚生年金の場合は「10日以内」です。

亡くなった人の年金受給は速やかに停止手続きを!

公的年金を受給している人が亡くなった場合、**年金事務所へ「年金受給権者死亡届(報告書)」を提出する必要**があります。この手続きで年金の受給が停止されます。もし、手続きをせずに年金を受給していると不正受給とみなされるおそれがあるので、速やかに手続きを行いましょう。**提出期限は国民年金の場合は亡くなった日から「14日以内」、厚生年金の場合は「10日以内」**です。一方、日本年金機構にマイナンバー(個人番号)が収録されている人の場合は**「年金受給権者死亡届(報告書)」を提出する必要はありません。**

年金の停止手続き

提出先	年金事務所または街角の年金相談センター
提出期限	国民年金:14日以内 / 厚生年金:10日以内
提出する人	同居の親族、その他の同居者、家主、地主または家屋もしくは土地の管理者が届出義務者
提出書類	「年金受給権者死亡届(報告書)」
添付書類	・亡くなった人の年金証書 ・死亡の事実が明らかにできる次のいずれかの書類 　・住民票除票 　・戸籍抄本 　・死亡診断書(死体検案書)の写し ……など ＊マイナンバーが収録されている人は原則、不要

また、亡くなった人の年金は亡くなった月分まで支払われます。この受

け取るはずだった年金を**「未支給年金」**といい、生計を同じくしていた家族が受け取ることができます。未支給年金を受け取る場合には「年金受給権者死亡届」と一緒に**「未支給年金・未支払給付金請求書」を記入し、必要書類を添付して年金事務所または年金相談センターに提出**します。

未支給年金を受け取る場合の手続き

提出先	年金事務所または街角の年金相談センター
提出期限	亡くなった人の最後の年金支払日の翌月の初日から５年間
提出する人	亡くなった人と生計を同じくしていた、①配偶者 ②子供 ③父母 ④孫 ⑤祖父母 ⑥兄弟姉妹 ⑦①から⑥以外の３親等内の親族
提出書類	「年金受給権者死亡届（報告書）」 「未支給年金・未支払給付金請求書」
添付書類	・亡くなった人の年金証書 ・亡くなった人と請求する人の続柄が確認できる書類（戸籍謄本または法定相続情報一覧図の写しなど） ・亡くなった人と請求する人が生計を同じくしていたことがわかる書類（亡くなった人の住民票の除票及び請求する人の世帯全員分の住民票の写し。なお、亡くなった人の住民票の除票は、請求する人の世帯全員の住民票の写しに含まれている場合は不要。マイナンバーを記入することで、請求する人の住民票の写しの添付は省略できる） ・請求する人が受け取りを希望する金融機関の預貯金通帳 ・亡くなった人と請求する人が別世帯の場合は「生計同一関係に関する申立書」 ＊戸籍謄本、住民票の写しなどは、亡くなった日から数日後に交付されたもの

ちなみに、未支給年金は受け取った人の一時所得なので**所得税の課税対象**です。ただし、他の一時所得との**合計額が50万円以下であれば確定申告は必要ありません。**

POINT

日本年金機構にマイナンバー（個人番号）が収録されている人の場合は「年金受給権者死亡届（報告書）」の提出は不要です。

08 遺族年金は誰でももらえるの?

国民年金に加入していた場合は「遺族基礎年金」が給付され、厚生年金に加入していた場合は「遺族基礎年金」に「遺族厚生年金」が上乗せされて給付されるか、「遺族厚生年金」のみが給付されます。

「遺族年金」とは?

「遺族年金」とは公的年金を納めていた人や、年金を受給していた人が亡くなった場合に家族へ給付される年金です。この年金は亡くなった人が加入していた公的年金の種類によって給付方法が異なります。

亡くなった人が**国民年金に加入していた場合は「遺族基礎年金」が給付**されます。一方、亡くなった人が**厚生年金に加入していた場合は「遺族基礎年金」に「遺族厚生年金」が上乗せされて給付**されるか、**「遺族厚生年金」のみが給付**されます。ただし、遺族年金は「亡くなった人の年金の納付状況」や「遺族年金を受け取る人の年齢」など、いくつかの条件を満たしていなければ受け取ることはできません。

「遺族基礎年金」「遺族厚生年金」を受け取れる人

	個人事業主・フリーランス(国民年金)	会社員・公務員など(厚生年金)
年金の種類	遺族基礎年金	遺族基礎年金　遺族厚生年金
年金を受け取る人	亡くなった人に生計を維持されていた次の人のうち、優先順位が高い人 ①18歳未満の子供がいる配偶者 ②18歳未満の子供 (障害のある子供は20歳未満)	亡くなった人に生計を維持されていた次の人のうち、優先順位が高い人 ①18歳未満の子供がいる配偶者　②18歳未満の子供　③子供のいない配偶者　④父母　⑤孫　⑥祖父母
注意点	・子供がいない場合、遺族年金は配偶者に支給されない ・子供が満18歳になると遺族年金はもらえなくなる	・子供がいる配偶者(夫は55歳以上)が遺族厚生年金を受け取っている場合は、子供に遺族厚生年金は支給されない ・遺族厚生年金は子供がいない場合でも妻は一生涯受け取れる。ただし、子供がいない30歳未満の妻は5年間のみの受給 ・子供がいない夫や父母、祖父母は55歳以上の人に限り受給できるが、受給開始は60歳から

遺族基礎年金の受給要件とは?

亡くなった人が**個人事業主やフリーランスの場合、基本的に国民年金に加入しているので「遺族基礎年金」**が支給されます。遺族基礎年金の受給要件は次の通りです。

遺族基礎年金の受給要件（いずれかに当てはまればいい）

- 亡くなった人が国民年金の被保険者だった
- 亡くなった人が国民年金の被保険者であった60歳以上65歳未満の人で、日本国内に住所があった
- 老齢基礎年金の受給資格を満たしていた
- 老齢基礎年金の受給権者だった

なお、亡くなった人が**被保険者の場合、保険料納付済期間と保険料免除期間を合わせた期間が加入期間の $\frac{2}{3}$ 以上**であることが必要です。

また、亡くなった人が老齢基礎年金の受給者だった場合も、**保険料納付済期間と保険料免除期間などを合わせた期間が25年以上ある人が対象**になります。ただし、特例として2026年３月末日までは、次の条件をすべて満たしていれば支給されます。この特例は、遺族厚生年金も同様です。

保険料の納付要件の特例（2026年３月末日まで）

- 亡くなった人が65歳未満であること
- 亡くなった日が含まれる月の前々月までの直近１年間に保険料の未納期間がないこと

一方、亡くなった人の遺族基礎年金を受け取れる人は次の人です。

遺族基礎年金を受け取れる人

- 18歳未満の子供がいる配偶者
- 18歳未満の子供（障害のある子供は20歳未満）

遺族厚生年金の受給要件とは?

亡くなった人が会社員や公務員などの場合、厚生年金や共済年金に加入しているので**「遺族厚生年金」**が支給されます。

遺族厚生年金の受給要件(いずれかに当てはまればいい)

- 亡くなった人が厚生年金保険の被保険者だった
- 厚生年金の被保険者期間に初診日がある病気や怪我により、初診日から5年以内に死亡した
- 1級・2級の障害厚生年金(障害共済年金)を受け取っていた
- 老齢厚生年金の受給資格を満たしていた
- 老齢厚生年金または障害厚生年金の受給権者だった

また、亡くなった人が被保険者の場合、**保険料納付済期間と保険料免除期間を合わせた期間が加入期間の$\frac{2}{3}$以上あること**が条件です。亡くなった人が老齢厚生年金の受給権者だった場合も、**保険料納付済期間と保険料免除期間などを合わせた期間が25年以上ある人**に限ります。

亡くなった人の遺族厚生年金を受け取れる人は、亡くなった人に生計を維持されていた**「配偶者」「子供」「父母」「孫」「祖父母」**の順位になります。ただし、受け取れる人の順位によって要件や給付額が異なります。

遺族厚生年金を受け取れる人の順位と受給要件

順位	受け取れる人	受給要件	支給される年金の種類
1	妻(配偶者)	要件なし(ただし、子供がいない妻が30歳未満の場合は5年間のみ給付)	遺族基礎年金(18歳未満の子供がいる場合)+遺族厚生年金
1	夫(配偶者)	子供のいない夫が55歳以上であること(支給は60歳から)	遺族基礎年金(18歳未満の子供がいる場合)+遺族厚生年金
2	子供	18歳未満の未婚の子供、または障害等級1級・2級の20歳未満の子供	遺族基礎年金+遺族厚生年金
3	父母	配偶者や子供がいない場合、父母が55歳以上であること(支給は60歳から)	遺族厚生年金のみ
4	孫	18歳未満の未婚の孫、または障害等級1級・2級の20歳未満の子供	遺族厚生年金のみ
5	祖父母	配偶者や子供がいない場合、祖父母が55歳以上であること(支給は60歳から)	遺族厚生年金のみ

遺族年金は、遺族基礎年金と遺族厚生年金では受給要件が違いますので、必ず亡くなった人が加入していた年金を確認して手続きをしましょう。

「遺族基礎年金」「遺族厚生年金」の違い

	子供がいる配偶者が受給	子供が受給	子供がいない中高齢の妻が受給	他の遺族が受給
厚生年金保険			中高齢寡婦加算	
	遺族厚生年金	遺族厚生年金	遺族厚生年金	遺族厚生年金
国民年金	遺族基礎年金	遺族基礎年金		
	子供の加算額	子供の加算額		

POINT

特例として2026年3月末日までは「亡くなった人が65歳未満」「亡くなった日が含まれる月の前々月までの直近1年間に保険料の未納期間がない」という条件を満たしてれば、遺族年金が支給されます。

09 遺族年金はいつまで、いくらもらえる?

遺族年金は非課税です。相続人の生活を保障するものなので、所得税や相続税は課税されません。

遺族基礎年金の受給期間と支給額

遺族年金は年金を支払っていた人が亡くなった月の翌月から受け取れます。とはいえ、どの遺族年金が受け取れるかによって**受給期間や支給額は異なります。**

遺族基礎年金の受給期間と支給額は次のようになります。

●遺族基礎年金の受給期間

子供がいる配偶者 子供が18歳になる年度の３月31日まで（子供が障害等級１級・２級の場合、満20歳になるまで）

子供が18歳になる年度の３月31日まで（子供が障害等級１級・２級の場合、満20歳になるまで）

●遺族基礎年金の支給額

子供がいる配偶者 **年額795,000円＋子供の数に応じた加算額**

・ただし、1956年４月１日以前に生まれた人は年額792,600円

子供のみ **年額795,000円＋２人目以降の子供の加算額**

・子供の数が２人までの加算額：228,700円（１人当たり）

・３人目以降の加算額：76,200円（１人当たり）

＊年金額等は2023年度の金額

遺族厚生年金の受給期間と支給額

遺族厚生年金の受給期間と支給額は次のようになります。

●遺族厚生年金の受給期間

配偶者 遺族厚生年金は子供がいない場合でも妻は一生涯受け取れる。ただし、子供がいない30歳未満の妻は５年間のみの受給

●遺族厚生年金の支給額

遺族厚生年金の額：厚生年金加入時の報酬や加入期間によって異なる

亡くなった人の老齢厚生年金の報酬比率部分の $\frac{3}{4}$ ＝(A＋B)×$\frac{3}{4}$

A：2003年３月以前の加入期間

平均標準報酬月額[*1]× $\frac{7.125^{*3}}{1000}$ ×2003年３月までの加入期間の月数[*4]

B：2003年４月以降の加入期間

平均標準報酬額[*2]× $\frac{5.481^{*3}}{1000}$ ×2003年４月以降の加入期間の月数[*4]

＊１:平均標準報酬月額とは、2003年３月以前の加入期間について、計算の基礎となる各月の標準報酬月額(過去の標準報酬月額に再評価率を乗じて、現在の価値に再評価している額)の総額を、2003年３月以前の加入期間で割って得た額
＊２:平均標準報酬額とは、2003年４月以降の加入期間について、計算の基礎となる各月の標準報酬月額と標準賞与額(過去の標準報酬月額と標準賞与額に再評価率を乗じて、現在の価値に再評価している額)の総額を、2003年４月以降の加入期間で割って得た額
＊３:次の場合は、乗率は亡くなった人の生年月日に応じて異なる。「老齢厚生年金の受給権者であった人(保険料納付済期間、保険料免除期間及び合算対象期間を合算した期間が25年以上ある人に限る)が亡くなったとき」「保険料納付済期間、保険料免除期間及び合算対象期間を合算した期間が25年以上ある人が亡くなったとき」
＊４:次の場合は、厚生年金保険の被保険者期間が300月(25年)未満の場合は、300月とみなして計算。「厚生年金保険の被保険者である間に亡くなったとき」「厚生年金保険の被保険者期間に初診日がある病気や怪我が原因で、初診日から５年以内に亡くなったとき」「１級・２級の障害厚生(共済)年金を受け取っている人が亡くなったとき」
○注意点
共済加入期間を有する人は各共済加入期間とそれ以外の加入期間の報酬に応じた額をそれぞれ計算し、日本年金機構と各共済組合等からそれぞれの遺族厚生年金を受け取れる。ただし、「厚生年金保険の被保険者である間に亡くなったとき」「厚生年金保険の被保険者期間に初診日がある病気や怪我が原因で初診日から５年以内に亡くなったとき」「１級・２級の障害厚生(共済)年金を受け取っている人が亡くなったとき」の場合は、日本年金機構と各共済組合等のいずれか１カ所から、まとめて受け取ることができる

●中高齢寡婦加算

次のいずれかに該当する妻が遺族厚生年金を受ける場合、40歳から65歳まで596,300円(年額)が加算される

①夫が亡くなったとき、妻が40歳以上65歳未満で生計を同じくしている子供がいない場合
②遺族厚生年金と遺族基礎年金を受けていた子供のいる妻が、子供が18歳になった年度の３月31日に達した(障害等級１級・２級の場合は20歳に達した)ため、遺族基礎年金を受給できなくなった場合

●経過的寡婦加算

次のいずれかに該当する場合、遺族厚生年金に加算される

①1956年４月１日以前生まれの妻に65歳以上で遺族厚生年金の受給権が発生したとき
②中高齢の加算がされていた1956年４月１日以前生まれの遺族厚生年金の受給権者である妻が65歳に達したとき

経過的寡婦加算の額は、1986年４月１日から60歳に達するまで国民年金に加入した場合の老齢基礎年金の額と合わせると、中高齢寡婦加算の額と同額程度になるように決められている

●65歳以上で老齢厚生年金を受ける権利がある人が、配偶者の死亡による遺族厚生年金を受け取る場合

次の①と②の額を比較し、高いほうが遺族厚生年金の額になる

①亡くなった人の老齢厚生年金の報酬比例部分の$\frac{3}{4}$の額
②「①の額の$\frac{2}{3}$」と「本人の老齢厚生年金の額の$\frac{1}{2}$」の合計額

（引用文献：日本年金機構「遺族厚生年金（受給要件・対象者・年金額）」、https://www.nenkin.go.jp/service/jukyu/izokunenkin/jukyu-yoken/20150424.html#、日本年金機構「遺族年金ガイド令和５年度版」、https://www.nenkin.go.jp/service/pamphlet/kyufu.files/LK03-3.pdf）

国民年金には独自の給付制度がある

国民年金には**「寡婦年金」「死亡一時金」という独自の給付制度**があります。**これは厚生年金保険にはない制度**です。「寡婦年金」「死亡一時金」の給付制度の受給要件は次の通りです。

「寡婦年金」「死亡一時金」の受給要件

	寡婦年金	死亡一時金
受け取る人	・妻	生計を同じくしていた人で①から⑥の順で優先順位の高い人。①配偶者 ②子供 ③父母 ④孫 ⑤祖父母 ⑥兄弟姉妹
受給要件	・亡くなった夫が国民年金の加入者 ・国民年金第１号被保険者の保険料納付済期間と保険料免除期間が合わせて10年以上 ・夫との婚姻関係が10年以上 ・妻の年齢が65歳未満	・亡くなった日の前日において、国民年金第１号被保険者の保険料納付済期間が「36カ月（３年）以上」ある人が亡くなった場合
受給金額	・夫の亡くなった日の前日までの第１号被保険者（任意加入被保険者を含む）期間から老齢基礎年金の計算方法により算出した額の$\frac{3}{4}$	保険料の納付期間……支給額 36月以上180月未満……12万円 180月以上240月未満……14万5,000円 240月以上300月未満……17万円 300月以上360月未満……22万円 360月以上420月未満……27万円 420月以上……32万円 亡くなった月の前月までに付加保険料納付済期間が36月以上ある場合は、上記の金額に8,500円が加算

	寡婦年金	死亡一時金
受給期間	・妻が60歳から65歳まで（妻が59歳以下の場合は、60歳の誕生日を迎えた翌月から支給される）	・1回のみ
注意点	・夫が老齢基礎年金や障害基礎年金を受け取っていた場合は請求できない ・妻が繰り上げ受給の老齢基礎年金を受け取っている場合は請求できない ・妻が他の年金を受け取っている場合は選択になる ・「寡婦年金」と「死亡一時金」を両方受け取ることができる人は、どちらか一方を選択	・亡くなった人が老齢基礎年金や障害基礎年金を受け取っていた場合は請求できない ・請求期限は亡くなった日の翌日から「2年」 ・「寡婦年金」と「死亡一時金」を両方受け取ることができる人は、どちらか一方を選択

遺族年金は非課税!

遺族年金は非課税です。相続人の生活を保障するものなので、**所得税や相続税は課税されません。**

ただし、相続人が老齢年金を受け取っている場合は、所得税の対象です。また、亡くなった人が加入していた企業年金や退職年金などは、相続するときに「みなし相続財産」として相続税の対象になります。ちなみに、相続放棄している人でも「遺族年金は相続財産ではない」ため、遺族年金を受け取ることができます。

POINT

国民年金には「寡婦年金」「死亡一時金」という独自の給付制度があります。これは厚生年金保険にはない制度です。

10 「遺族年金」の請求手続き

遺族年金の請求手続きの期限は「5年」です。5年を超えると、遺族年金を受け取る権利は失効します。

遺族年金の請求手続きの期限は5年

遺族年金を受け取る人は必ず請求手続きを行いましょう。

請求手続きの期限は「5年」です。5年を超えると遺族年金を受け取る権利は失効します。遺族年金の請求手続きの流れは、次の通りです。

遺族年金の請求手続きの流れ

遺族年金の請求手続きに必要な書類を準備

「年金請求書」を入手
住所地の市区町村の役所か、年金事務所、年金相談センターの窓口で入手するか、日本年金機構のウェブサイトからダウンロード
(https://www.nenkin.go.jp/service/jukyu/todokesho/rourei/2018030501.files/101.pdf)

↓

「年金請求書」に記入して「必要書類」と一緒に窓口に提出
- **遺族基礎年金のみを受給する場合:年金請求書を亡くなった人の住所地の市区町村の役所へ提出**
- **遺族厚生年金のみか、遺族基礎年金に上乗せされた遺族厚生年金を受給する場合:年金事務所または年金相談センター**

↓

「年金請求書」などを提出後、
2カ月以内に日本年金機構から「年金証書・年金決定通知書」が届く

↓

「年金証書・年金決定通知書」を受け取ったあと、
約1カ月から2カ月後に年金の振り込みが開始

遺族年金の請求手続きに必要な書類

遺族年金の請求手続きに必要な書類は事前に用意しておきましょう。請求手続きに必要な書類は次の通りです。

年金請求手続きに必要な書類

すべての人が添付する書類	・基礎年金番号通知書または年金手帳等の基礎年金番号 ・戸籍謄本（記載事項証明書）または法定相続情報一覧図の写し ・世帯全員の住民票の写し（マイナンバー記入により省略可） ・死亡者の住民票の除票 ・請求者の収入証明書類（マイナンバー記入により省略可） ・子供の収入証明書類（マイナンバー記入により省略可） ・死亡診断書（死体検案書など）の写しまたは死亡届の記載事項証明書 ・遺族年金の受取先金融機関の通帳など（本人名義のもの）
死亡の原因が第三者行為の場合に必要な書類	・第三者行為事故状況届 ・交通事故証明もしくは事故が確認できる書類 ・確認書 ・被害者に被扶養者がいる場合、扶養していたことがわかる書類 ・損害賠償金の算定書
その他状況によって必要な書類	・年金証書（他の公的年金から年金を受給している場合） ・合算対象期間が確認できる書類

（引用文献：日本年金機構「遺族基礎年金を受けられるとき」、https://www.nenkin.go.jp/service/jukyu/tetsuduki/izoku/seikyu/20140617-01.html）

POINT

遺族年金の請求手続きは、役所か年金事務所などの窓口に「年金請求書」と「必要書類」を提出します。

11 生命保険金の手続きをする

生命保険金の受取人名は「契約内容(変更)通知書」または、生命保険証券の「死亡保険金受取人」欄に記載されているので確認しましょう。

まず、亡くなった人の生命保険の加入状況を確認！

亡くなった人が加入していた「生命保険」を知っている場合は、「受取人」が生命保険会社の担当者やコールセンターなどに電話をして必要な書類を送ってもらいます。なお、生命保険会社によってはウェブサイトから必要な書類をダウンロードできます。また**「受取人」とは契約上の生命保険金の受取人**のことです。**「生命保険金の請求」は必ず受取人が請求**します。**受取人名は「契約内容（変更）通知書」または、生命保険証券の「死亡保険金受取人」欄に記載されているので確認**しましょう。

一方、亡くなった人がどこの生命保険会社と契約を結んでいたのかがわからないときは、保険金の請求ができません。

このような場合、まず家族で亡くなった人の所有物の中から次のものを探しましょう。

生命保険証券

生命保険会社から定期的に送付される郵便物

預貯金通帳の保険料の口座振替履歴など

それでも見つからない場合は、**「生命保険契約照会制度」**を活用します。生命保険契約照会制度とは、**亡くなった人の生命保険契約の手がかりがないときに、法定相続人などが亡くなった人の保険契約の有無を一括で確認できるサービス**です。利用する場合は一般社団法人生命保険協会のウェブサイトをご覧ください（https://www.seiho.or.jp/contact/inquiry/）。

「生命保険契約照会制度」の概要

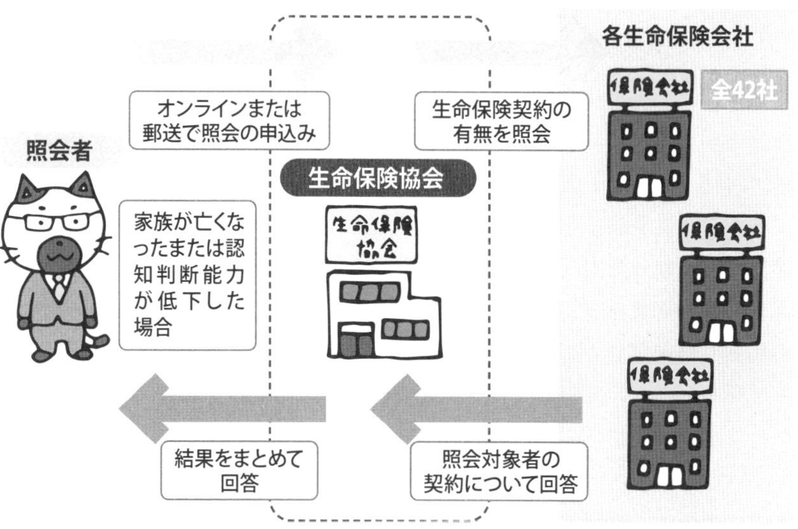

「生命保険契約照会制度」の利用方法

照会者	照会事由	提出書類	利用料
法定相続人や遺言執行人など	照会対象者が病気などで亡くなり、生命保険契約がわからない場合	照会者の本人確認書類や相続関係を証明する戸籍など	照会1件当たり3,000円（税込）
法定代理人や任意代理人、三親等以内の親族など	照会対象者が認知症などで生命保険契約の存在がわからない場合	照会者の本人確認書類の他、協会指定の診断書など	照会1件当たり3,000円（税込）
災害による死亡もしくは行方不明になった人の配偶者、親、子、兄弟姉妹など	災害救助法が適用された地域で被災し、生命保険契約に関する請求が難しい場合	手続きは照会者から、「災害時受付専用連絡先（生命保険相談所）」へ直接、電話にて連絡 ●災害時受付専用連絡先（生命保険相談所） フリーダイヤル： 0120-001-731 受付時間：月～金曜日 9:00 ～ 17:00 （祝日・年末年始を除く）	利用料なし

「生命保険金」の請求手続きの流れ

亡くなった人が加入していた生命保険がわかったら、受取人が生命保険会社の担当者かコールセンターに電話をして、「生命保険金の請求」の手続きを行います。

その際、生命保険会社の人からは**「証券番号（契約が複数ある場合は全件）」「亡くなった人（被保険者）の氏名」「亡くなった日」「亡くなった原因（事故や病気など）」「死亡保険金受取人の氏名と連絡先」「連絡した人の氏名（被保険者との続柄と連絡先）」「亡くなる前の入院や手術の有無」**などを聞かれるので、事前に「保険証券」の保障内容を確認しておくとスムーズに手続きが行えます。

その後、生命保険会社から必要書類の案内と所定の請求書が送られてきます。主な提出書類は次の通りです。

生命保険金の請求に必要な主な提出書類

- 保険証券
- 保険会社所定の死亡保険金請求書
- 亡くなった人（被保険者）の住民票除票
- 医師が発行した死亡診断書または死体検案書の写し
- 受取人の住民票の写し
- 受取人の戸籍謄本または戸籍抄本
- 受取人の印鑑登録証明書
- 災害事故証明書や交通事故証明書（死亡原因が災害や事故の場合）

……など

これらの書類は生命保険会社へ提出します。

生命保険会社は書類に基づいて支払いの確認を行います。ただし、書類に不備がある場合などは支払いに日数がかかるので、送付時は書類に間違いがないか再度確認しましょう。

生命保険会社が書類内容を確認して支払いを決定すると、手続きが開始されます。支払い決定後、保険金は1週間程度で支払われます。ただし、免責事項に該当する場合は支払われません。

ちなみに、死亡保険金の請求期限は３年（かんぽ生命は５年）です。その期間を経過すると請求する権利を失います。ただし、請求期限を過ぎてしまった場合でも請求できることがあるので、必ず生命保険会社に確認しましょう。

「生命保険金」の請求手続き

生命保険金の請求事由が発生

→ 保険契約者または保険金の受取人が生命保険会社へ連絡

→ 生命保険会社から必要書類などの案内

→ 受取人が請求手続き

→ 生命保険会社が生命保険金の支払請求書を受け取る

→ 生命保険会社の支払可否判断

→ 生命保険金の受け取り

POINT
死亡保険金の請求期限は３年です。ただし、請求期限を過ぎてしまった場合でも請求できることがあるので、必ず生命保険会社に確認しましょう。

12 相続で生命保険の「契約者変更」手続きをする?

生命保険金の受取人の範囲は原則、配偶者と子供、親、祖父母、兄弟姉妹、孫までです。事実婚の場合は、保険会社によって対応が異なるので確認が必要です。

保険契約の変更手続きをする場合

亡くなった人が自分自身に生命保険をかけて、保険料を支払っていた場合は、受取人に死亡保険金が支払われます。

一方、亡くなった人が生命保険料を支払い、配偶者（被保険者）に生命保険をかけて、受取人を自分自身または第三者にしていた場合、配偶者は生きているので生命保険金は支払われません。この場合は、**亡くなった人が生きていればもらえた「解約返戻金を受け取る権利（生命保険契約に関する権利）」を相続**します。よって、保険会社に保険契約者が亡くなったことを伝え、保険会社所定の届出を行います。なお、契約者の変更は「被保険者の同意」「生命保険会社の承諾」が必要です。複数の相続人がいる場合は、加えて「相続人全員の同意」も必要になり、その中から代表者を選びます。

生命保険の契約者と被保険者が同じ場合

被保険者
保険契約者
（保険料負担者）

保険金
受取人

生命保険の契約者と被保険者が違う場合

保険契約者
（保険料負担者）
保険金受取人

被保険者

保険の契約に関わる人とは?

「保険料負担者」「保険契約者」「被保険者」「受取人」と関わる人が多くて複雑なので、それぞれがどういう役割かを説明します。**「保険料負担者」**は保険料を支払っている**「保険契約者」**です。「保険契約者」は**契約変更や請求などの権利がある一方、保険料の支払い義務**もあります。**「被保険者」**は保険をかけられている人で、この人が亡くなると保険金の対象になります。**「受取人」**は保険金の受け取りを指名された人です。なお、**生命保険金の受取人の範囲は原則、配偶者と子供、親、祖父母、兄弟姉妹、孫まで**です。

事実婚などの場合は関係を証明する書類を保険会社に提出することで保険金の受取人として認められることもありますが、保険会社によって対応が違うので確認しましょう。

保険の契約に関わる人

名義	役割
保険料負担者	保険料を支払っている「保険契約者」
保険契約者	契約変更や請求の権利(契約内容変更、名義変更、請求権など)と保険料の支払い義務がある人
被保険者	死亡や病気や怪我が保険の対象となる人
受取人	保険金の受け取りを指名された人
	保険金の受取人の範囲は原則、配偶者と子供、親、祖父母、兄弟姉妹、孫まで(第三者が保険金の受取人として認められる場合もある)

契約者の変更にも相続税がかかる!?

保険契約者と被保険者が異なり、亡くなった人が保険契約者として配偶者(被保険者)の保険料を支払っていた場合は**「生命保険契約に関する権利」の相続とみなされ、相続税の課税対象**になります。具体的には、次の2つの理由からです。

1つ目は、亡くなった人が保険会社に保険料として積み立てたものを新しい保険契約者が引き継ぐからです。**2つ目**は、新しい保険契約者は生命保険を解約して**「解約返戻金」を受け取る権利**を持つからです。

これらが**「生命保険契約に関する権利」に当たり、評価された金額（相続税評価額）が相続税の課税対象**になります。ただし、亡くなったことを理由とした生命保険金は支払われていないため、**生命保険金に対する相続税の非課税枠は使えません。**

相続税評価額については、保険会社に連絡して**「解約返戻金証明書」という書類を発行**してもらいましょう。その際「相続手続きで、亡くなった日時点の解約返戻金の額が必要です」という内容を伝えてください。なお、掛け捨てタイプの生命保険契約は相続税の課税対象外です。

相続税の課税対象となる「生命保険契約に関する権利」

- 亡くなった人が自分以外の被保険者の保険料を支払っていた場合
- 掛け捨てタイプではない場合

受取人が亡くなったら、すぐに変更手続きを!?

被保険者が亡くなる前に受取人が亡くなった場合は、すぐに生命保険会社に連絡して、所定の届出書を提出し、新しい受取人に名義変更を行いましょう。**変更手続きをしないと、被保険者が亡くなった場合に、保険会社は亡くなった受取人の法定相続人を保険金の受取人**とします。なお、**被保険者が亡くなったあとに、受取人の変更はできません。**

例えば、保険金の受取人を亡くなった妻から変更しないまま、被保険者の夫が亡くなった場合、受取人になる法定相続人の順位は次の通りです。

子供がいる場合：❶子供
子供が亡くなっている場合：❶孫　❷妻の親　❸妻の兄弟姉妹
子供がいない場合：❶妻の親　❷妻の兄弟姉妹

この場合のように、受取人の変更手続きをしないと、被保険者の夫が保険料を支払っていても、子供や孫がいない場合には受取人の法定相続人である妻の親や兄弟姉妹が保険金の受取人になってしまいます。

受取人が亡くなった場合には、早めに新しい受取人を指定しましょう。

遺言によって生命保険金の受取人を変更できる

遺言によって生命保険金の受取人を変更する場合は、**遺言書の有効性と被保険者の同意を得ているかを確認**する必要があります。

- **法律上有効な遺言であること**
- **遺言者である契約者と被保険者が別の場合、被保険者の同意を得ていること**

これらを満たしている場合、亡くなった保険契約者の法定相続人は保険会社に受取人変更通知の届出を行います。

問題がなければ変更後に、保険会社から遺言によって指定された受取人へ保険金が支払われます。

ただし、法定相続人が保険会社へ受取人変更通知をする前に、保険会社が変更前の受取人に保険金を支払っている場合は、遺言によって指定された受取人には保険金は支払われないので、手続きは速やかに行いましょう。

POINT

相続税の課税対象となる「生命保険契約に関する権利」は「亡くなった人が自分以外の被保険者の保険料を支払っていた場合」で「掛け捨てタイプではない場合」です。

13 公共料金、インターネットなどの手続きも忘れずに！

亡くなった人が利用していた電気、ガス、水道、インターネット、携帯電話などの各種契約の変更や解約手続きも必要です。各契約先への連絡は忘れずに、早めに手続きを行いましょう!

亡くなった人の各種契約も変更・解約の手続きを！

亡くなった人が契約していた**電気、ガス、水道、またインターネット、携帯電話、サブスク（サブスクリプション）など、生活する上で利用していたものについても契約の変更・解約手続きが必要**です。

ここでは、簡単に各種契約の変更・解約手続きを説明します。各種契約に必要な手続きを確認してください。

公共料金の変更・解約の手続き

亡くなった人が利用していた電気・ガス・水道などの公共料金の手続きは、基本的には次の通りです。

- 同居していた場合：「名義変更」
- １人暮らしだった場合：「解約」

公共料金の「名義変更」「解約」の手続きはシンプルです。まず、亡くなった人が契約していた電気・ガス・水道の各会社を確認します。

その後、**各会社から送付された明細書に記載されている電話番号に連絡をして、「名義変更」か「解約」を伝えれば手続きは完了**します。

法的な期限はありませんが、料金が発生し続けるので、解約の場合は早急に手続きを行いましょう。また、亡くなった人が登録していた公共料金の引き落とし口座が凍結されている場合は、未精算料金の請求書が亡くなった人の家に届くので、速やかに支払い、同時に名義変更や解約の手続きも行います。

公共料金の名義変更・解約

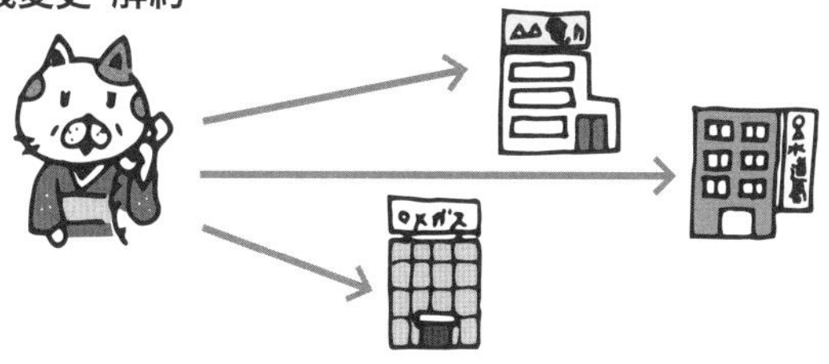

インターネットの名義変更・解約の手続き

インターネットの利用には、**インターネット回線事業者とプロバイダとの契約**が必要です。よって、亡くなった人が契約していた**インターネット回線事業者、プロバイダの両方と名義変更または解約の手続きが必要**です。最近は回線事業者とプロバイダが同じこともありますが、契約先については念のために確認をしましょう。ただし、マンションの場合は回線契約をせずに、備え付けの回線や電話回線などでインターネットを利用できるところもあるので、その際は必要な会社のみと名義変更・解約の手続きを行います。

インターネットの名義変更・解約手続きの流れ

同居していた場合は「名義変更」　　　1人暮らしだった場合は「解約」

↓　　　↓

法定相続人は契約先の回線事業者・プロバイダの両方、またはプロバイダのみに電話かインターネットで「契約者が亡くなった旨」を連絡

↓　　　↓

「名義変更」の手続き　　　「解約」の手続き

↓　　　↓

契約先に所定の書類を書面で提出　　　契約先に所定の書類を書面で提出

↓　　　↓

支払い方法（口座引き落とし、クレジットカード払いなど）の変更・解約手続き

- 亡くなった人が回線事業者からモデムやルーターなどの機器をレンタルしている場合は、契約先の通知に従って返却
- 未払いの利用料金や解約に伴う違約金がかかる場合もある

固定電話の変更・解約手続き

亡くなった人の固定電話を解約する場合は、契約先の会社に電話で「契約者が亡くなったので、解約する旨」を伝えて手続きを行います。

また、電話会社の公式ウェブサイト上でも手続きは行えます。手続きに必要な主な書類は**「契約先の所定の届出」と「契約者が亡くなったことがわかる書類（戸籍謄本や死亡診断書の写しなど）」「手続きをする人の本人確認書類（運転免許証、マイナンバーカードなど）」**などです。なお、解約日までの利用料金が請求されるので、早めに手続きを行いましょう。

一方、亡くなった人の固定電話の契約を引き継ぐ場合も、契約先に電話で問い合わせるか、電話会社のウェブサイト上で手続きを行い、「所定の届出」と「契約者が亡くなったことがわかる書類（戸籍謄本や死亡診断書の写しなど）」「手続きをする人の本人確認書類（運転免許証、マイナンバーカードなど）」などを郵送で送ります。

なお、NTT（東日本・西日本）のアナログ回線を契約している場合は**「電話加入権」が相続財産**になります。**引き継ぐ場合は、相続手続きが必要なので申告時に忘れないようにしましょう。**

携帯電話・スマートフォンの変更・解約の手続き

携帯電話やスマートフォンの解約は、**亡くなった人が契約していたキャリアの店舗窓口で手続きを行います。**ただし、各キャリアによって手続きをできる人と用意する書類が異なります。事前に、亡くなった人のキャリアに電話するか、ウェブサイトを閲覧するなどして用意する書類を確認しておくと、スムーズに手続きが行えます。

手続きに必要なもの

- 契約者が亡くなった事実が確認できる書類（戸籍謄本や死亡診断書の写しなど）
- 手続きをする人の本人確認書類（運転免許証、マイナンバーカードなど）
- 携帯電話やスマートフォンの本体とSIMカード／e SIMなど
- 印鑑

……など

解約日までの利用料金が請求されるので、早めに手続きを行いましょう。なお、一般的に手数料や契約解除料はかかりません。

また、解約後の携帯電話やスマートフォンは、基本的には手続きをした人が持ち帰れるので、亡くなった人の端末データは手元に残しておけます。

一方、亡くなった人の電話番号などをそのまま引き継ぐこともできます。引き継ぐ場合は事前にキャリアの店舗窓口か、ウェブサイトで引き継ぐ方法を確認しておきましょう。

サブスクの解約手続きは?

サブスク（サブスクリプション）を利用している場合、亡くなった人が契約した定期購入の期間（週単位、月単位、年単位など）に応じて請求されるので、解約しないと料金を請求され続けます。

サブスクの支払いは、主にクレジットカードを利用しているので、**クレジットカードの利用明細書を確認して、加入していたサブスクの解約手続きを行いましょう。**

その際、解約手続きは各サービスによって違うので、加入していたデジタルコンテンツ配信サービス（App Store、Google Playなど）やサブスクリプションサービス（Amazonプライム、Microsoft365、Netflixなど）のウェブサイトから、亡くなった人の解約手続きについて内容を確認しましょう。また、携帯電話やスマートフォンからサブスクの契約をしている場合は、契約していたキャリアの店舗窓口で解約手続きの内容を確認してください。なお、サブスクの契約は携帯電話やスマートフォンの解約とは別なので、亡くなった人が契約しているサブスクは別の解約手続きが必要なことが多いです。

SNSのユーザーアカウントの削除手続き

亡くなった人がSNS（X、Facebook、Instagramなど）を利用していた場合、法定相続人や家族が各SNSのヘルプセンターに問い合わせ、「ユーザーが亡くなった旨」を伝えてアカウント削除の依頼手続きをします。

手続きをする人は、本人確認書類（運転免許証など）のコピーと亡くなった人の死亡診断書の写しなどを、SNS先に提出します。

確認作業が終わり次第、亡くなった人のユーザーアカウントは削除されます。

なお、亡くなった人のアカウントを放置しておくと、アカウントの乗っ取りなどのトラブルが起こり得ます。

トラブルを回避するためにも、亡くなった人の家族や身近な人は、亡くなった人のアカウントの削除を検討しましょう。

NHKの受信料の変更・解約の手続き

亡くなった人のNHKの放送受信契約の解約手続きは、「NHKふれあいセンター」に連絡して確認しましょう。

NHK受信料の解約手続きの連絡先

連絡先	NHKふれあいセンター
電話番号	フリーダイヤル:0120－151515 ナビダイヤル:0570-077-077 ＊IP電話などでナビダイヤルが利用できない場合:050-3786-5003（有料）
受付時間	午前９時から午後６時 （土日祝も受付／ 12月30日17時から１月３日は休み）

（引用文献：NHK「受信料に関するお手続きやお問い合わせ」、https://www.nhk-cs.jp/jushinryo/toiawase/）

放送受信料の契約を解約する場合は、NHKに所定の届出書を提出します。なお、NHKの放送受信料も契約の解除をしない場合、受信料を請求され続けるので、早急に解約手続きを行いましょう。

一方、契約者の氏名変更や支払い方法の変更はNHKのウェブサイトから手続きが行えます。

NHKの契約者の氏名変更や支払い方法の変更手続き

手続き	URL
氏名変更 	https://www.nhk-cs.jp/jushinryo/NameChangeTop.do
口座振替  	https://www.nhk-cs.jp/jushinryo/PayAccountExp.do
クレジットカード  	https://www.nhk-cs.jp/jushinryo/PayCreditMenu.do

（引用文献：NHK「契約者の氏名を変更し、あわせて新名義での支払口座（クレジットカード）に変更したい」、https://www.nhk.or.jp/faq-corner/2jushinryou/06/06-06-06.html）

パスポートの返納手続き

パスポートの名義人が亡くなった場合、パスポートの効力は失われます。

パスポートの返納手続きは**「パスポートの名義人の死亡が確認できる書類」「パスポート」「申請人の本人確認書類」などを用意して、最寄りのパスポートセンターで手続きを行います。**

なお、**都道府県によっては、役所窓口で手続きができる場合もあるで、最寄りの役所で確認**をしましょう。

提出後、併せて亡くなった人のパスポートの失効手続きを行います。

パスポート返納手続き

提出書類	・名義人の死亡が確認できる書類（戸籍謄本、死亡診断書の写し、埋火葬許可証の写しなど） ・パスポート（有効、失効、どちらの場合でも） ・届出書（届出書はパスポートセンターなどの窓口で入手。有効の場合は提出、失効の場合は不要） ・申請人の本人確認書類（運転免許証、保険証など）
提出先	国内：都道府県の旅券申請事務所（パスポートセンター）の申請窓口（都道府県の役所窓口で手続きができる場合もあるで、最寄りの役所で確認） 国外：日本大使館、または総領事館

運転免許証の返納

亡くなった人の運転免許証については、返納義務はありません。

ただし、運転免許証の有効期限が満了していない場合、亡くなった人の**「運転免許証更新連絡書等の通知」**が届きます。

この通知の停止を希望する場合は、**最寄りの警察署や運転免許センターなどで返納手続き**を行いましょう。

手続きに必要なものは**「亡くなった人の運転免許証」「亡くなったことを証明する書類（死亡診断書の写し、住民票の除票などの書類など）」「手続きをする人の本人確認書類（運転免許証など）」**などです。また、手数料はかかりません。

マイナンバーカードや印鑑登録証明書などは返納しなくてもいい？

マイナンバーカードや印鑑登録は、**亡くなった人が居住していた市区町村の役所に死亡届を提出した時点で、自動的に失効される仕組み**になっています。よって、返納義務はありません。ただし、印鑑登録証明書が手元にある場合は、**亡くなった人が居住していた市区町村の役所に返却するか、家族で処分**しましょう。

また、**マイナンバーカードは死亡保険金を請求するときなど、各手続きに必要になることもあるので、大切に保管**しておきましょう。

マイナンバーカードや印鑑登録証明書を返納する場合は、次のような手続きを行います。

マイナンバーカード・印鑑登録証明書を返納する場合の手続き

	マイナンバーカード	印鑑登録証明書
提出先	・市区町村の役所窓口	・市区町村の役所窓口
提出するもの	・亡くなった人のマイナンバーカード、通知カード	・亡くなった人の印鑑登録証明書、印鑑登録カード
	・手続きをする人の本人確認書類(運転免許証など)	・手続きをする人の本人確認書類(運転免許証など)
	・返納届(役所窓口で入手)	

POINT
亡くなった人が利用していた公共料金やインターネット、携帯電話、サブスクなどの各種解約手続きを行わないと料金が発生し続けるので、早急に行いましょう。

14 亡くなった人のクレジットカードの解約手続きも忘れずに！

クレジットカードの裏面か、明細書に記載してある電話番号に問い合わせて、利用者が亡くなった旨を伝え、解約手続きを行いましょう。

クレジットカードの解約はシンプルな手続き？

クレジットカードは利用者が亡くなったからといって、自動的に利用停止や解約にはなりません。亡くなった人のクレジットカードは必ず解約手続きを行いましょう。

手続きはクレジットカード会社によって異なりますが、基本的には家族などの法定相続人が**クレジットカードの裏面か、明細書に記載してある電話番号に問い合わせて、利用者が亡くなった旨を伝え、解約手続き**を行います。

また、クレジットカード会社によっては必要書類の提出を求める場合もあるので、その際は書類を提出します。

なお、亡くなった人が利用していたクレジットカードがわからない場合は、**銀行口座の履歴などを見てクレジットカード会社を特定**します。

クレジットカード会社によって解約手続きは違うので、必ず亡くなった人が利用していたクレジットカード会社に連絡を入れて、解約手続きの方法を確認しましょう。

電話で解約できない場合に必要な書類

- 退会届等各種届出書（カード会社所定の書類）
- 利用者の死亡の記載がある書類：死亡届の写し、戸籍謄本、除籍謄本、住民票除票など

……など

クレジットカードの解約手続きの流れ

STEP 1  亡くなった人のクレジットカードの裏面か明細書に記載してあるクレジットカード会社の電話番号、またはウェブサイトに問い合わせる

STEP 2  カード会社に電話で利用者が亡くなった旨を伝え、解約手続きをお願いする

STEP 3 解約

STEP 3 電話で解約手続きが行えない

STEP 4  カード会社が求める必要書類を提出

STEP 5 

リボ払い、分割払いなど、未払いの利用残高がある場合、亡くなった人の預貯金口座からの引き落としを待つか、カード会社に請求書を送付してもらい支払う

STEP 6 解約

クレジットカードを解約する前に確認すること

クレジットカードを解約する前に次のことを確認しましょう。

●公共料金・インターネットなど自動引き落とし設定がある場合は？

公共料金、携帯電話料金、インターネット、サブスクなどの支払い方法をクレジットカードに設定している場合は、**各契約先に解約または支払い方法の変更を依頼**します。

●年会費がかかるカードの場合は？

年会費はクレジットカードを解約するまでかかります。亡くなった人の

クレジットカードが年会費のかかるカードの場合は、**年会費が引き落とされる期限以前に解約**しましょう。

●家族カードや付帯カードの場合は？

亡くなった人が本会員（代表会員）の場合、亡くなった人がクレジットカードを解約すると、家族カード、ETC、PASMO、Suicaなどの付帯カードも同時に解約になります。

なお、**家族カードのみの引き継ぎはできないので、新規に本会員として登録手続きが必要**です。

●電子マネー機能付きカードの場合は？

PASMOやSuicaなどの定期券が搭載されているカードは、**必ず定期券発売所で退会手続き**を行いましょう。

●クレジットカードにポイント・マイルが貯まっている場合は？

クレジットカードのポイントは、解約すると失効する場合が多いです。

ただし、JALやANAなどのマイルが貯まるクレジットカードの場合、マイルは相続の対象になります。**詳しい手続きなどは、必ずクレジットカード会社に連絡して確認**しましょう。

●リボ払いや分割払いなどの未払い分がある場合は？

亡くなった人がクレジットカードでリボ払いや分割払い、キャッシングなどを利用していた場合、未精算金や返済額などの未払い分が残っていることがあります。

これらの**未払い分は「マイナスの相続財産（債務控除の対象）」**になります。よって、相続人が相続放棄をしない限り、支払う義務が生じます。クレジットカード会社から未払金の請求が届いた場合、相続人は支払わなければなりません。

明細書は相続税を計算するときに使うので、大切に保管しましょう。

亡くなった人のローン残高を調べたい場合

亡くなった人のカードローンや借金がどこにあるかわからない場合、また、どの会社で契約していたかわからない場合には、信用情報機関を利用しましょう。

信用情報機関には金融機関、クレジットカード会社、消費者金融などが加盟しており、信用情報が共有されています。

主な信用情報機関は次の通りです。

主な信用情報機関

クレジット会社からの借入	**CIC（クレジット・インフォメーション・センター）** https://www.cic.co.jp/mydata/index.html
金融機関からの借入	**全国銀行協会** https://www.zenginkyo.or.jp/pcic/open/
消費者金融からの借入	**日本信用情報機構** https://www.jicc.co.jp/kaiji/

利用する場合は、開示請求の方法や必要な書類などが、各ウェブサイトに詳しく記載されていますので確認してください。

また、**亡くなった人の開示申し込み手続きができるのは、法定相続人と法定相続人の代理人など**です。

POINT

クレジットカード会社によって解約手続きは異なるので、必ず亡くなった人が利用していたクレジットカード会社に連絡を入れて、解約手続きの方法を確認しましょう。

Part 4

身近な人が亡くなったときの相続手続きのキホン！

亡くなった世帯主が会社の「社会保険」に加入していた場合、家族は加入資格を失うので速やかに「国民健康保険」または別の「社会保険」に加入する。

保険証の返却期限は「国民健康保険」「後期高齢者医療制度」は亡くなった日から「14日以内」、「社会保険」は亡くなった日から「5日以内」。

介護保険資格喪失届の手続きは、亡くなった日から「14日以内」に、亡くなった人の居住していた市区町村の役所に「介護保険資格喪失届」「介護保険被保険者証」を持参または郵送で提出。

遺族年金の請求手続きは、役所か年金事務所などの窓口に「年金請求書」と「必要書類」を提出。日本年金機構から「年金証書・年金決定通知書」が届いて、約1カ月から2カ月後には年金の振り込みが開始。

生命保険契約照会制度とは、亡くなった人の生命保険契約の手がかりがないときに、法定相続人などが亡くなった人の保険契約の有無を一括で確認できるサービス。

亡くなった人が契約していた電気、ガス、水道、またインターネット、携帯電話、サブスク（サブスクリプション）など、生活する上で利用していたものについても契約の変更・解約手続きが必要！

クレジットカード会社によって解約手続きは異なるので、必ず亡くなった人が利用していたクレジットカード会社に連絡を入れて、解約手続きの方法を確認する。

Part

5

相続税の申告と納税の準備をしよう

相続財産に相続税がかかる場合は、
亡くなったことを知った日の翌日から10カ月以内に、
亡くなった人の住所地の管轄税務署で
相続税の申告と納付をする。
Part 5では、相続税の申告にまつわるアレコレをご紹介!

相続税の申告書を作成する！

ちなみに、納付は
各相続人が税務署
に支払うからね。
納付方法は
けっこういろいろ
あるのよね
クレジットカード
納付
コンビニ
納付
税務署の
窓口
銀行の
窓口
ダイレクト
納付
インターネット納付
もし、相続税の
申告・納付の
必要があるのに、
税務署へ申告
しなかったら、
税額の5%から
20%の「無申告
加算税」が取
られちゃうよ！
きびしい!!

といっても
申告書の作成が
大変そうで…
できるか不安
かも
申告書

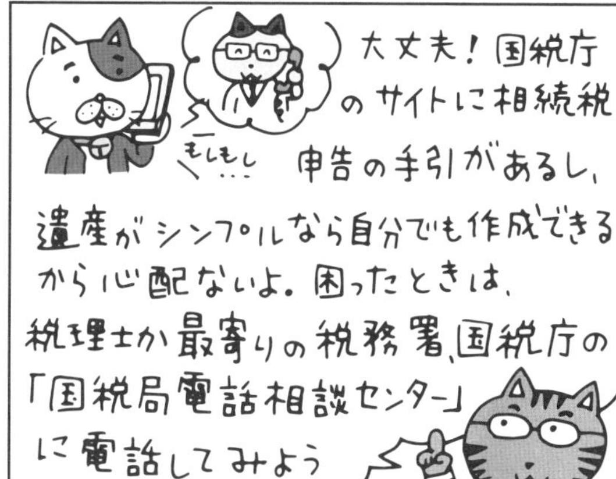
もしもし…
大丈夫！国税庁
のサイトに相続税
申告の手引があるし、
遺産がシンプルなら自分でも作成できる
から心配ないよ。困ったときは、
税理士か最寄りの税務署、国税庁の
「国税局電話相談センター」
に電話してみよう

それでは、相続税の
申告の流れを
お教えしましょう！
申告書
申告書
よろしく

01 「相続税の申告」ってどうするの？

税務調査で指摘されてから相続税の申告をした場合は、ペナルティとして納付税額に対して最大で20%の「無申告加算税」が徴収されます。

相続税の申告・納付期限

相続財産に相続税がかかる場合は、原則として**亡くなったことを知った日の翌日から10カ月以内に、亡くなった人の住所地を管轄する税務署で相続税の申告と納付**を行います。納付は原則、**現金で一括納付**です。

なお**「小規模宅地等の特例」**や**「配偶者の税額軽減」などを活用する場合には、相続税がかからなくても「相続税の申告」は必要**です。**相続税の申告をしなければ、これらの特例は受けられません**ので、たとえ税額ゼロであっても、必ず相続税の申告をしましょう。

相続開始から10カ月以内に相続税の申告と納付

亡くなったことを知った日の翌日から
10カ月以内に相続税の申告と納付

2024年11月10日
亡くなった日

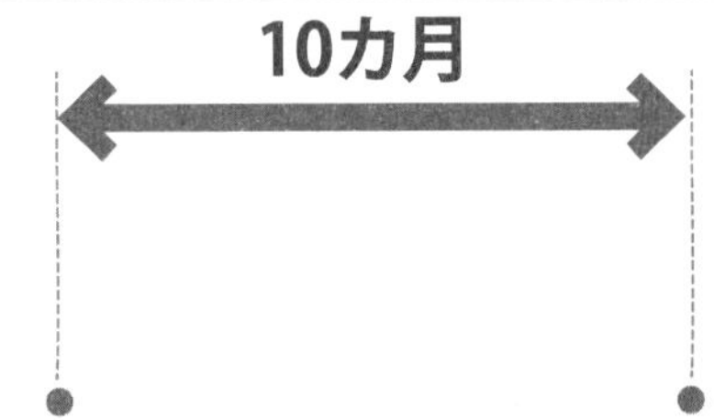

2024年11月10日
相続開始を
知った日

2024年11月11日
相続開始を
知った日の翌日

2025年9月10日
相続税の申告書
提出・納付期限

相続税の申告をしないと、どうなるの?

相続税の申告と納付の必要があるのに申告せずに、税務署の税務調査で指摘されてから申告した場合は、ペナルティとして納付税額に対して15%の**「無申告加算税」が徴収**され、納付税額が50万円を超える部分に対しては、**20%の無申告加算税が徴収**されます。納付税額が大きい場合は、無申告加算税も大きい金額になるので、遺産分割が相続税の申告期限に間に合わない場合には、必ず**「未分割の状態の相続税の申告書」**と**「申告期限後3年以内の分割見込書」**を提出しましょう。

また、納付期限に納付が間に合わなかった場合も、納付期限の翌日から納付した日までの日数に応じて計算した**「延滞税」**が徴収されます。

2023年度の場合、延滞税は納付期限の翌日から2カ月間は納付税額に対して年率2.4%ですが、2カ月を経過すると年率が8.7%にぐっと跳ね上がるので注意してください。

この他にも、実際の相続財産額より少ない額で申告した場合は、**不足していた納付税額に対して最大で15%の「過少申告加算税」が徴収**されます。

さらに、故意に財産隠しをして申告内容をごまかした場合には、不足していた**納付税額に対して最大で40%の「重加算税」が徴収**されます。

繰り返しますが、**「小規模宅地等の特例」**や**「配偶者の税額軽減」などの適用を受ける場合には、相続財産が基礎控除額を下回った場合でも、相続税の申告が必要**です。

POINT

相続税の申告が間に合わない場合には必ず「未分割の状態の相続税の申告書」と「申告期限後3年以内の分割見込書」を提出しましょう。

02 相続税の申告書に必要な書類は？

相続税の申告書に添付する書類は、提出する人の申告内容や特例の利用の有無によってパターンが変わります。自身の申告書に必要な添付書類を確認して、漏れのないように提出しましょう。

「相続税の申告書」の提出方法

「相続税の申告書」は税務署へ行って入手するか、国税庁のウェブサイトからダウンロードしてプリントアウトしましょう。なお、申告書は毎年更新されるので、必ず申告年度のものを使用してください。

相続税の申告書は原則、相続人全員で作成します。申告書に必要事項を記入して作成したら、紙による申請の場合は**「亡くなった人の住所地を管轄する税務署」**に持参、または**「郵送」**で提出します。e-Taxの場合は、**「e-Taxソフト」**で電子申請します。e-Taxソフトを利用するときは、マイナンバー

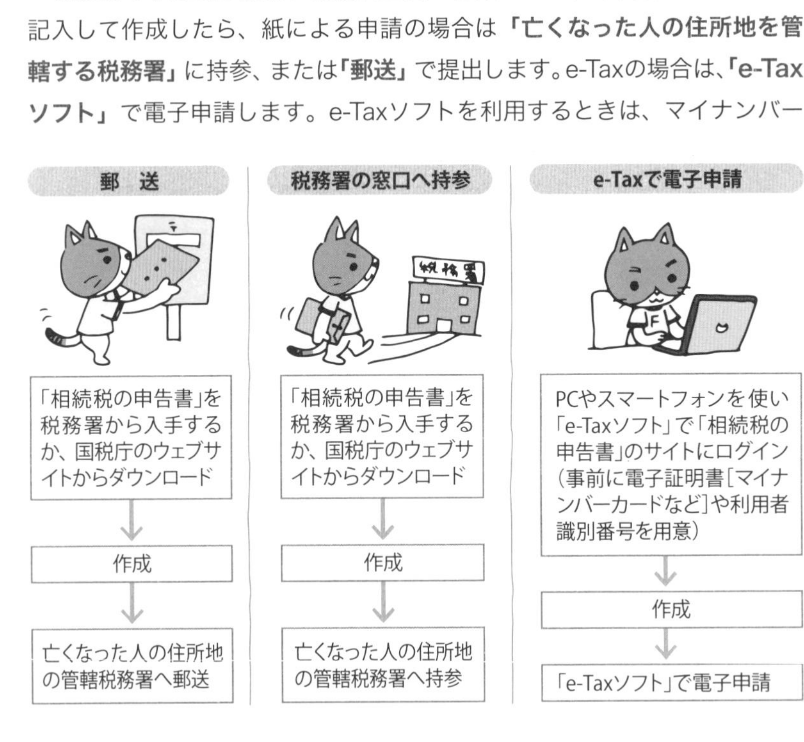

カードとICカードリーダーライタか、e-Tax用のIDとパスワードが必要です。

なお、**税務署では相続税の申告書に記入したマイナンバー（個人番号）について本人確認を行う**ので、郵送の場合は本人確認書類（**「マイナンバー確認」と「本人確認書類」**）のコピーの添付が必要です。

税務署の窓口で相続税の申告書を提出する場合は、本人確認書類のコピーに代えて原本の提示でもかまいません。また、e-Taxソフトの場合は本人確認書類のコピー提出や提示の必要はありません。

「相続税の申告書」を提出するときに必要な本人確認書類

マイナンバー確認書類	・マイナンバーカード（個人番号カード）の裏面コピー ・通知カードのコピー ・住民票の写し（マイナンバー記載のもの）　……など
本人確認書類	・マイナンバーカード（個人番号カード）の表面コピー ・運転免許証のコピー ・身体障害者手帳のコピー ・パスポートのコピー ・公的医療保険の被保険者証のコピー　……など

「相続税の申告書」に必要な添付書類

相続税の申告書に添付する書類は、**提出する人の申告内容や特例の利用の有無によってパターンが変わります。**自身の申告書に必要な添付書類は事前に準備して、わからないときは税務署に確認してから提出しましょう。相続税の申告書に添付する主な提出書類は次の通りです。なお、重複する書類がある場合は、重ねて提出する必要はありません。

相続税の申告書に添付する主な提出書類

●一般の場合（特例などの適用を受けていない場合）

❶次のいずれかの書類

・亡くなった人のすべての相続人を明らかにする戸籍謄本（相続開始日から10日を経過した日以降に作成されたもの）

・法定相続情報一覧図の写し（子の続柄が実子または養子のいずれかであるかがわかるように記載されたものに限る）

・亡くなった人に養子がいる場合は、養子の戸籍謄本または戸籍抄本

❷遺言書のコピーまたは遺産分割協議書のコピー

●相続時精算課税適用者がいる場合

❶次のいずれかの書類

・亡くなった人のすべての相続人を明らかにする戸籍謄本（相続開始日から10日を経過した日以降に作成されたもの）

・法定相続情報一覧図の写し（子の続柄が実子または養子のいずれかであるかがわかるように記載されたものに限る）

・亡くなった人に養子がいる場合は、養子の戸籍謄本または戸籍抄本

❷遺言書のコピーまたは遺産分割協議書のコピー

❸亡くなった人の戸籍の附票の写し（相続開始の日以降に作成されたもの）

●相続開始の年に亡くなった人から贈与によって取得した特定贈与財産の価額について贈与税の課税価格に算入する（相続税の課税価格に加算しない）場合

①登記事項証明書などで贈与を受けた人が居住用不動産を取得したことを証する書類（不動産番号の記載のある書類の添付によりこれに代えることができる）

②贈与を受けた配偶者の戸籍の附票の写し（亡くなった人からの贈与を受けた日から10日を経過した日以後に作成されたもの）

●配偶者の税額軽減の適用を受ける場合

❶次のいずれかの書類

・亡くなった人のすべての相続人を明らかにする戸籍謄本（相続開始日から10日を経過した日以降に作成されたもの）

・法定相続情報一覧図の写し（子の続柄が実子または養子のいずれかであるかがわかるように記載されたものに限る）

・亡くなった人に養子がいる場合は、養子の戸籍謄本または戸籍抄本

❷遺言書のコピーまたは遺産分割協議書のコピー

❸相続人全員の印鑑登録証明書（遺産分割協議書に押印したもの）

❹申告期限後３年以内の分割見込書（申告期限内に分割ができない場合に提出）

●小規模宅地等の特例の適用を受ける場合

小規模宅地等の特例の適用を受ける場合は次の❶から❹の書類の提出と、❺から❽の中から特例を受ける宅地の区分に応じた書類を提出

❶次のいずれかの書類

・亡くなった人のすべての相続人を明らかにする戸籍謄本（相続開始日から10日を経過した日以降に作成されたもの）

・法定相続情報一覧図の写し（子の続柄が実子または養子のいずれかであるかがわかるように記載されたものに限る）

・亡くなった人に養子がいる場合は、養子の戸籍謄本または戸籍抄本

❷遺言書のコピーまたは遺産分割協議書のコピー

❸相続人全員の印鑑登録証明書（遺産分割協議書に押印したもの）

❹申告期限後３年以内の分割見込書（申告期限内に分割ができない場合に提出）

❺特定居住用宅地等に該当する宅地等

1：次に掲げる亡くなった人の親族（配偶者を除く）が、亡くなった人等の居住の用に供されていた宅地等について特例の適用を受ける場合

○亡くなった人の居住の用に供されていた一棟の建物に居住していた親族

○亡くなった人と生計を一にしていた親族

・特例の適用を受ける宅地等を自己の居住の用に供していることを明らかにする書類（特例の適用を受ける人がマイナンバー［個人番号］を持っている場合には提出不要）

2：亡くなった人の親族で、相続開始前３年以内に一定の要件を満たした人が、亡くなった人の居住していた宅地等について特例の適用を受ける場合

・相続開始前３年以内における住所または居所を明らかにする書類（特例の適用を受ける人がマイナンバー［個人番号］を持っている場合には提出不要）

・相続開始前３年以内に居住していた家屋が、自分や配偶者、三親等

内の親族または特別の関係がある一定の法人の所有する家屋以外の家屋であることを証明する書類

・相続開始時において、自分が住んでいる家屋を相続開始前のいずれのときにおいても所有していたことがないことを証明する書類

3：亡くなった人が養護老人ホームに入所していた場合などの宅地等について特例の適用を受ける場合

・亡くなった人の戸籍の附票の写し（相続開始の日以降に作成されたもの）

・介護保険の被保険者証のコピーや障害者の日常生活及び社会生活を総合的に支援するための法律第22条第８項に規定する障害福祉サービス受給者証のコピーなど、亡くなった人が要介護認定、要支援認定を受けていたこと、もしくは障害支援区分の認定を受けていたことを証明する書類

・福祉施設への入所時における契約書のコピーなど、亡くなった人が相続開始の直前において入所していた施設の名称及び所在地並びにその施設が老人福祉法等の要件を満たした福祉施設であることを証明する書類

❻特定事業用宅地等に該当する宅地等

一定の郵便局舎の敷地の用に供されている宅地等の場合には、総務大臣が交付した証明書

❼特定同族会社事業用宅地等に該当する宅地等

・特例の対象となる法人の定款（相続開始の時に効力を有するものに限る）のコピー

・特例の対象となる法人の相続開始の直前における発行済株式の総数または出資の総額及び亡くなった人及びその親族その他、亡くなった人と特別の関係がある者が有するその法人の株式の総数または出資の総額を記載した書類（特例の対象となる法人が証明したものに限る）

❽貸付事業用宅地等に該当する宅地等

貸付事業用宅地等が相続開始前３年以内に新たに亡くなった人等の貸付事業の用に供されたものであるときには、亡くなった人等が相続開始の日まで３年を超えて特定貸付事業を行っていたことを証明する書類

（引用文献：国税庁「（参考）相続税の申告の際に提出していただく主な書類」、https://www.nta.go.jp/publication/pamph/sozoku/shikata-sozoku2023/pdf/E11.pdf）

相続税の納付方法は?

相続税の納付方法は、**各相続人が所定の納付書を使って、税務署の窓口か金融機関などで原則、現金で一括納付**します。なお、**相続人のうち1人がまとめて相続税を負担すると、他の相続人への贈与になる**ので気を付けましょう。ただし、相続税には**連帯納付義務**があるので、相続人の中で納税しない人がいる場合は、他の相続人が代わって相続税を納める必要があります。この場合、本来相続税を支払うべき相続人にお金がないときは、他の相続人が相続税を負担しても贈与税は課税されません。

相続税の納付手続きの方法

納付手続き	納付方法
窓口納付	管轄の税務署や金融機関の窓口で納付する方法
クレジットカード納付	「国税クレジットカードお支払いサイト」から納付する方法 (カード利用限度額など制限あり)
コンビニ納付(QRコード)	国税庁ウェブサイトやe-TaxでQRコードを作成して、対応するコンビニエンストアで納付する方法 (対応できるコンビニは限定的、30万円以下の制限あり)
ダイレクト納付	e-Taxにより電子申告したあと、あらかじめ登録していた預金口座から納付日(ただし納付期限より前)を指定して引き落とす方法
インターネットバンキング納付	インターネットバンキングから納付する方法
スマホアプリ納付	「国税スマートフォン決済専用サイト」から納付する方法。 ただし、利用金額は30万円以内

POINT

相続人のうち1人がまとめて相続税を負担すると、他の相続人への贈与になる場合があるので気を付けましょう!!

03 相続税の納付は分割払いができる?

相続税の納付は、一定の条件を満たしていれば「延納制度」を使って分割納付ができます。その場合、相続税の申告期限までに亡くなった人の管轄税務署に「相続税延納申請書」を提出します。

「延納制度」で相続税の分割納付をする場合

相続税の納付は、現金で一括納付が原則です。ただ、相続財産が不動産のみの場合は、相続税の申告・納付期限までにまとまった現金を用意するのは大変です。その際、次の**一定の条件を満たしていれば「延納制度」を使って分割納付**ができます。延納制度を利用する場合は、**相続税の申告期限までに亡くなった人の管轄税務署に「相続税延納申請書」を提出**し、延納税額が100万円以上または延納期間が３年以上の場合は、**担保も提供**する必要があります。

相続税の延納の条件

- 相続税額が10万円を超えていること
- 金銭で納付することが困難な金額の範囲内であること
- 「延納申請書」及び「担保提供関係書類」を期限までに提出すること
- 延納税額及び利子税の額に相当する担保を提供すること（延納税額が100万円以下で、かつ延納期間が３年以内の場合、担保は不要）
  - ○担保として提供できる財産：国債、地方債、社債、土地、建物、立木、登記されている船舶などで保険に付したもの。また、税務署長が確実と認める保証人の保証など

その後、延納申請期限から３カ月以内に税務署が審査をして、延納の許可または却下の判断を行います。ただし、相続税の延滞税や加算税、連帯納付責任額については延納の対象にはなりません。

また、**延納には「利子税」がかかります。**取得した相続財産の不動産の

割合によって、延納期間と延納の利子税は次のように決められています。

延納期間と利子税

区分		延納期間（最高）	利子税（年割合）
不動産等の割合が75%以上の場合	不動産等に対応する延納相続税額	20年	3.6%
	不動産以外の財産（現金、商品など）に対応する延納相続税額	10年	5.4%
不動産等の割合が50%以上75%未満の場合	不動産等に対応する延納相続税額	15年	3.6%
	不動産以外の財産に延納相続税額	10年	5.4%
不動産等の割合が50%未満の場合	財産（立木以外）に対応する延納相続税額	5年	6.0%

加えて、相続税延納申請には次の書類を税務署に提出します。

相続税延納申請に必要な提出書類

提出書類	内容
相続税延納申請書	「延納申請税額」「分納税額、分納期限及び分納税額の計算の明細」「各種確約書」など
金銭納付を困難とする理由書	「金銭納付を困難とする理由書」を作成する際に使った源泉徴収票や預貯金通帳のコピーなどの資料を添付する
延納申請書別紙（担保目録及び担保提供書）	担保の種類ごとに申請書を作成
不動産等の財産の明細書	不動産等の価額の割合が75%未満の場合は提出不要
担保提供関係書類	土地や建物の登記事項証明書や印鑑登録証明書など
担保提供関係書類提出期限延長届出書	提出期限までに書類がそろわない場合

「相続税延納申請書」

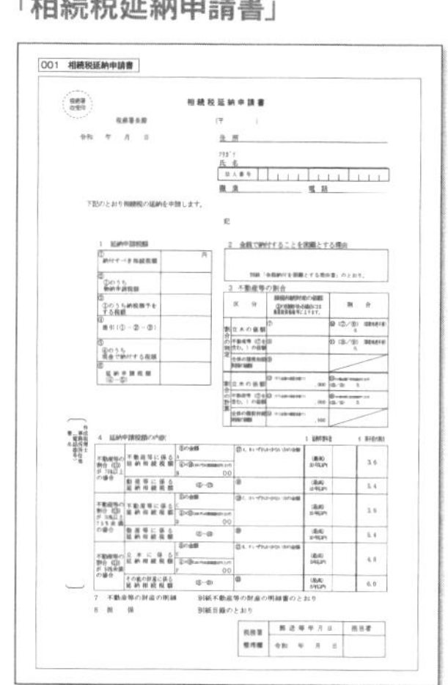
001 相続税延納申請書

相続税延納申請書

＊各様式は税務署で入手するか、国税庁ウェブサイト（https://www.nta.go.jp）からダウンロードできる

POINT

延納税額及び利子税額に相当する担保の提供は、延納税額が100万円以下で、かつ延納期間が3年以内の場合ならば不要です！

04 相続税を現物払いで納付する?

現物払い(物納)を利用する場合は、相続税の申告期限までに亡くなった人の管轄税務署に「相続税物納申請書」と「物納手続関係書類」を提出します。

相続税を物納?

相続税を延納しても現金で支払えない場合は**「物納制度」**という方法があります。**相続税の物納は納税方法が他にない場合に限られ、一定の条件を満たす必要**があります。次のすべての条件に当てはまる場合は、相続税の物納が認められます。なお、**物納による納税は相続人ごとに審査**されます。

相続税の物納の条件

- 延納しても金銭での納付が困難な金額の範囲であること
- 物納申請財産が国内にあり、一定の条件を満たす財産であること
- 「相続税物納申請書」と「物納手続関係書類」を期限までに提出すること
- 物納申請財産が物納に充てることができる財産であること
  (管理処分不適格財産ではないこと)

相続税で物納できる財産は次の通りです。

物納できる財産の種類と順位

順位	国内にある物納できる財産の種類
第1順位	不動産、船舶、国債、地方債証券、上場株式等
第2順位	非上場株式等
第3順位	美術品、骨董品、自動車などの動産

これらの財産がない場合、**法令の規定に違反した建物や敷地などの「物納劣後財産」を物納する**ことが認められます。ただし、抵当権などが付けられている財産や係争中の財産、他人との共有財産などの財産(管理処分

不適格財産）は物納できません。また、物納する財産は物納申請税額を超えていないものです。とはいえ、「他に財産がなくて分割できない財産」と税務署長が判断した場合は、物納申請税額を超える財産の物納も認められます。なお、**納期限または納付すべき日の翌日から物納財産を納付するまでの期間については利子税がかかります**。ただし、税務署の審査期間などの手続きに要する期間については、利子税は免除されます。

物納を利用する場合は、**相続税の申告期限までに亡くなった人の管轄税務署に「相続税物納申請書」と「物納手続関係書類」を提出**します。

また、相続税の物納申請をする場合に提出する主な書類は次の通りです。

相続税物納申請に必要な提出書類

提出書類	内容
相続税 物納申請書	「相続税物納申請書」 「各種確約書」計2枚
金銭納付を 困難とする理由書	「金銭納付を困難とする理由書」を作成する際に使った源泉徴収票や預貯金通帳のコピーなどの資料を添付する
物納財産目録	物納の種類ごとに目録を作成
物納手続関係書類	土地や建物の登記事項証明書や各種図面など
物納劣後財産等を 物納に充てる理由書	物納劣後財産である場合
物納手続関係書類 提出期限延長届出書	提出期限までに書類がそろわない場合

「相続税物納申請書」

＊各様式は税務署で入手するか、国税庁ウェブサイト（https://www.nta.go.jp）からダウンロードできる

物納の審査には厳しい条件があり、2003年度の申請件数4,775件から、2022年度は52件と実際に利用している人は大幅に減少しています。利用する場合は、税理士や税務署に相談してから決めましょう。

POINT

物納は、延納によっても金銭で納付することが困難な場合、一定の厳しい条件を満たすことで認められるものです。

05 相続税の申告税額を間違えた場合はどうするの?

税務署へ相続税を少なく申告した場合は「修正申告」を行い、不足分の税金を支払います。逆に相続税を多く申告した場合は「更正の請求」を行い、払いすぎた税金を還付してもらいます。

申告を間違えたら「修正申告」か「更正の請求」を行う

相続税の申告後、「財産評価額の計算ミス発覚」や「相続税の申告期限後に遺産分割が成立した」「他の財産が見つかった」などの場合には、再度申告をやり直します。その際、税務署へ相続税を少なく申告した場合は**「修正申告」を行い、不足分の税金を支払い**ます。逆に相続税を多く申告した場合には**「更正の請求」を行い、払いすぎた税金を還付**してもらいます。

相続税の申告期限以降に修正申告をした場合、納付する日まで延滞税などがかかるので、気付いたらすぐに修正申告を行いましょう。また、納付税額の不足分を税務署から指摘された場合は、過少申告加算税215ページ参照がプラスで課せられるので気を付けましょう。なお、修正申告に期限はありませんが、**更正の請求には期限があり、原則、相続税の申告期限から５年以内**です。

ただし、次のような事情がある場合は、**その事実が発生したことを知った日の翌日から４カ月以内に「更正の請求」を行う必要**があります。

- 相続税の申告期限後に遺産分割が成立したとき
- 相続税の申告期限後に遺産分割が成立し、特例が適用になったとき
- 遺留分侵害額が確定したとき
- 新たな遺言書の発見や遺贈の放棄があったとき
- 相続人の異動があったとき(非嫡出子の認知、相続放棄の取り消しなど)

修正申告をする場合は、**亡くなった人の住所地を管轄する税務署に「相続税の修正申告書」「本人確認書類」などを提出**します。一方、更正の請

求をする場合は、亡くなった人の住所地を管轄する税務署に「相続税の更正の請求書」「申告または通知に係る税額及び更正の請求による課税標準等または税額等（相続税）」「更正の請求をするに至った事情を証明する資料」「本人確認書類」「相続税の修正申告書」などを提出します。

相続税の「修正申告」と「更正の請求」に必要な主な提出書類

	修正申告	更正の請求
主な提出書類	「相続税の修正申告書」「本人確認書類」など	「相続税の更正の請求書」「申告または通知に係る税額及び更正の請求による課税標準等または税額等（相続税）」「更正の請求をするに至った事情を証明する資料」「本人確認書類」「相続税の修正申告書」など

「相続税の修正申告書」

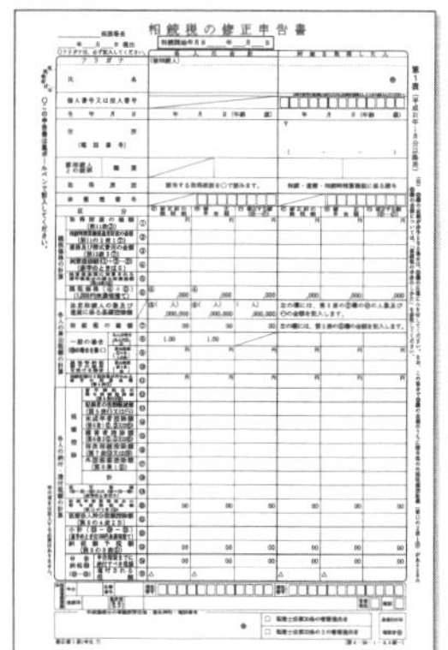

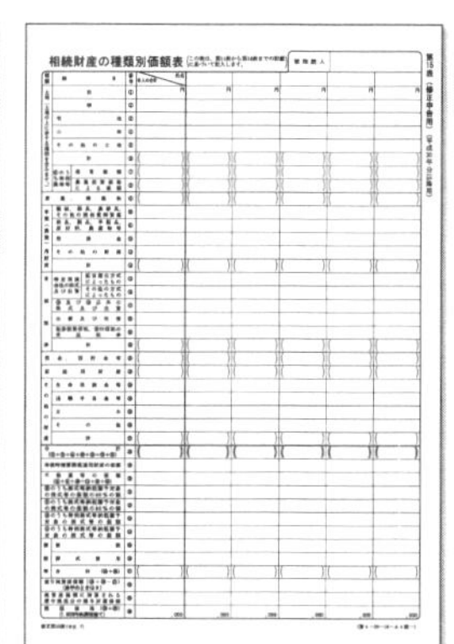

「相続税の更正の請求書」

＊各様式は税務署で入手するか、国税庁ウェブサイト（https://www.nta.go.jp）からダウンロードできる

POINT

更正の請求は原則、相続税の申告期限から5年以内ですが、特別な事情がある場合は、その事実が発生した日の翌日から4カ月以内に手続きを行う必要があります。

06 相続税の申告書の書き方

相続税の申告書は相続財産の内容などによって必要な申告書類が異なります。 申告書の枚数も多いので、早めの準備がキモです!!

相続税の申告書は自分に必要な書類を選んで記入

相続税の申告書は第１表から第15表まであります。

相続税の申告をする人が共通で作成する書類は、第１表、第２表、第11表、第13表、第15表です。それ以外は、相続財産の内容などによって必要な申告書類が変わるので、各自が選んで作成します。なお、相続税の申告書の書き方には順番があります。簡単にいうと、第１表から作成するわけではなく、第４表から第15表の計算書や明細書をとりまとめたものを、最終的に記入するのが第１表です。相続税の申告書の書き方は難しいと思われがちですが、相続財産がシンプルであれば自分でも作ることができます。

相続税の申告書を作成する順序

相続税の申告書の作成がスムーズにいく基本的な順序は次の３つです。

１つ目に、すべての相続財産の内容と評価額を計算して、第９表から第15表の中で必要な書類に記入します。**２つ目に、適用を受けた相続税の税額控除などを第４表から第８表の中で必要な書類を使って計算し、記入**します。**３つ目に、１つ目と２つ目に記入したものをまとめてから、相続税額を計算して第１表、第２表に記入**します。

相続税の申告書は枚数が多く、戸籍謄本などの書類も添付して提出するので手間と時間がかかります。基本的に相続税の申告書は相続人全員で作成するので、各相続人は事前に必要書類などの準備を早めにしておきましょう。また作成後、申告書に不備がないか、必要な書類を忘れていないかなど、チェックを必ず行いましょう。

相続税の申告書の作成手順

すべての相続財産の内容と評価額を計算

第９表「生命保険金などの明細書」：生命保険金を相続した場合
第10表「退職手当金などの明細書」：死亡退職金を相続した場合

↓

第11表「相続税がかかる財産の明細書」：第９表、第10表、第11の２表、第11・11の２表の付表1をまとめる
- 相続時精算課税制度の適用を受けている人がいる場合は「第11の２表」を使う
- 小規模宅地等の特例の適用を受けている人がいる場合は「第11・11の２表の付表1」を使う

↓

第13表「債務及び葬式費用の明細書」：債務や葬儀費用がある場合
第14表「純資産価額に加算される暦年課税分の贈与財産価額及び特定贈与財産価額・出資持分の定めのない法人などに遺贈した財産・特定の公益法人などに寄附した相続財産・特定公益信託のために支出した相続財産の明細書」：相続開始前３年以内の贈与（2024年１月１日以降は段階的に７年以内の贈与）を受けた場合など

↓

第15表「相続財産の種類別価額表」：相続財産を種類ごとにまとめる

適用を受けた相続税の税額控除などの計算

第４表「相続税額の加算金額の計算書」：相続税額の２割加算がある場合
第４表の２「暦年課税分の贈与税額控除額の計算書」：相続開始前３年以内の贈与（2024年１月１日以降は段階的に７年以内の贈与）を受けて、贈与税を支払っていた場合
第５表「配偶者の税額軽減額の計算書」：配偶者の税額軽減の適用を受けた場合
第６表「未成年者控除額・障害者控除額の計算書」：未成年者控除・障害者控除の適用を受けた場合
第７表「相次相続控除額の計算書」：相次相続控除の適用を受けた場合
第８表「外国税額控除額・農地等納税猶予税額の計算書」：外国税額控除などの適用を受けた場合

↓

第２表「相続税の総額の計算書」：相続税の総額を計算
第１表「相続税の申告書」：課税価格、相続税額の計算
（第４表から第15表をまとめたものを第１表と第２表に転記し、相続税額を計算する）

「相続税の申告書」の書き方の流れ

「第9表　生命保険金などの明細書」の記入例

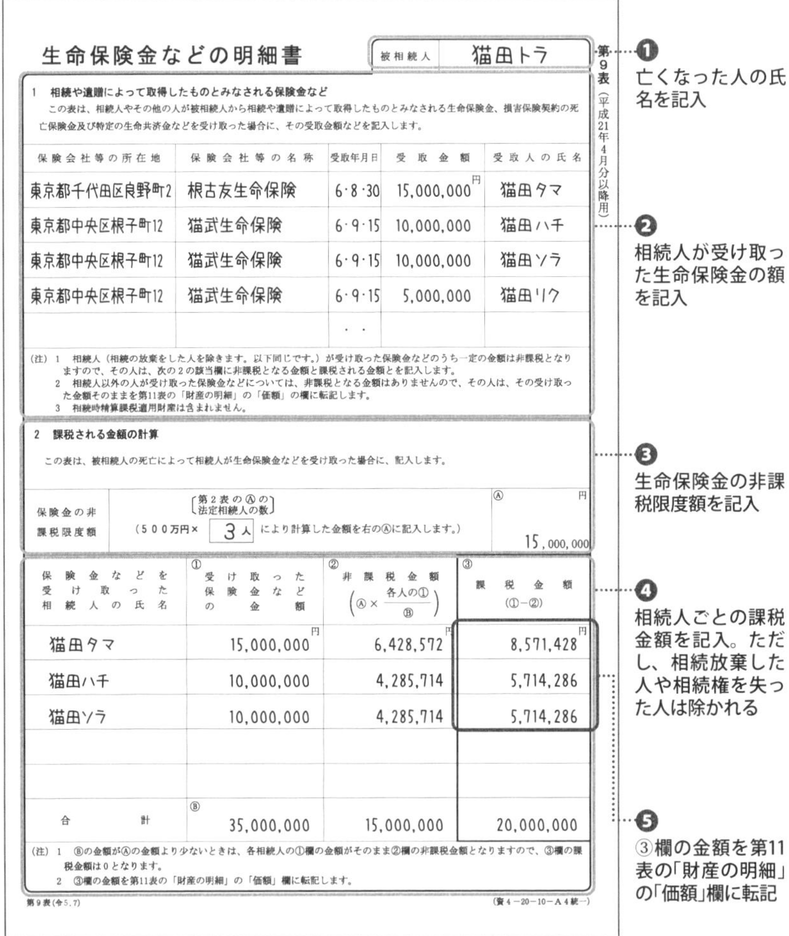

生命保険金などの明細書

被相続人	猫田トラ

第9表（平成21年4月分以降用）

1　相続や遺贈によって取得したものとみなされる保険金など

この表は、相続人やその他の人が被相続人から相続や遺贈によって取得したものとみなされる生命保険金、損害保険契約の死亡保険金及び特定の生命共済金などを受け取った場合に、その受取金額などを記入します。

保険会社等の所在地	保険会社等の名称	受取年月日	受取金額	受取人の氏名
東京都千代田区良野町2	根古友生命保険	6・8・30	15,000,000円	猫田タマ
東京都中央区根子町12	猫武生命保険	6・9・15	10,000,000	猫田ハチ
東京都中央区根子町12	猫武生命保険	6・9・15	10,000,000	猫田ソラ
東京都中央区根子町12	猫武生命保険	6・9・15	5,000,000	猫田リク
		・・		

（注）1　相続人（相続の放棄をした人を除きます。以下同じです。）が受け取った保険金などのうち一定の金額は非課税となりますので、その人は、次の2の該当欄に非課税となる金額と課税される金額とを記入します。
2　相続人以外の人が受け取った保険金などについては、非課税となる金額はありませんので、その人は、その受け取った金額そのままを第11表の「財産の明細」の「価額」の欄に転記します。
3　相続時精算課税適用財産は含まれません。

2　課税される金額の計算

この表は、被相続人の死亡によって相続人が生命保険金などを受け取った場合に、記入します。

保険金の非課税限度額	（500万円×〔第2表のⒶの法定相続人の数〕 3人 により計算した金額を右のⒶに記入します。）	Ⓐ 15,000,000円

保険金などを受け取った相続人の氏名	① 受け取った保険金などの金額	② 非課税金額（Ⓐ×各人の①/Ⓑ）	③ 課税金額（①−②）
猫田タマ	15,000,000円	6,428,572円	8,571,428円
猫田ハチ	10,000,000	4,285,714	5,714,286
猫田ソラ	10,000,000	4,285,714	5,714,286
合計	Ⓑ 35,000,000	15,000,000	20,000,000

（注）1　Ⓑの金額がⒶの金額より少ないときは、各相続人の①欄の金額がそのまま②欄の非課税金額となりますので、③欄の課税金額は0となります。
2　③欄の金額を第11表の「財産の明細」の「価額」欄に転記します。

第9表（令5.7）　（資4−20−10−A4統一）

「第10表　退職手当金などの明細書」の記入例

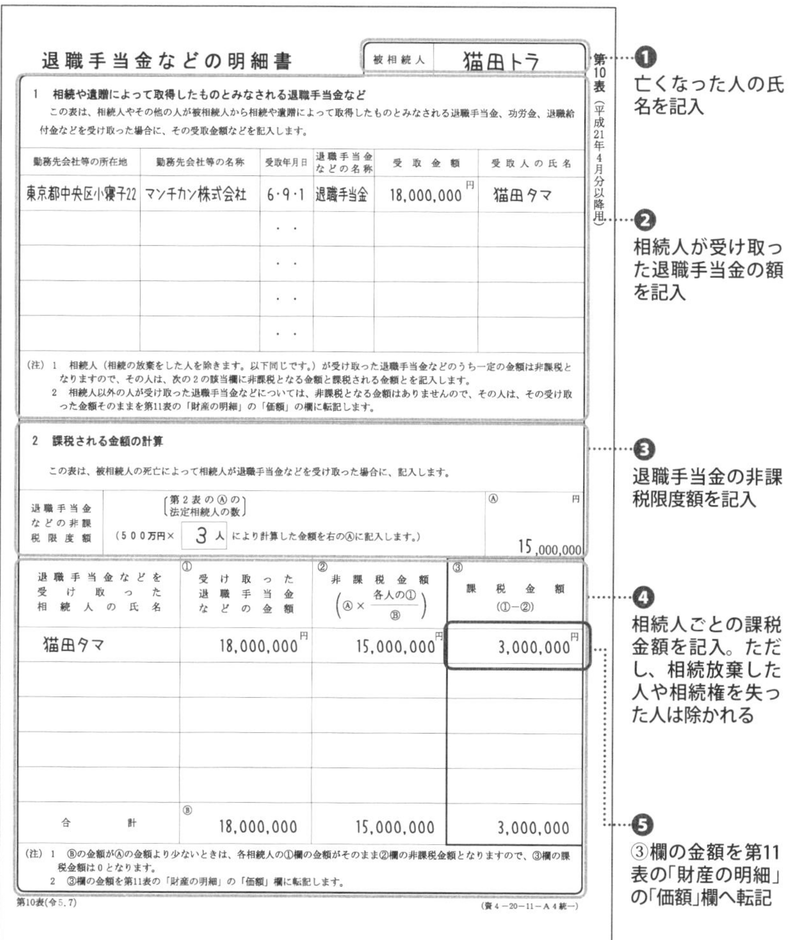

退職手当金などの明細書　被相続人　猫田トラ

第10表（平成21年4月分以降用）

1　相続や遺贈によって取得したものとみなされる退職手当金など

この表は、相続人やその他の人が被相続人から相続や遺贈によって取得したものとみなされる退職手当金、功労金、退職給付金などを受け取った場合に、その受取金額などを記入します。

勤務先会社等の所在地	勤務先会社等の名称	受取年月日	退職手当金などの名称	受取金額	受取人の氏名
東京都中央区小寝子22	マンチカン株式会社	6・9・1	退職手当金	18,000,000円	猫田タマ
		・・			
		・・			
		・・			
		・・			

（注）1　相続人（相続の放棄をした人を除きます。以下同じです。）が受け取った退職手当金などのうち一定の金額は非課税となりますので、その人は、次の2の該当欄に非課税となる金額と課税される金額とを記入します。
2　相続人以外の人が受け取った退職手当金などについては、非課税となる金額はありませんので、その人は、その受け取った金額そのままを第11表の「財産の明細」の「価額」の欄に転記します。

2　課税される金額の計算

この表は、被相続人の死亡によって相続人が退職手当金などを受け取った場合に、記入します。

退職手当金などの非課税限度額	（500万円×〔第2表のⒶの法定相続人の数〕3人）により計算した金額を右のⒶに記入します。	Ⓐ 15,000,000円

退職手当金などを受け取った相続人の氏名	① 受け取った退職手当金などの金額	② 非課税金額（Ⓐ×各人の①/Ⓑ）	③ 課税金額（①−②）
猫田タマ	18,000,000円	15,000,000円	3,000,000円
合計	Ⓑ 18,000,000	15,000,000	3,000,000

（注）1　Ⓑの金額がⒶの金額より少ないときは、各相続人の①欄の金額がそのまま②欄の非課税金額となりますので、③欄の課税金額は0となります。
2　③欄の金額を第11表の「財産の明細」の「価額」欄に転記します。

第10表(令5.7)　（資4−20−11−A4統一）

「第11の2表　相続時精算課税適用財産の明細書・相続時精算課税分の贈与税額控除額の計算書」の記入例

相続時精算課税適用財産の明細書
相続時精算課税分の贈与税額控除額の計算書

被相続人	猫田トラ

第11の2表（令和5年1月分以降用）

❶ 亡くなった人の氏名を記入

この表は、被相続人から相続時精算課税に係る贈与によって取得した財産（相続時精算課税適用財産）がある場合に記入します。

1　相続税の課税価格に加算する相続時精算課税適用財産の課税価格及び納付すべき相続税額から控除すべき贈与税額の明細

番号	① 贈与を受けた人の氏名	② 贈与を受けた年分	③ 贈与税の申告書を提出した税務署の名称	④ ②の年分に被相続人から相続時精算課税に係る贈与を受けた財産の価額の合計額（課税価格）	⑤ ④の財産に係る贈与税額（贈与税の外国税額控除前の金額）	⑥ ⑤のうち贈与税額に係る外国税額控除額
1	猫田ハチ	令和4年分	豊島税務署	10,000,000円	0円	円
2						
3						
4						
5						
6						

贈与を受けた人ごとの相続時精算課税適用財産の課税価格及び贈与税額の合計額	氏名	（各人の合計）	猫田ハチ			
	⑦ 課税価格の合計額（④の合計額）	10,000,000円	10,000,000円	円	円	円
	⑧ 贈与税額の合計額（⑤の合計額）	0	0			
	⑨ ⑧のうち贈与税額に係る外国税額控除額の合計額（⑥の合計額）					

（注）1　相続時精算課税に係る贈与をした被相続人がその贈与をした年の中途に死亡した場合の③欄は「相続時精算課税選択届出書を提出した税務署の名称」を記入してください。
2　④欄の金額は、下記2の③の「価額」欄の金額に基づき記入します。
3　各人の⑦欄の金額を第1表のその人の「相続時精算課税適用財産の価額②」欄及び第15表のその人の㉛欄にそれぞれ転記します。
4　各人の⑧欄の金額を第1表のその人の「相続時精算課税分の贈与税額控除額⑰」欄に転記します。

❷ 相続時精算課税制度を利用して贈与財産を得た場合に記入

2　相続時精算課税適用財産（1の④）の明細

（上記1の「番号」欄の番号に合わせて記入します。）

番号	① 贈与を受けた人の氏名	② 贈与年月日	③ 相続時精算課税適用財産の明細 種類	細目	利用区分、銘柄等	所在場所等	数量	価額
	猫田ハチ	4·12·30	現金預貯金等	現金預貯金等				10,000,000円

（注）1　この明細は、被相続人である特定贈与者に係る贈与税の申告書第2表に基づき記入します。
2　③の「価額」欄には、被相続人である特定贈与者に係る贈与税の申告書第2表の「財産の価額」欄の金額を記入します。ただし、特定事業用資産の特例の適用を受ける場合には、第11・11の2表の付表3の⑦欄の金額と⑦欄の金額に係る第11・11の2表の付表3の2の⑲欄の金額の合計額を、特定計画山林の特例の適用を受ける場合には、第11・11の2表の付表4の「2　特定受贈森林経営計画対象山林である選択特定計画山林の明細」の④欄の金額を記入します。

第11の2表（令5.7）　（資4－20－12－2－A4統一）

❸ 相続時精算課税制度を利用して贈与財産を得た明細を記入

「第11・11の2表の付表1　小規模宅地等についての課税価格の計算明細書」の記入例

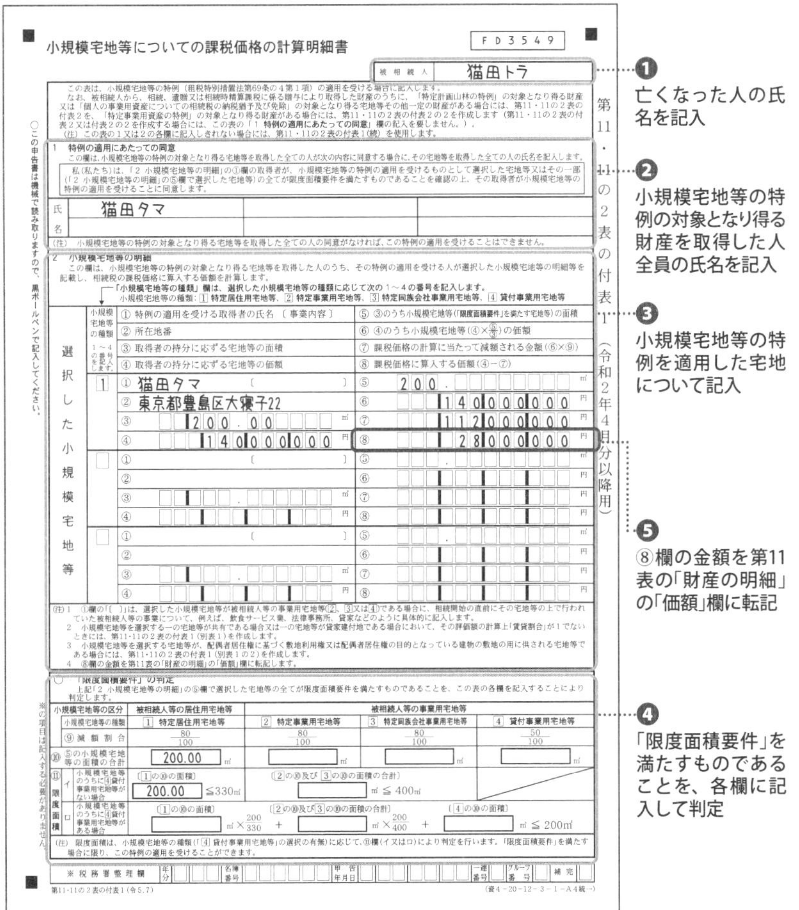

FD3549

小規模宅地等についての課税価格の計算明細書

被相続人　猫田トラ

第11・11の2表の付表1（令和2年4月分以降用）

○この申告書は機械で読み取りますので、黒ボールペンで記入してください。

この表は、小規模宅地等の特例（租税特別措置法第69条の4第1項）の適用を受ける場合に記入します。
なお、被相続人から、相続、遺贈又は相続時精算課税に係る贈与により取得した財産のうちに、「特定計画山林の特例」の対象となり得る財産又は「個人の事業用資産についての相続税の納税猶予及び免除」の対象となり得る宅地等その他一定の財産がある場合には、第11・11の2表の付表2を、「特定事業用資産の特例」の対象となり得る財産がある場合には、第11・11の2表の付表2の2を作成します（第11・11の2表の付表2又は付表2の2を作成する場合には、この表の「1 特例の適用にあたっての同意」欄の記入を要しません。）。
（注）この表の1又は2の各欄に記入しきれない場合には、第11・11の2表の付表1(続)を使用します。

1　特例の適用にあたっての同意

この欄は、小規模宅地等の特例の対象となり得る宅地等を取得した全ての人が次の内容に同意する場合に、その宅地等を取得した全ての人の氏名を記入します。

私(私たち)は、「2 小規模宅地等の明細」の①欄の取得者が、小規模宅地等の特例の適用を受けるものとして選択した宅地等又はその一部（「2 小規模宅地等の明細」の⑤欄で選択した宅地等）の全てが限度面積要件を満たすものであることを確認の上、その取得者が小規模宅地等の特例の適用を受けることに同意します。

氏名	猫田タマ		

（注）小規模宅地等の特例の対象となり得る宅地等を取得した全ての人の同意がなければ、この特例の適用を受けることはできません。

2　小規模宅地等の明細

この欄は、小規模宅地等の特例の対象となり得る宅地等を取得した人のうち、その特例の適用を受ける人が選択した小規模宅地等の明細等を記載し、相続税の課税価格に算入する価額を計算します。

「小規模宅地等の種類」欄は、選択した小規模宅地等の種類に応じて次の1～4の番号を記入します。
小規模宅地等の種類：1 特定居住用宅地等、2 特定事業用宅地等、3 特定同族会社事業用宅地等、4 貸付事業用宅地等

選択した小規模宅地等	小規模宅地等の種類（1～4の番号を記入します。）	① 特例の適用を受ける取得者の氏名〔事業内容〕 ② 所在地番 ③ 取得者の持分に応ずる宅地等の面積 ④ 取得者の持分に応ずる宅地等の価額	⑤ ③のうち小規模宅地等（「限度面積要件」を満たす宅地等）の面積 ⑥ ④のうち小規模宅地等（④×⑤/③）の価額 ⑦ 課税価格の計算に当たって減額される金額（⑥×⑨） ⑧ 課税価格に算入する価額（④－⑦）
	1	① 猫田タマ〔　〕	⑤ 200. ㎡
		② 東京都豊島区大寝子22	⑥ 140000000 円
		③ 200.00 ㎡	⑦ 112000000 円
		④ 140000000 円	⑧ 28000000 円
		①〔　〕	⑤ ㎡
		②	⑥ 円
		③ ㎡	⑦ 円
		④ 円	⑧ 円
		①〔　〕	⑤ ㎡
		②	⑥ 円
		③ ㎡	⑦ 円
		④ 円	⑧ 円

（注）1　①欄の「〔　〕」は、選択した小規模宅地等が被相続人等の事業用宅地等（2、3又は4）である場合に、相続開始の直前にその宅地等の上で行われていた被相続人等の事業について、例えば、飲食サービス業、法律事務所、貸家などのように具体的に記入します。
2　小規模宅地等を選択する一の宅地等が共有である場合又は一の宅地等が貸家建付地である場合において、その評価額の計算上「賃貸割合」が1でないときには、第11・11の2表の付表1（別表1）を作成します。
3　小規模宅地等を選択する宅地等が、配偶者居住権に基づく敷地利用権又は配偶者居住権の目的となっている建物の敷地の用に供される宅地等である場合には、第11・11の2表の付表1（別表1の2）を作成します。
4　⑧欄の金額を第11表の「財産の明細」の「価額」欄に転記します。

3　「限度面積要件」の判定

上記「2 小規模宅地等の明細」の⑤欄で選択した宅地等の全てが限度面積要件を満たすものであることを、この表の各欄を記入することにより判定します。

小規模宅地等の区分	被相続人等の居住用宅地等	被相続人等の事業用宅地等		
小規模宅地等の種類	1 特定居住用宅地等	2 特定事業用宅地等	3 特定同族会社事業用宅地等	4 貸付事業用宅地等
⑨ 減額割合	80/100	80/100	80/100	50/100
⑩ ⑤の小規模宅地等の面積の合計	200.00 ㎡	㎡	㎡	㎡
⑪ 限度面積　イ 小規模宅地等のうちに4貸付事業用宅地等がない場合	（1の⑩の面積）200.00 ≦330㎡	（2の⑩及び3の⑩の面積の合計）㎡ ≦ 400㎡		
⑪ 限度面積　ロ 小規模宅地等のうちに4貸付事業用宅地等がある場合	（1の⑩の面積）㎡ × 200/330 ＋	（2の⑩及び3の⑩の面積の合計）㎡ × 200/400 ＋		（4の⑩の面積）㎡ ≦ 200㎡

（注）限度面積は、小規模宅地等の種類（「4 貸付事業用宅地等」の選択の有無）に応じて、⑪欄（イ又はロ）により判定を行います。「限度面積要件」を満たす場合に限り、この特例の適用を受けることができます。

※の項目は記入する必要がありません。

※税務署整理欄　年分　名簿番号　申告年月日　一連番号　グループ番号　補完

第11・11の2表の付表1（令5.7）　（資4－20－12－3－1－A4統一）

「第11表　相続税がかかる財産の明細書」の記入例

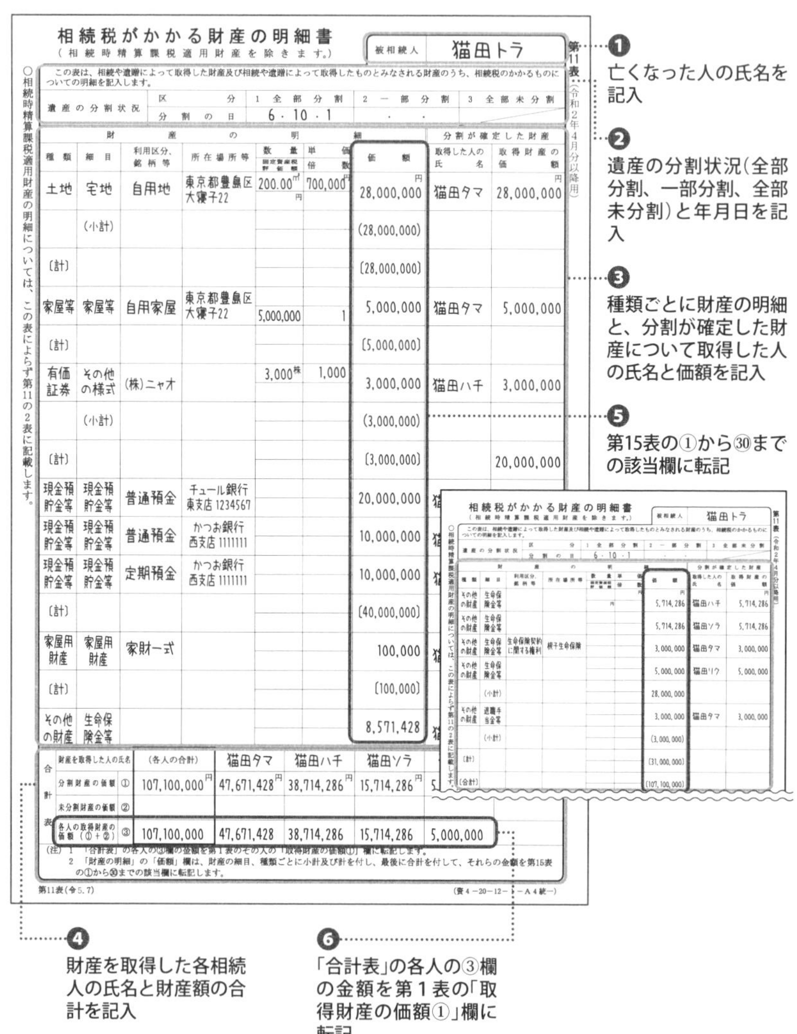

相続税がかかる財産の明細書
（相続時精算課税適用財産を除きます。）

被相続人　猫田トラ

第11表（令和2年4月分以降用）

○相続時精算課税適用財産の明細については、この表によらず第11の2表に記載します。

この表は、相続や遺贈によって取得した財産及び相続や遺贈によって取得したものとみなされる財産のうち、相続税のかかるものについての明細を記入します。

遺産の分割状況	区分	1 全部分割	2 一部分割	3 全部未分割
	分割の日	6・10・1	・　・	

種類	細目	利用区分、銘柄等	所在場所等	数量 / 固定資産税評価額	単価 / 倍数	価額	取得した人の氏名	取得財産の価額
土地	宅地	自用地	東京都豊島区大寝子22	200.00㎡ 円	700,000円	28,000,000円	猫田タマ	28,000,000円
	（小計）					(28,000,000)		
(計)						(28,000,000)		
家屋等	家屋等	自用家屋	東京都豊島区大寝子22	5,000,000	1	5,000,000	猫田タマ	5,000,000
(計)						(5,000,000)		
有価証券	その他の株式	(株)ニャオ		3,000株	1,000	3,000,000	猫田ハチ	3,000,000
	（小計）					(3,000,000)		
(計)						(3,000,000)		20,000,000
現金預貯金等	現金預貯金等	普通預金	チュール銀行東支店 1234567			20,000,000	猫	
現金預貯金等	現金預貯金等	普通預金	かつお銀行西支店 1111111			10,000,000	猫	
現金預貯金等	現金預貯金等	定期預金	かつお銀行西支店 1111111			10,000,000	猫	
(計)						(40,000,000)		
家屋用財産	家屋用財産	家財一式				100,000	猫	
(計)						(100,000)		
その他の財産	生命保険金等					8,571,428	猫	

合計表		(各人の合計)	猫田タマ	猫田ハチ	猫田ソラ	
分割財産の価額	①	107,100,000円	47,671,428円	38,714,286円	15,714,286円	5
未分割財産の価額	②					
各人の取得財産の価額（①＋②）	③	107,100,000	47,671,428	38,714,286	15,714,286	5,000,000

（注）1 「合計表」の各人の③欄の金額を第1表のその人の「取得財産の価額①」欄に転記します。
2 「財産の明細」の「価額」欄は、財産の細目、種類ごとに小計及び計を付し、最後に合計を付して、それらの金額を第15表の①から㉚までの該当欄に転記します。

第11表（令5.7）　（資4－20－12－1－A4統一）

相続税がかかる財産の明細書
（相続時精算課税適用財産を除きます。）

被相続人　猫田トラ

遺産の分割状況	区分	1 全部分割	2 一部分割	3 全部未分割
	分割の日	6・10・1	・　・	

種類	細目	利用区分、銘柄等	所在場所等	数量 / 固定資産税評価額	単価 / 倍数	価額	取得した人の氏名	取得財産の価額
その他の財産	生命保険金等			円		5,714,286円	猫田ハチ	5,714,286円
その他の財産	生命保険金等					5,714,286	猫田ソラ	5,714,286
その他の財産	生命保険金等	生命保険契約に関する権利	桐子生命保険			3,000,000	猫田タマ	3,000,000
その他の財産	生命保険金等					5,000,000	猫田リク	5,000,000
	（小計）					28,000,000		
その他の財産	退職手当金等					3,000,000	猫田タマ	3,000,000
	（小計）					(3,000,000)		
(計)						(31,000,000)		
(合計)						(107,100,000)		

「第13表　債務及び葬式費用の明細書」の記入例

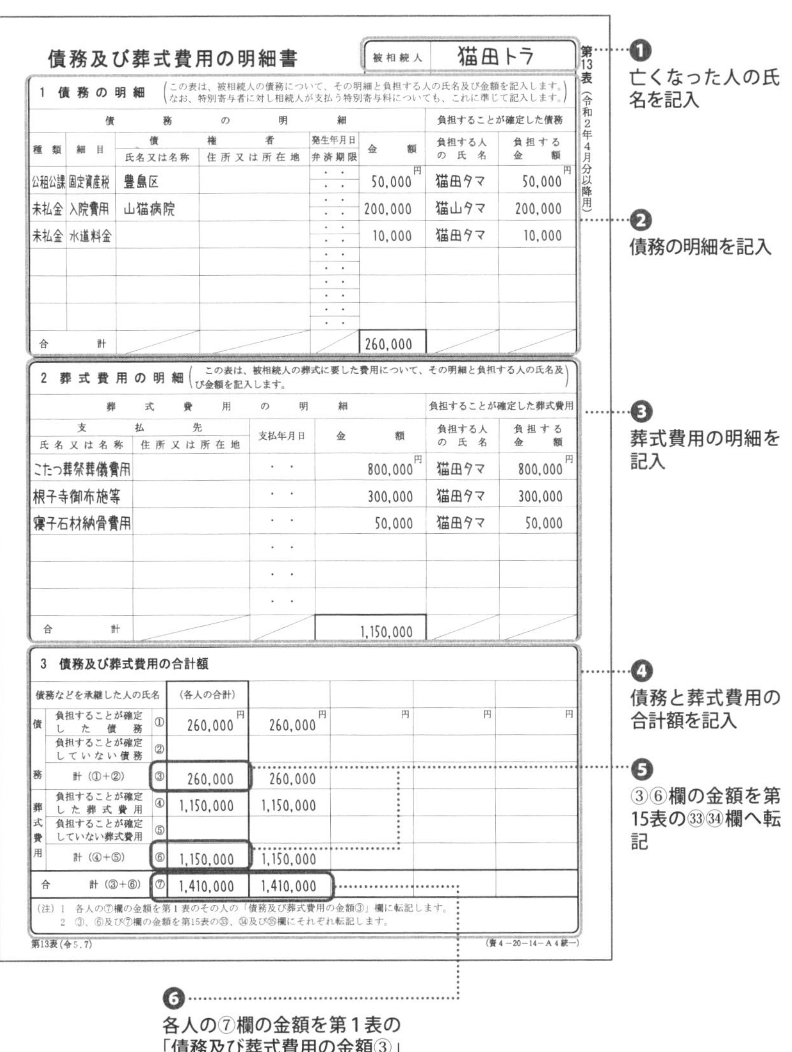

債務及び葬式費用の明細書

被相続人	猫田トラ

第13表（令和2年4月分以降用）

1 債務の明細（この表は、被相続人の債務について、その明細と負担する人の氏名及び金額を記入します。なお、特別寄与者に対し相続人が支払う特別寄与料についても、これに準じて記入します。）

債務の明細						負担することが確定した債務	
種類	細目	債権者 氏名又は名称	債権者 住所又は所在地	発生年月日 弁済期限	金額	負担する人の氏名	負担する金額
公租公課	固定資産税	豊島区		・・	50,000円	猫田タマ	50,000円
未払金	入院費用	山猫病院		・・	200,000	猫山タマ	200,000
未払金	水道料金			・・	10,000	猫田タマ	10,000
				・・			
				・・			
				・・			
合計					260,000		

2 葬式費用の明細（この表は、被相続人の葬式に要した費用について、その明細と負担する人の氏名及び金額を記入します。）

葬式費用の明細				負担することが確定した葬式費用	
支払先 氏名又は名称	支払先 住所又は所在地	支払年月日	金額	負担する人の氏名	負担する金額
こたつ葬祭葬儀費用		・・	800,000円	猫田タマ	800,000円
根子寺御布施等		・・	300,000	猫田タマ	300,000
寝子石材納骨費用		・・	50,000	猫田タマ	50,000
		・・			
		・・			
		・・			
合計			1,150,000		

3 債務及び葬式費用の合計額

債務などを承継した人の氏名		(各人の合計)				
債務	負担することが確定した債務 ①	260,000円	260,000円	円	円	円
	負担することが確定していない債務 ②					
	計（①＋②） ③	260,000	260,000			
葬式費用	負担することが確定した葬式費用 ④	1,150,000	1,150,000			
	負担することが確定していない葬式費用 ⑤					
	計（④＋⑤） ⑥	1,150,000	1,150,000			
合計（③＋⑥）	⑦	1,410,000	1,410,000			

（注）1 各人の⑦欄の金額を第1表のその人の「債務及び葬式費用の金額③」欄に転記します。
2 ③、⑥及び⑦欄の金額を第15表の㉝、㉞及び㊱欄にそれぞれ転記します。

第13表(令5.7)　(資4－20－14－A4統一)

「第14表　純資産価額に加算される暦年課税分の贈与財産価額及び特定贈与財産価額・出資持分の定めのない法人などに遺贈した財産・特定の公益法人などに寄附した相続財産・特定公益信託のために支出した相続財産の明細書」の記入例

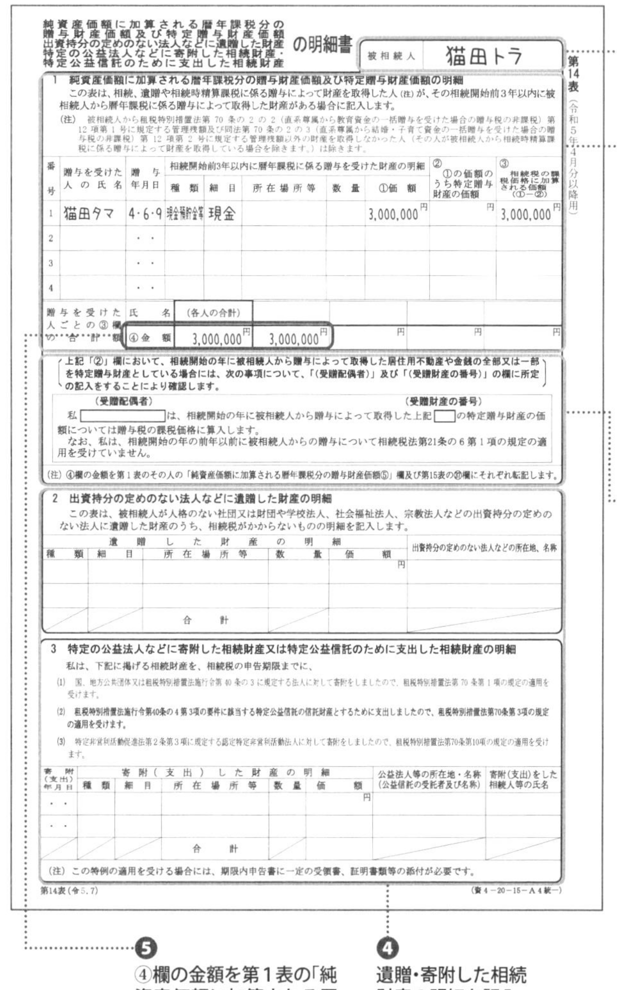

純資産価額に加算される暦年課税分の贈与財産価額及び特定贈与財産価額
出資持分の定めのない法人などに遺贈した財産
特定の公益法人などに寄附した相続財産・特定公益信託のために支出した相続財産
の明細書

被相続人　猫田トラ

第14表（令和5年4月分以降用）

1　純資産価額に加算される暦年課税分の贈与財産価額及び特定贈与財産価額の明細

この表は、相続、遺贈や相続時精算課税に係る贈与によって財産を取得した人（注）が、その相続開始前3年以内に被相続人から暦年課税に係る贈与によって取得した財産がある場合に記入します。

（注）被相続人から租税特別措置法第70条の2の2（直系尊属から教育資金の一括贈与を受けた場合の贈与税の非課税）第12項第1号に規定する管理残額及び同法第70条の2の3（直系尊属から結婚・子育て資金の一括贈与を受けた場合の贈与税の非課税）第12項第2号に規定する管理残額以外の財産を取得しなかった人（その人が被相続人から相続時精算課税に係る贈与によって財産を取得している場合を除きます。）は除きます。

番号	贈与を受けた人の氏名	贈与年月日	相続開始前3年以内に暦年課税に係る贈与を受けた財産の明細					② ①の価額のうち特定贈与財産の価額	③ 相続税の課税価格に加算される価額（①－②）
			種類	細目	所在場所等	数量	①価額		
1	猫田タマ	4・6・9	現金預貯金等	現金			3,000,000円	円	3,000,000円
2		・・							
3		・・							
4		・・							

贈与を受けた人ごとの③欄の合計額	氏名	（各人の合計）				
	④金額	3,000,000円	3,000,000円	円	円	円

上記「②」欄において、相続開始の年に被相続人から贈与によって取得した居住用不動産や金銭の全部又は一部を特定贈与財産としている場合には、次の事項について、「（受贈配偶者）」及び「（受贈財産の番号）」の欄に所定の記入をすることにより確認します。

（受贈配偶者）　（受贈財産の番号）
私［　　］は、相続開始の年に被相続人から贈与によって取得した上記［　］の特定贈与財産の価額については贈与税の課税価格に算入します。
なお、私は、相続開始の年の前年以前に被相続人からの贈与について相続税法第21条の6第1項の規定の適用を受けていません。

（注）④欄の金額を第1表のその人の「純資産価額に加算される暦年課税分の贈与財産価額⑤」欄及び第15表の㊲欄にそれぞれ転記します。

2　出資持分の定めのない法人などに遺贈した財産の明細

この表は、被相続人が人格のない社団又は財団や学校法人、社会福祉法人、宗教法人などの出資持分の定めのない法人に遺贈した財産のうち、相続税がかからないものの明細を記入します。

遺贈した財産の明細					出資持分の定めのない法人などの所在地、名称
種類	細目	所在場所等	数量	価額	
				円	
		合計			

3　特定の公益法人などに寄附した相続財産又は特定公益信託のために支出した相続財産の明細

私は、下記に掲げる相続財産を、相続税の申告期限までに、

(1)　国、地方公共団体又は租税特別措置法施行令第40条の3に規定する法人に対して寄附をしましたので、租税特別措置法第70条第1項の規定の適用を受けます。

(2)　租税特別措置法施行令第40条の4第3項の要件に該当する特定公益信託の信託財産とするために支出しましたので、租税特別措置法第70条第3項の規定の適用を受けます。

(3)　特定非営利活動促進法第2条第3項に規定する認定特定非営利活動法人に対して寄附をしましたので、租税特別措置法第70条第10項の規定の適用を受けます。

寄附（支出）年月日	寄附（支出）した財産の明細					公益法人等の所在地・名称（公益信託の受託者及び名称）	寄附（支出）をした相続人等の氏名
	種類	細目	所在場所等	数量	価額		
・・					円		
・・							
			合計				

（注）この特例の適用を受ける場合には、期限内申告書に一定の受領書、証明書類等の添付が必要です。

第14表（令5.7）　（資4－20－15－A4統一）

❶ 亡くなった人の氏名を記入

❷ 相続開始前3年以内（2024年1月1日以降は段階的に7年以内）に亡くなった人から暦年課税で贈与を受けた人は、氏名、年月日、種類、細目、価額、相続税の課税価格に加算される価額を記入

❸ ②欄において特定贈与財産がある場合、「受贈配偶者」及び「受贈財産の番号」の欄に氏名と番号を記入

❹ 遺贈・寄附した相続財産の明細を記入

❺ ④欄の金額を第1表の「純資産価額に加算される暦年課税分の贈与財産価額⑤」欄及び、第15表の㊲欄にそれぞれ転記

「第15表　相続財産の種類別価額表」の記入例

相続財産の種類別価額表（この表は、第11表から第14表までの記載に基づいて記入します。）　FD3539

（単位は円）　被相続人　猫田トラ

第15表（令和2年4月分以降用）

○この申告書は機械で読み取りますので、黒ボールペンで記入してください。

種類	細目	番号	各人の合計	（氏名）猫田タマ
	※整理番号		被相続人	
土地（土地の上に存する権利を含みます。）	田	①		
	畑	②		
	宅地	③	28000000	28000000
	山林	④		
	その他の土地	⑤		
	計	⑥	28000000	28000000
	③のうち配偶者居住権に基づく敷地利用権	⑦		
	⑥のうち特例農地等　通常価額	⑧		
	⑥のうち特例農地等　農業投資価格による価額	⑨		
家屋等		⑩	5000000	5000000
	⑩のうち配偶者居住権	⑪		
事業（農業）用財産	機械、器具、農耕具、その他の減価償却資産	⑫		
	商品、製品、半製品、原材料、農産物等	⑬		
	売掛金	⑭		
	その他の財産	⑮		
	計	⑯		
有価証券	特定同族会社の株式及び出資　配当還元方式によったもの	⑰		
	特定同族会社の株式及び出資　その他の方式によったもの	⑱		
	⑰及び⑱以外の株式及び出資	⑲	3000000	
	公債及び社債	⑳		
	証券投資信託、貸付信託の受益証券	㉑		
	計	㉒	3000000	
現金、預貯金等		㉓	40000000	
家庭用財産		㉔	100000	10000
その他の財産	生命保険金等	㉕	28000000	1157142
	退職手当金等	㉖	3000000	300000
	立木	㉗		
	その他	㉘		
	計	㉙	31000000	1457142
合計（⑥+⑩+⑯+㉒+㉓+㉔+㉙）		㉚	107100000	4767142
相続時精算課税適用財産の価額		㉛	10000000	
不動産等の価額（⑥+⑩+⑫+⑰+⑱+㉗）		㉜	33000000	3300000
債務等	債務	㉝	260000	26000
	葬式費用	㉞	1150000	115000
	合計（㉝+㉞）	㉟	1410000	141000
差引純資産価額（㉚+㉛−㉟）（赤字のときは0）		㊱	115690000	4626142
純資産価額に加算される暦年課税分の贈与財産価額		㊲	3000000	
課税価格（㊱+㊲）（1,000円未満切捨て）		㊳	118690000	4

※の項目は記入する必要がありません。

※税務署整理欄　申告区分　年分　名簿番号　申告年月日

第15表（令5.7）

相続財産の種類別価額表（続）　FD3540　被相続人　猫田トラ　猫田リク

相続財産の種類別価額表（続）　FD3540

❶ 亡くなった人の氏名を記入

❷ 各相続人が取得した財産を記入

❸ 相続財産の合計を記入

Part 5 相続税の申告と納税の準備をしよう

「第4表　相続税額の加算金額の計算書」の記入例

相続税額の加算金額の計算書

被相続人　猫田トラ

第4表（令和5年4月分以降用）

この表は、相続、遺贈や相続時精算課税に係る贈与によって財産を取得した人のうちに、被相続人の一親等の血族（代襲して相続人となった直系卑属を含みます。）及び配偶者以外の人がいる場合に記入します。

なお、相続や遺贈により取得した財産のうちに、次の管理残額がある人は、第4表の付表を作成します。

イ　租税特別措置法第70条の2の2（直系尊属から教育資金の一括贈与を受けた場合の贈与税の非課税）第12項第1号に規定する管理残額のうち、平成31年4月1日から令和3年3月31日までの間であって、被相続人の相続開始前3年以内に被相続人から取得した信託受益権又は金銭等に係る部分

ロ　租税特別措置法第70条の2の3（直系尊属から結婚・子育て資金の一括贈与を受けた場合の贈与税の非課税）第12項第2号に規定する管理残額のうち、令和3年3月31日までに被相続人から取得した信託受益権又は金銭等に係る部分

（注）一親等の血族であっても相続税額の加算の対象となる場合があります。詳しくは「相続税の申告のしかた」をご覧ください。

加算の対象となる人の氏名			猫田リク			
各人の税額控除前の相続税額（第1表⑨又は第1表⑩の金額）		①	394,745円	円	円	円
相続時精算課税に係る贈与を受けている人で、かつ、相続開始の時までに被相続人との続柄に変更（養子縁組の解消等）があった場合に記入します。	被相続人の一親等の血族であった期間内にその被相続人から相続時精算課税に係る贈与によって取得した財産の価額	②	円	円	円	円
	被相続人から相続、遺贈や相続時精算課税に係る贈与によって取得した財産などで相続税の課税価格に算入された財産の価額（第1表①＋第1表②＋第1表⑤）	③				
	加算の対象とならない相続税額（①×②÷③）	④				
措置法第70条の2の2第12項第1号に規定する管理残額がある場合の加算の対象とならない相続税額（第4表の付表⑦）		⑤	円	円	円	円
措置法第70条の2の3第12項第2号に規定する管理残額がある場合の加算の対象とならない相続税額（第4表の付表⑭）		⑥	円	円	円	円
相続税額の加算金額（①×0.2）ただし、上記④～⑥の金額がある場合には、（（①-④-⑤-⑥）×0.2）となります。		⑦	円 78,949	円	円	円

（注）1　相続時精算課税適用者である孫が相続開始の時までに被相続人の養子となった場合は、「相続時精算課税に係る贈与を受けている人で、かつ、相続開始の時までに被相続人との続柄に変更があった場合」には含まれませんので②欄から④欄までの記入は不要です。

2　各人の⑦欄の金額を第1表のその人の「相続税額の2割加算が行われる場合の加算金額⑪」欄に転記します。

第4表（令5.7）　（資4－20－5－1－A4統一）

❶ 亡くなった人の氏名を記入

❷ 2割加算の対象となる人の氏名と、税額控除前の相続税額、相続税の加算金額などを記入

「第４表の２　暦年課税分の贈与税額控除額の計算書」の記入例

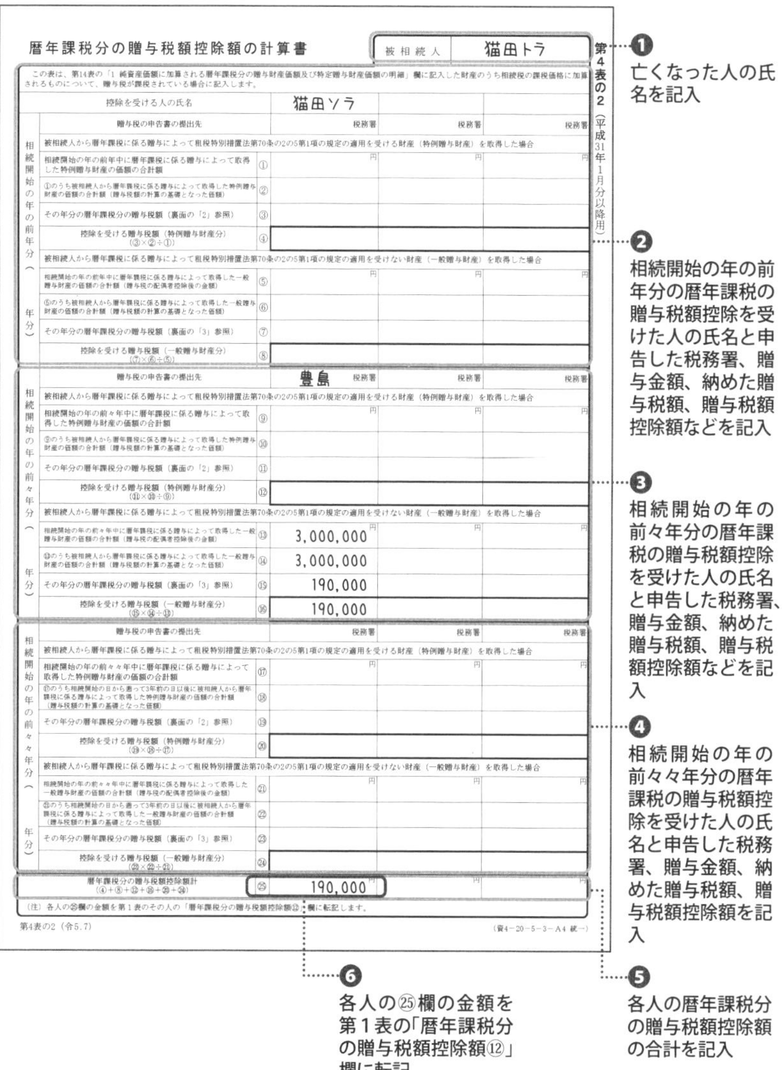

暦年課税分の贈与税額控除額の計算書

被相続人　猫田トラ

第４表の２（平成31年１月分以降用）

この表は、第14表の「１ 純資産価額に加算される暦年課税分の贈与財産価額及び特定贈与財産価額の明細」欄に記入した財産のうち相続税の課税価格に加算されるものについて、贈与税が課税されている場合に記入します。

控除を受ける人の氏名		猫田ソラ		
相続開始の年の前年分（　年分）				
贈与税の申告書の提出先		税務署	税務署	税務署
被相続人から暦年課税に係る贈与によって租税特別措置法第70条の2の5第1項の規定の適用を受ける財産（特例贈与財産）を取得した場合				
相続開始の年の前年中に暦年課税に係る贈与によって取得した特例贈与財産の価額の合計額	①	円	円	円
①のうち被相続人から暦年課税に係る贈与によって取得した特例贈与財産の価額の合計額（贈与税額の計算の基礎となった価額）	②			
その年分の暦年課税分の贈与税額（裏面の「2」参照）	③			
控除を受ける贈与税額（特例贈与財産分）（③×②÷①）	④			
被相続人から暦年課税に係る贈与によって租税特別措置法第70条の2の5第1項の規定の適用を受けない財産（一般贈与財産）を取得した場合				
相続開始の年の前年中に暦年課税に係る贈与によって取得した一般贈与財産の価額の合計額（贈与税の配偶者控除後の金額）	⑤	円	円	円
⑤のうち被相続人から暦年課税に係る贈与によって取得した一般贈与財産の価額の合計額（贈与税額の計算の基礎となった価額）	⑥			
その年分の暦年課税分の贈与税額（裏面の「3」参照）	⑦			
控除を受ける贈与税額（一般贈与財産分）（⑦×⑥÷⑤）	⑧			
相続開始の年の前々年分（　年分）				
贈与税の申告書の提出先		豊島　税務署	税務署	税務署
被相続人から暦年課税に係る贈与によって租税特別措置法第70条の2の5第1項の規定の適用を受ける財産（特例贈与財産）を取得した場合				
相続開始の年の前々年中に暦年課税に係る贈与によって取得した特例贈与財産の価額の合計額	⑨	円	円	円
⑨のうち被相続人から暦年課税に係る贈与によって取得した特例贈与財産の価額の合計額（贈与税額の計算の基礎となった価額）	⑩			
その年分の暦年課税分の贈与税額（裏面の「2」参照）	⑪			
控除を受ける贈与税額（特例贈与財産分）（⑪×⑩÷⑨）	⑫			
被相続人から暦年課税に係る贈与によって租税特別措置法第70条の2の5第1項の規定の適用を受けない財産（一般贈与財産）を取得した場合				
相続開始の年の前々年中に暦年課税に係る贈与によって取得した一般贈与財産の価額の合計額（贈与税の配偶者控除後の金額）	⑬	3,000,000 円	円	円
⑬のうち被相続人から暦年課税に係る贈与によって取得した一般贈与財産の価額の合計額（贈与税額の計算の基礎となった価額）	⑭	3,000,000		
その年分の暦年課税分の贈与税額（裏面の「3」参照）	⑮	190,000		
控除を受ける贈与税額（一般贈与財産分）（⑮×⑭÷⑬）	⑯	190,000		
相続開始の年の前々々年分（　年分）				
贈与税の申告書の提出先		税務署	税務署	税務署
被相続人から暦年課税に係る贈与によって租税特別措置法第70条の2の5第1項の規定の適用を受ける財産（特例贈与財産）を取得した場合				
相続開始の年の前々々年中に暦年課税に係る贈与によって取得した特例贈与財産の価額の合計額	⑰	円	円	円
⑰のうち相続開始の日から遡って3年前の日以後に被相続人から暦年課税に係る贈与によって取得した特例贈与財産の価額の合計額（贈与税額の計算の基礎となった価額）	⑱			
その年分の暦年課税分の贈与税額（裏面の「2」参照）	⑲			
控除を受ける贈与税額（特例贈与財産分）（⑲×⑱÷⑰）	⑳			
被相続人から暦年課税に係る贈与によって租税特別措置法第70条の2の5第1項の規定の適用を受けない財産（一般贈与財産）を取得した場合				
相続開始の年の前々々年中に暦年課税に係る贈与によって取得した一般贈与財産の価額の合計額（贈与税の配偶者控除後の金額）	㉑	円	円	円
㉑のうち相続開始の日から遡って3年前の日以後に被相続人から暦年課税に係る贈与によって取得した一般贈与財産の価額の合計額（贈与税額の計算の基礎となった価額）	㉒			
その年分の暦年課税分の贈与税額（裏面の「3」参照）	㉓			
控除を受ける贈与税額（一般贈与財産分）（㉓×㉒÷㉑）	㉔			
暦年課税分の贈与税額控除額計（④＋⑧＋⑫＋⑯＋⑳＋㉔）	㉕	190,000 円	円	円

（注）各人の㉕欄の金額を第１表のその人の「暦年課税分の贈与税額控除額⑫」欄に転記します。

第4表の2（令5.7）　（資4－20－5－3－A4 統一）

❶ 亡くなった人の氏名を記入

❷ 相続開始の年の前年分の暦年課税の贈与税額控除を受けた人の氏名と申告した税務署、贈与金額、納めた贈与税額、贈与税額控除額などを記入

❸ 相続開始の年の前々年分の暦年課税の贈与税額控除を受けた人の氏名と申告した税務署、贈与金額、納めた贈与税額、贈与税額控除額などを記入

❹ 相続開始の年の前々々年分の暦年課税の贈与税額控除を受けた人の氏名と申告した税務署、贈与金額、納めた贈与税額、贈与税額控除額を記入

❺ 各人の暦年課税分の贈与税額控除額の合計を記入

❻ 各人の㉕欄の金額を第１表の「暦年課税分の贈与税額控除額⑫」欄に転記

「第5表　配偶者の税額軽減額の計算書」の記入例

配偶者の税額軽減額の計算書

被相続人　猫田トラ

第5表（平成21年4月分以降用）

私は、相続税法第19条の2第1項の規定による配偶者の税額軽減の適用を受けます。

1 一般の場合（この表は、①被相続人から相続、遺贈や相続時精算課税に係る贈与によって財産を取得した人のうちに農業相続人がいない場合又は②配偶者が農業相続人である場合に記入します。）

課税価格の合計額のうち配偶者の法定相続分相当額	（第1表のⒶの金額）118,689,000円 × 〔配偶者の法定相続分〕1/2 ＝ 59,344,500円 上記の金額が16,000万円に満たない場合には、16,000万円	④※ 160,000,000円

配偶者の税額軽減額を計算する場合の課税価格	① 分割財産の価額（第11表の配偶者の①の金額）	② 債務及び葬式費用の金額（第1表の配偶者の③の金額）	③ 未分割財産の価額（第11表の配偶者の②の金額）	④（②－③）の金額（③の金額が②の金額より大きいときは0）	⑤ 純資産価額に加算される暦年課税分の贈与財産価額（第1表の配偶者の⑤の金額）	⑥（①－④＋⑤）の金額（⑤の金額より小さいときは⑤の金額）（1,000円未満切捨て）
	47,671,428円	1,410,000円	円	1,410,000円	円	※ 46,261,000円

（②～④は「分割財産の価額から控除する債務及び葬式費用の金額」）

⑦ 相続税の総額（第1表の⑦の金額）	⑧ ④の金額と⑥の金額のうちいずれか少ない方の金額	⑨ 課税価格の合計額（第1表のⒶの金額）	⑩ 配偶者の税額軽減の基となる金額（⑦×⑧÷⑨）
9,370,400円	46,261,000円	118,689,000円	3,652,268円

配偶者の税額軽減の限度額	（第1表の配偶者の⑨又は⑩の金額）（第1表の配偶者の⑫の金額）（3,652,268円 － 円）	㋥ 3,652,268円
配偶者の税額軽減額	（⑩の金額と㋥の金額のうちいずれか少ない方の金額）	㋩ 3,652,268円

（注）㋩の金額を第1表の配偶者の「配偶者の税額軽減額⑬」欄に転記します。

2 配偶者以外の人が農業相続人である場合（この表は、被相続人から相続、遺贈や相続時精算課税に係る贈与によって財産を取得した人のうちに農業相続人がいる場合で、かつ、その農業相続人が配偶者以外の場合に記入します。）

課税価格の合計額のうち配偶者の法定相続分相当額	（第3表のⒶの金額）,000円 × 〔配偶者の法定相続分〕 ＝ 円 上記の金額が16,000万円に満たない場合には、16,000万円	㋭※ 円

配偶者の税額軽減額を計算する場合の課税価格	⑪ 分割財産の価額（第11表の配偶者の①の金額）	⑫ 債務及び葬式費用の金額（第1表の配偶者の③の金額）	⑬ 未分割財産の価額（第11表の配偶者の②の金額）	⑭（⑫－⑬）の金額（⑬の金額が⑫の金額より大きいときは0）	⑮ 純資産価額に加算される暦年課税分の贈与財産価額（第1表の配偶者の⑤の金額）	⑯（⑪－⑭＋⑮）の金額（⑮の金額より小さいときは⑮の金額）（1,000円未満切捨て）
	円	円	円	円	円	※ ,000円

（⑫～⑭は「分割財産の価額から控除する債務及び葬式費用の金額」）

⑰ 相続税の総額（第3表の⑦の金額）	⑱ ㋭の金額と⑯の金額のうちいずれか少ない方の金額	⑲ 課税価格の合計額（第3表のⒶの金額）	⑳ 配偶者の税額軽減の基となる金額（⑰×⑱÷⑲）
00円	円	,000円	円

配偶者の税額軽減の限度額	（第1表の配偶者の⑩の金額）（第1表の配偶者の⑫の金額）（ 円 － 円）	㋬ 円
配偶者の税額軽減額	（⑳の金額と㋬の金額のうちいずれか少ない方の金額）	㋣ 円

（注）㋣の金額を第1表の配偶者の「配偶者の税額軽減額⑬」欄に転記します。

※　相続税法第19条の2第5項（隠蔽又は仮装があった場合の配偶者の相続税額の軽減の不適用）の規定の適用があるときには、「課税価格の合計額のうち配偶者の法定相続分相当額」の（第1表のⒶの金額）、⑥、⑦、⑨、「課税価格の合計額のうち配偶者の法定相続分相当額」の（第3表のⒶの金額）、⑯、⑰及び⑲の各欄は、第5表の付表で計算した金額を転記します。

第5表（令5.7）　（資4－20－6－1－A4統一）

❶ 亡くなった人の氏名を記入

❷ 配偶者の税額軽減額を計算して記入

❸ ㋩の金額を第1表の「配偶者の税額軽減額⑬」欄に転記

「第６表　未成年者控除額・障害者控除額の計算書」の記入例

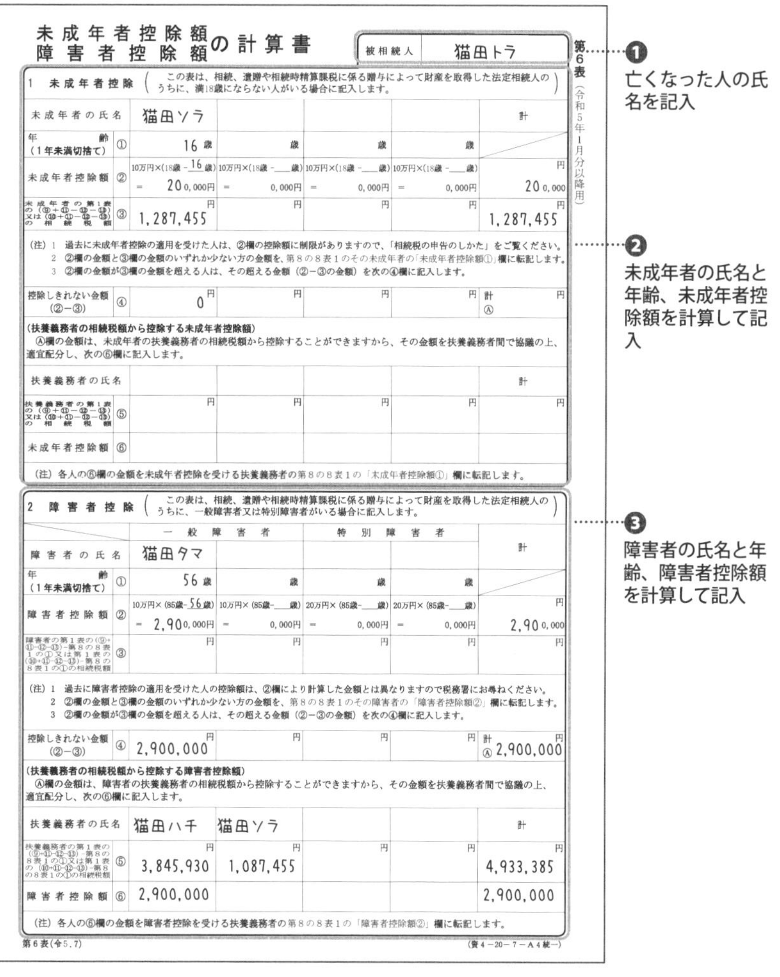

未成年者控除額 障害者控除額 の計算書

被相続人	猫田トラ

第６表（令和５年１月分以降用）

1　未成年者控除（この表は、相続、遺贈や相続時精算課税に係る贈与によって財産を取得した法定相続人のうちに、満18歳にならない人がいる場合に記入します。）

未成年者の氏名		猫田ソラ				計
年齢（1年未満切捨て）	①	16 歳	歳	歳	歳	
未成年者控除額	②	10万円×(18歳－16歳) ＝ 200,000円	10万円×(18歳－＿歳) ＝ 0,000円	10万円×(18歳－＿歳) ＝ 0,000円	10万円×(18歳－＿歳) ＝ 0,000円	200,000 円
未成年者の第１表の（⑨＋⑪－⑫－⑬）又は（⑩＋⑪－⑫－⑬）の相続税額	③	1,287,455 円	円	円	円	1,287,455 円

（注）1　過去に未成年者控除の適用を受けた人は、②欄の控除額に制限がありますので、「相続税の申告のしかた」をご覧ください。
2　②欄の金額と③欄の金額のいずれか少ない方の金額を、第８の８表１のその未成年者の「未成年者控除額①」欄に転記します。
3　②欄の金額が③欄の金額を超える人は、その超える金額（②－③の金額）を次の④欄に記入します。

控除しきれない金額（②－③）	④	0 円	円	円	円	計 Ⓐ 円

（扶養義務者の相続税額から控除する未成年者控除額）
Ⓐ欄の金額は、未成年者の扶養義務者の相続税額から控除することができますから、その金額を扶養義務者間で協議の上、適宜配分し、次の⑥欄に記入します。

扶養義務者の氏名						計
扶養義務者の第１表の（⑨＋⑪－⑫－⑬）又は（⑩＋⑪－⑫－⑬）の相続税額	⑤	円	円	円	円	円
未成年者控除額	⑥					

（注）各人の⑥欄の金額を未成年者控除を受ける扶養義務者の第８の８表１の「未成年者控除額①」欄に転記します。

2　障害者控除（この表は、相続、遺贈や相続時精算課税に係る贈与によって財産を取得した法定相続人のうちに、一般障害者又は特別障害者がいる場合に記入します。）

		一般障害者		特別障害者		計
障害者の氏名		猫田タマ				
年齢（1年未満切捨て）	①	56 歳	歳	歳	歳	
障害者控除額	②	10万円×(85歳－56歳) ＝ 2,900,000円	10万円×(85歳－＿歳) ＝ 0,000円	20万円×(85歳－＿歳) ＝ 0,000円	20万円×(85歳－＿歳) ＝ 0,000円	2,900,000 円
障害者の第１表の（⑨＋⑪－⑫－⑬）－第８の８表１の①又は第１表の（⑩＋⑪－⑫－⑬）－第８の８表１の①の相続税額	③	円	円	円	円	円

（注）1　過去に障害者控除の適用を受けた人の控除額は、②欄により計算した金額とは異なりますので税務署にお尋ねください。
2　②欄の金額と③欄の金額のいずれか少ない方の金額を、第８の８表１のその障害者の「障害者控除額②」欄に転記します。
3　②欄の金額が③欄の金額を超える人は、その超える金額（②－③の金額）を次の④欄に記入します。

控除しきれない金額（②－③）	④	2,900,000 円	円	円	円	計 Ⓐ 2,900,000 円

（扶養義務者の相続税額から控除する障害者控除額）
Ⓐ欄の金額は、障害者の扶養義務者の相続税額から控除することができますから、その金額を扶養義務者間で協議の上、適宜配分し、次の⑥欄に記入します。

扶養義務者の氏名		猫田ハチ	猫田ソラ			計
扶養義務者の第１表の（⑨＋⑪－⑫－⑬）－第８の８表１の①又は第１表の（⑩＋⑪－⑫－⑬）－第８の８表１の①の相続税額	⑤	3,845,930 円	1,087,455 円	円	円	4,933,385 円
障害者控除額	⑥	2,900,000				2,900,000

（注）各人の⑥欄の金額を障害者控除を受ける扶養義務者の第８の８表１の「障害者控除額②」欄に転記します。

第６表（令5.7）　（資４－20－７－Ａ４統一）

❶ 亡くなった人の氏名を記入

❷ 未成年者の氏名と年齢、未成年者控除額を計算して記入

❸ 障害者の氏名と年齢、障害者控除額を計算して記入

「第７表　相次相続控除額の計算書」の記入例

相次相続控除額の計算書

被相続人	猫田トラ

第７表（令和５年１月分以降用）

この表は、被相続人が今回の相続の開始前10年以内に開始した前の相続について、相続税を課税されている場合に記入します。

1 相次相続控除額の総額の計算

前の相続に係る被相続人の氏名	前の相続に係る被相続人と今回の相続に係る被相続人との続柄	前の相続に係る相続税の申告書の提出先
猫田シシオ	長男	豊島　税務署

① 前の相続の年月日	② 今回の相続の年月日	③ 前の相続から今回の相続までの期間（1年未満切捨て）	④ 10年 － ③ の年数
3年 1月 30日	6年 8月 1日	3年	7年
⑤ 被相続人が前の相続の時に取得した純資産価額（相続時精算課税適用財産の価額を含みます。）	⑥ 前の相続の際の被相続人の相続税額	⑦ （⑤－⑥）の金額	⑧ 今回の相続、遺贈や相続時精算課税に係る贈与によって財産を取得した全ての人の純資産価額の合計額（第１表の④の合計金額）
60,000,000円	400,000円	59,600,000円	115,690,000円

（⑥の相続税額）400,000円 × （⑧の金額）115,690,000円 ／ （⑦の金額）59,600,000円（この割合が１を超えるときは１とします。）× （④の年数）7年 ／ 10年 ＝ 相次相続控除額の総額 Ⓐ 280,000円

2 各相続人の相次相続控除額の計算

(1) 一般の場合（この表は、被相続人から相続、遺贈や相続時精算課税に係る贈与によって財産を取得した人のうちに農業相続人がいない場合に、財産を取得した相続人の全ての人が記入します。）

今回の相続の被相続人から財産を取得した相続人の氏名	⑨ 相次相続控除額の総額	⑩ 各相続人の純資産価額（第１表の各人の④の金額）	⑪ 相続人以外の人も含めた純資産価額の合計額（第１表の④の各人の合計）	⑫ 各人の⑩／Ⓑ の割合	⑬ 各人の相次相続控除額（⑨×各人の⑫の割合）
猫田タマ	（上記Ⓐの金額）280,000円	46,261,428円	Ⓑ 115,690,000円	0.39987404	111,964円
猫田ハチ		48,714,286		0.42107603	117,901
猫田ソラ		15,714,286		0.13583097	38,032

(2) 相続人のうちに農業相続人がいる場合（この表は、被相続人から相続、遺贈や相続時精算課税に係る贈与によって財産を取得した人のうちに農業相続人がいる場合に、財産を取得した相続人の全ての人が記入します。）

今回の相続の被相続人から財産を取得した相続人の氏名	⑭ 相次相続控除額の総額	⑮ 各相続人の純資産価額（第３表の各人の④の金額）	⑯ 相続人以外の人も含めた純資産価額の合計額（第３表の④の各人の合計）	⑰ 各人の⑮／Ⓒ の割合	⑱ 各人の相次相続控除額（⑭×各人の⑰の割合）
	（上記Ⓐの金額）　円	円	Ⓒ　円		円

（注）1　⑥欄の相続税額は、相続時精算課税分の贈与税額控除後の金額をいい、その被相続人が納税猶予の適用を受けていた場合の免除された相続税額並びに延滞税、利子税及び加算税の額は含まれません。
2　各人の⑬又は⑱欄の金額を第８の８表１のその人の「相次相続控除額③」欄に転記します。

第７表（令5.7）　（資４－20－８－Ａ４統一）

❶ 亡くなった人の氏名を記入

❷ 前回の相続の被相続人の氏名と続柄、年月日、申告した税務署名、今回の相続の年月日を記入して、相次相続控除額の総額を計算して記入

❸ 各相続人の氏名を記入して、相次相続控除額を計算して記入

「第８表　外国税額控除額・農地等納税猶予税額の計算書」の記入例

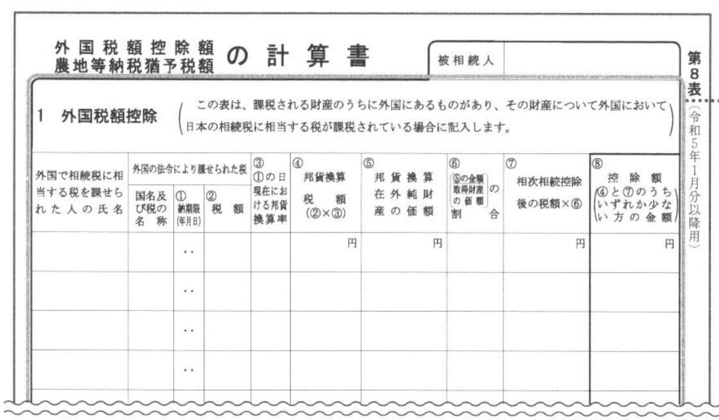

外国税額控除額
農地等納税猶予税額　の計算書

被相続人

第８表（令和５年１月分以降用）

1　外国税額控除　（この表は、課税される財産のうちに外国にあるものがあり、その財産について外国において日本の相続税に相当する税が課税されている場合に記入します。）

外国で相続税に相当する税を課せられた人の氏名	外国の法令により課せられた税 国名及び税の名称	① 納期限（年月日）	② 税額	③ ①の日現在における邦貨換算率	④ 邦貨換算税額（②×③）	⑤ 邦貨換算在外純財産の価額	⑥ ⑤の金額/取得財産の価額 の割合	⑦ 相次相続控除後の税額×⑥	⑧ 控除額（④と⑦のうちいずれか少ない方の金額）
		・・			円	円		円	円
		・・							
		・・							
		・・							

❶
外国で相続税に相当する税を課された人の氏名と、課税内容、日本円への換算額などを記入して、外国税額控除額を計算して記入

「第８の８表　税額控除額及び納税猶予税額の内訳書」の記入例

❶
亡くなった人の氏名を記入

❷
税額控除の適用を受ける人の氏名と控除額を記入

❸
各人の⑤欄の金額を第１表の「⑫⑬以外の税額控除額⑭」欄に転記

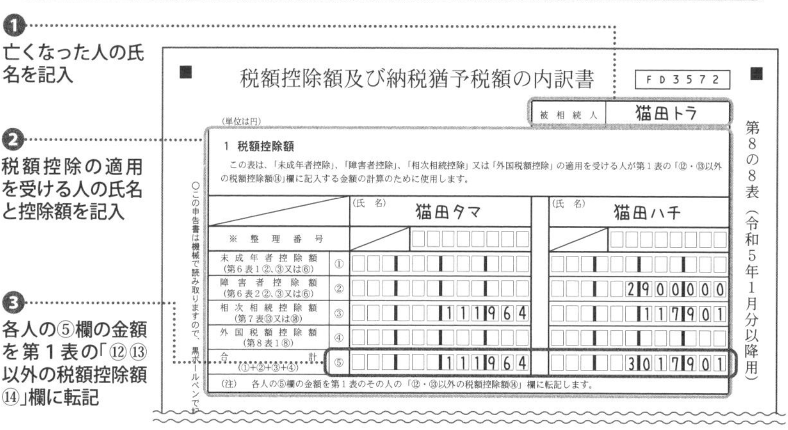

■　税額控除額及び納税猶予税額の内訳書　FD3572　■

被相続人　猫田トラ

第８の８表（令和５年１月分以降用）

（単位は円）

1　税額控除額

この表は、「未成年者控除」、「障害者控除」、「相次相続控除」又は「外国税額控除」の適用を受ける人が第１表の「⑫・⑬以外の税額控除額⑭」欄に記入する金額の計算のために使用します。

		（氏名）猫田タマ	（氏名）猫田ハチ
※整理番号			
未成年者控除額（第６表１②、③又は⑥）	①		
障害者控除額（第６表２②、③又は⑥）	②		2900000
相次相続控除額（第７表⑬又は⑱）	③	111964	117901
外国税額控除額（第８表１⑧）	④		
合計（①+②+③+④）	⑤	111964	3017901

（注）各人の⑤欄の金額を第１表のその人の「⑫・⑬以外の税額控除額⑭」欄に転記します。

○この申告書は機械で読み取りますので、黒ボールペンで記

■　税額控除額及び納税猶予税額の内訳書　FD3572　■

被相続人　猫田トラ

第８の８表（令和５年１月分以降用）

（単位は円）

1　税額控除額

この表は、「未成年者控除」、「障害者控除」、「相次相続控除」又は「外国税額控除」の適用を受ける人が第１表の「⑫・⑬以外の税額控除額⑭」欄に記入する金額の計算のために使用します。

		（氏名）猫田ソラ	（氏名）
※整理番号			
未成年者控除額（第６表１②、③又は⑥）	①	200000	
障害者控除額（第６表２②、③又は⑥）	②		
相次相続控除額（第７表⑬又は⑱）	③	38032	
外国税額控除額（第８表１⑧）	④		
合計（①+②+③+④）	⑤	238032	

（注）各人の⑤欄の金額を第１表のその人の「⑫・⑬以外の税額控除額⑭」欄に転記します。

○この申告書は機械で読み取りますので、黒ボールペンで記

「第２表　相続税の総額の計算書」の記入例

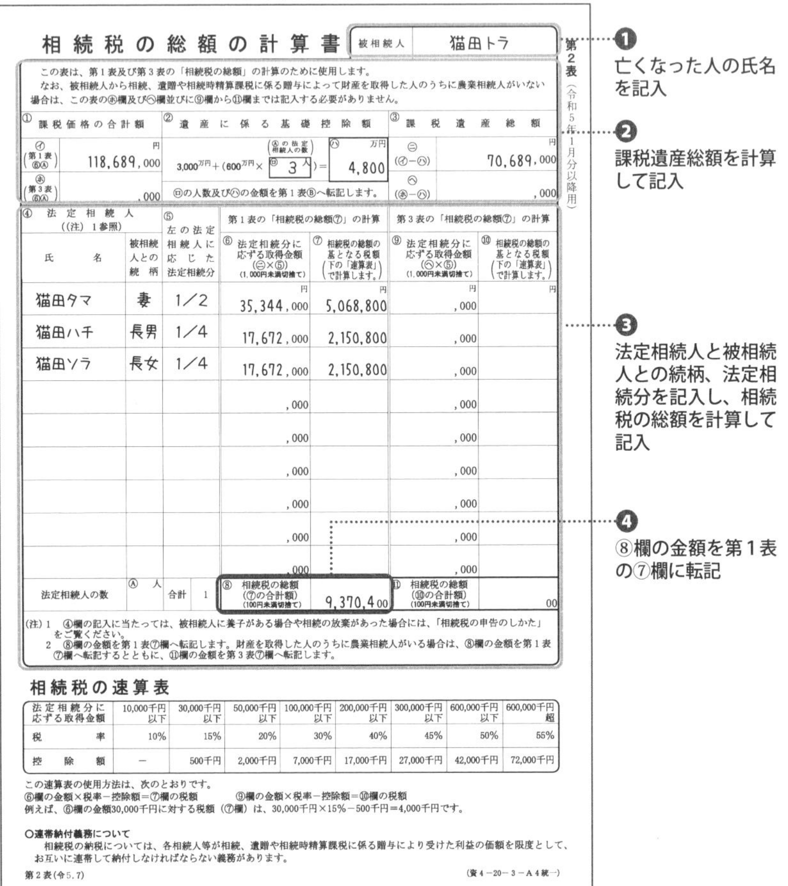

相続税の総額の計算書

被相続人	猫田トラ

第２表（令和５年１月分以降用）

この表は、第１表及び第３表の「相続税の総額」の計算のために使用します。
なお、被相続人から相続、遺贈や相続時精算課税に係る贈与によって財産を取得した人のうちに農業相続人がいない場合は、この表の㋭欄及び㋬欄並びに⑨欄から⑪欄までは記入する必要がありません。

① 課税価格の合計額		② 遺産に係る基礎控除額	③ 課税遺産総額	
㋑（第１表⑥Ⓐ）	118,689,000 円	3,000万円＋（600万円×㋺（Ⓐの法定相続人の数）3 人）＝ ㋩ 4,800 万円	㋥（㋑−㋩）	70,689,000 円
㋭（第３表⑥Ⓐ）	,000	㋺の人数及び㋩の金額を第１表Ⓑへ転記します。	㋬（㋭−㋩）	,000

④ 法定相続人（（注）１参照） 氏名	被相続人との続柄	⑤ 左の法定相続人に応じた法定相続分	第１表の「相続税の総額⑦」の計算 ⑥ 法定相続分に応ずる取得金額（㋥×⑤）（1,000円未満切捨て）	⑦ 相続税の総額の基となる税額（下の「速算表」で計算します。）	第３表の「相続税の総額⑦」の計算 ⑨ 法定相続分に応ずる取得金額（㋬×⑤）（1,000円未満切捨て）	⑩ 相続税の総額の基となる税額（下の「速算表」で計算します。）
猫田タマ	妻	1/2	35,344,000 円	5,068,800 円	,000 円	円
猫田ハチ	長男	1/4	17,672,000	2,150,800	,000	
猫田ソラ	長女	1/4	17,672,000	2,150,800	,000	
			,000		,000	
			,000		,000	
			,000		,000	
			,000		,000	
			,000		,000	
			,000		,000	
法定相続人の数	Ⓐ 人	合計 1	⑧ 相続税の総額（⑦の合計額）（100円未満切捨て）	9,370,400	⑪ 相続税の総額（⑩の合計額）（100円未満切捨て）	00

（注）１　④欄の記入に当たっては、被相続人に養子がある場合や相続の放棄があった場合には、「相続税の申告のしかた」をご覧ください。
２　⑧欄の金額を第１表⑦欄へ転記します。財産を取得した人のうちに農業相続人がいる場合は、⑧欄の金額を第１表⑦欄へ転記するとともに、⑪欄の金額を第３表⑦欄へ転記します。

相続税の速算表

法定相続分に応ずる取得金額	10,000千円以下	30,000千円以下	50,000千円以下	100,000千円以下	200,000千円以下	300,000千円以下	600,000千円以下	600,000千円超
税率	10%	15%	20%	30%	40%	45%	50%	55%
控除額	−	500千円	2,000千円	7,000千円	17,000千円	27,000千円	42,000千円	72,000千円

この速算表の使用方法は、次のとおりです。
⑥欄の金額×税率−控除額＝⑦欄の税額　　⑨欄の金額×税率−控除額＝⑩欄の税額
例えば、⑥欄の金額30,000千円に対する税額（⑦欄）は、30,000千円×15%−500千円＝4,000千円です。

○連帯納付義務について
相続税の納税については、各相続人等が相続、遺贈や相続時精算課税に係る贈与により受けた利益の価額を限度として、お互いに連帯して納付しなければならない義務があります。

第２表（令5.7）　　（資４−20−３−Ａ４統一）

POINT

相続税の申告書を作成後、不備がないか、必要な書類を忘れていないかなど、チェックを必ず行いましょう。

「第1表　相続税の申告書」の記入例

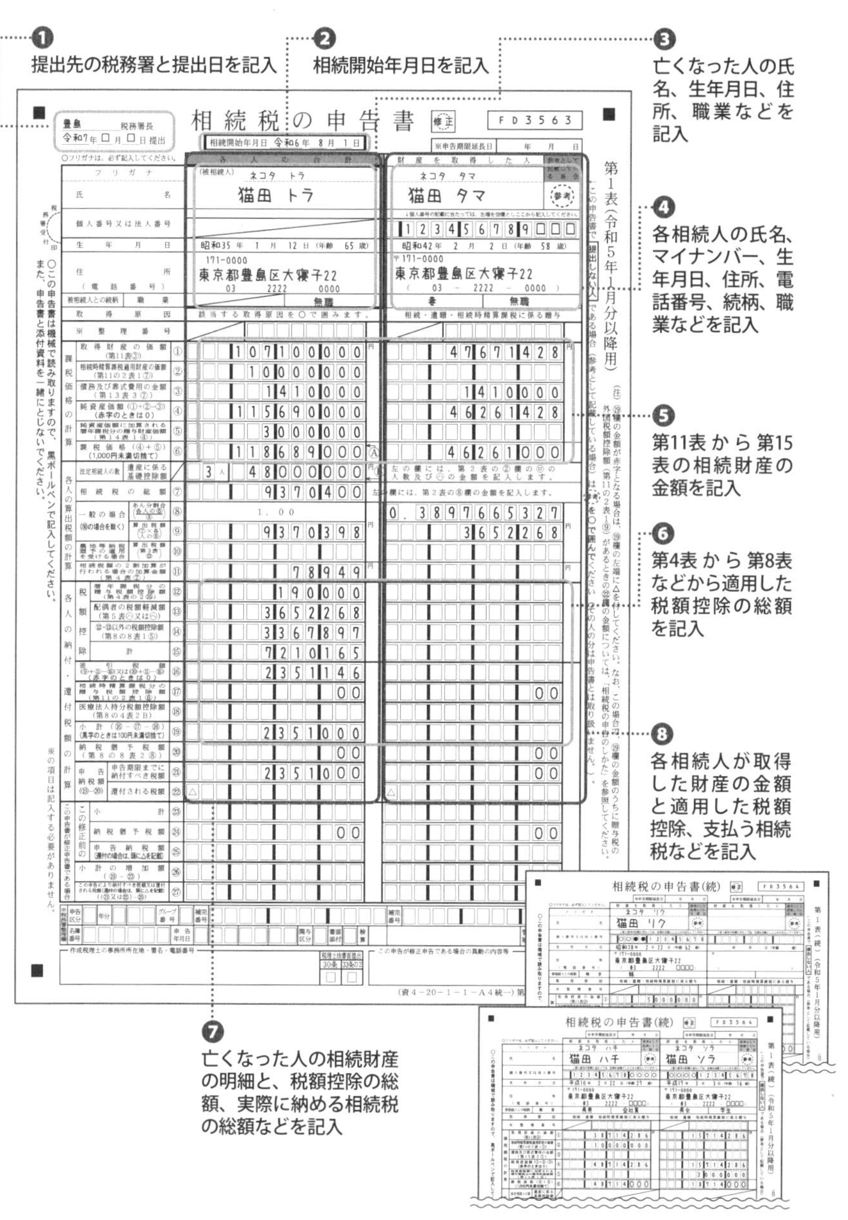

相続税の申告書　修正　FD3563

豊島 税務署長　令和7年□月□日提出

相続開始年月日 令和6年8月1日　※申告期限延長日 年 月 日

○フリガナは、必ず記入してください。

項目	各人の合計	財産を取得した人
フリガナ	(被相続人) ネコタ トラ	ネコタ タマ
氏名	猫田 トラ	猫田 タマ (参考)
個人番号又は法人番号		123456789□□□
生年月日	昭和35年1月12日（年齢65歳）	昭和42年2月2日（年齢58歳）
住所（電話番号）	171-0000 東京都豊島区大寝子22 03 2222 0000	〒171-0000 東京都豊島区大寝子22 （03 - 2222 - 0000）
被相続人との続柄・職業	無職	妻・無職
取得原因	該当する取得原因を○で囲みます。	相続・遺贈・相続時精算課税に係る贈与
※整理番号		
① 取得財産の価額（第11表③）	107100000	47671428
② 相続時精算課税適用財産の価額（第11の2表1⑦）	10000000	
③ 債務及び葬式費用の金額（第13表3⑦）	1410000	1410000
④ 純資産価額（①+②-③）（赤字のときは0）	115690000	46261428
⑤ 純資産価額に加算される暦年課税分の贈与財産価額（第14表1④）	3000000	
⑥ 課税価格（④+⑤）（1,000円未満切捨て）	118689000	46261000
法定相続人の数・遺産に係る基礎控除額	3人 48000000	左の欄には、第2表の②欄の回の人数及び○の金額を記入します。
⑦ 相続税の総額	9370400	左の欄には、第2表の⑧欄の金額を記入します。
⑧ 一般の場合 あん分割合	1.00	0.3897665327
⑨ 算出税額	9370398	3652268
⑩ 農地等納税猶予の適用を受ける場合 算出税額（第3表）		
⑪ 相続税額の2割加算が行われる場合の加算金額（第4表⑦）	78949	
⑫ 暦年課税分の贈与税額控除額（第4表の2⑦）	190000	
⑬ 配偶者の税額軽減額（第5表○又は○）	3652268	
⑭ ⑫・⑬以外の税額控除額（第8の8表1⑤）	3367897	
⑮ 計	7210165	
⑯ 差引税額（赤字のときは0）	2351146	
⑰ 相続時精算課税分の贈与税額控除額（第11の2表1⑧）	00	00
⑱ 医療法人持分税額控除額（第8の4表2B）		
⑲ 小計（黒字のときは100円未満切捨て）	2351000	
⑳ 納税猶予税額（第8の8表2⑧）	00	00
㉑ 申告納税額 申告期限までに納付すべき税額	2351000	00
㉒ 還付される税額	△	△
㉓ この申告書が修正申告書である場合 小計		
㉔ 納税猶予税額	00	00
㉕ 申告納税額（還付の場合は、頭に△を記載）		
㉖ 小計の増加額（⑲-㉓）		
㉗ この申告により納付すべき税額又は還付される税額（還付の場合は、頭に△を記載）		

○この申告書は機械で読み取りますので、黒ボールペンで記入してください。また、申告書と添付資料を一緒にとじないでください。

※の項目は記入する必要がありません。

第1表（令和5年1月分以降用）

この申告書で提出しない人（参考として記載している場合）は、参考を○で囲んでください（その人の分は申告書とは取り扱いません。）

（注）⑲欄の金額が赤字となる場合は、⑲欄の左端に△を付してください。なお、この場合で、⑲欄の金額のうちに贈与税の外国税額控除額（第11の2表1⑨）があるときの㉒欄の金額については、「相続税の申告のしかた」を参照してください。

作成税理士の事務所所在地・署名・電話番号　税理士法書面提出 30条 33条の2　この申告書が修正申告である場合の異動の内容等

（資4-20-1-1-A4統一）第

Part 5

相続税の申告と納税の準備をしよう

相続税の申告が間に合わない場合には、必ず「未分割の状態の相続税の申告書」と「申告期限後３年以内の分割見込書」を提出する。

相続税の申告書に添付する書類は、提出する人の申告内容や特例の利用によって変わるため、自身の申告書に必要な添付書類を確認して提出。なお、相続税の申告書は原則、相続人全員で作成。

相続税の納付方法は各相続人が所定の納付書を使って、税務署の窓口か金融機関などで原則、現金で一括納付。なお、相続人のうち1人がまとめて相続税を負担すると、他の相続人への贈与になる。

延納制度を利用する場合は、相続税の申告期限までに亡くなった人の住所地を管轄する税務署に「相続税延納申請書」を提出し、延納税額が100万円以上または延納期間が3年以上の場合は担保を提供する必要がある。

物納制度を利用する場合は、相続税の申告期限までに亡くなった人の住所地を管轄する税務署に「相続税物納申請書」と「物納手続関係書類」を提出。

更正の請求は原則、相続税の申告期限から５年以内。特別な事情がある場合は、その事実が発生したことを知った日の翌日から4カ月以内に「更正の請求」の手続きを行う。

相続税の申告をする人が共通して作成する書類は、第1表、第2表、第11表、第13表、第15表。それ以外は、相続税を申告する人の内容によって必要な申告書類が異なるので、各自で選択して作成する。

巻末付録

「相続時精算課税選択届出書」
「贈与税の申告書」など……、
馴染みのない届出書や申告書の記入例と
困ったときに役立つQ&Aをご紹介！

「相続時精算課税制度を利用した場合の贈与税の申告書」の記入例

「相続時精算課税選択届出書」の記入例

❶ 提出日と提出先の税務署を記入

❷ 受贈者の住所、氏名、電話番号、生年月日、特定贈与者との続柄を記入

❸ 特定贈与者の住所、氏名、生年月日を記入

❹ 必要な添付書類を確認して□に✓印を記入

（令和2年分以降用）

相続時精算課税選択届出書

税務署受付印

令和 4 年 12 月 30 日

豊島 税務署長

受贈者		
住所又は居所	〒171-0000 電話（ 03 － 2222 － □□□□ ） 東京都豊島区大寝子22	
フリガナ	ネコタ ハチ	
氏名（生年月日）	猫田 ハチ （大・昭・㊥平 10 年 2月 22 日）	
特定贈与者との続柄	長男	

私は、下記の特定贈与者から令和____年中に贈与を受けた財産については、相続税法第21条の9第1項の規定の適用を受けることとしましたので、下記の書類を添えて届け出ます。

記

1 特定贈与者に関する事項

住所又は居所	東京都豊島区大寝子22
フリガナ	ネコタ トラ
氏名	猫田 トラ
生年月日	明・大・㊥昭・平 35 年 1 月 12 日

2 年の途中で特定贈与者の推定相続人又は孫となった場合

推定相続人又は孫となった理由	
推定相続人又は孫となった年月日	令和 年 月 日

（注）孫が年の途中で特定贈与者の推定相続人となった場合で、推定相続人となった時前の特定贈与者からの贈与について相続時精算課税の適用を受けるときには、記入は要しません。

3 添付書類

次の書類が必要となります。
なお、贈与を受けた日以後に作成されたものを提出してください。
（書類の添付がなされているか確認の上、□に✓印を記入してください。）

☑ 受贈者や特定贈与者の戸籍の謄本又は抄本その他の書類で、次の内容を証する書類

（1） 受贈者の氏名、生年月日

（2） 受贈者が特定贈与者の直系卑属である推定相続人又は孫であること

（※）1 租税特別措置法第70条の6の8（（個人の事業用資産についての贈与税の納税猶予及び免除））の適用を受ける特例事業受贈者が同法第70条の2の7（（相続時精算課税適用者の特例））の適用を受ける場合には、「(1)の内容を証する書類」及び「その特例事業受贈者が特定贈与者からの贈与により租税特別措置法第70条の6の8第1項に規定する特例受贈事業用資産の取得をしたことを証する書類」となります。

2 租税特別措置法第70条の7の5（（非上場株式等についての贈与税の納税猶予及び免除の特例））の適用を受ける特例経営承継受贈者が同法第70条の2の8（（相続時精算課税適用者の特例））の適用を受ける場合には、「(1)の内容を証する書類」及び「その特例経営承継受贈者が特定贈与者からの贈与により租税特別措置法第70条の7の5第1項に規定する特例対象受贈非上場株式等の取得をしたことを証する書類」となります。

（注）この届出書の提出により、特定贈与者からの贈与については、特定贈与者に相続が開始するまで相続時精算課税の適用が継続されるとともに、その贈与を受ける財産の価額は、相続税の課税価格に加算されます（**この届出書による相続時精算課税の選択は撤回することができません。**）。

作成税理士		電話番号	

※	税務署整理欄	届出番号	－	名簿		確認	

※欄には記入しないでください。

（資5－42－A4統一）（令3.3）

○「相続時精算課税選択届出書」は、必要な添付書類とともに**申告書第一表及び第二表**と一緒に提出してください。

「第二表　贈与税の申告書（相続時精算課税の計算明細書）」の記入例

令和 05 年分贈与税の申告書（相続時精算課税の計算明細書）　修正　FD4737

受贈者の氏名　猫田トラ

第二表（令和4年分以降用）（第二表は、必要な添付書類とともに申告書第一表と一緒に提出してください。）

次の特例の適用を受ける場合には、□の中にレ印を記入してください。

□ 私は、租税特別措置法第70条の3第1項の規定による相続時精算課税選択の特例の適用を受けます。　（単位：円）

相続時精算課税分

特定贈与者の住所・氏名（フリガナ）・申告者との続柄・生年月日	種類 / 細目 / 利用区分・銘柄等 / 所在場所等	財産を取得した年月日 / 財産の価額
住所　東京都豊島区大寝子22		令和 05 年 12 月 30 日　10000000
フリガナ　ネコタ トラ　氏名　猫田 トラ		令和 年 月 日
続柄　1（父1、母2、祖父3、祖母4、1～4以外5）　生年月日　3 35.1.1（明治1、大正2、昭和3、平成4）		令和 年 月 日

財産の価額の合計額（課税価格）	㉖	10000000
過去の年分の申告において控除した特別控除額の合計額（最高2,500万円）	㉗	
特別控除額の残額（2,500万円－㉗）	㉘	25000000
特別控除額（㉖の金額と㉘の金額のいずれか低い金額）	㉙	10000000
翌年以降に繰り越される特別控除額（2,500万円－㉗－㉙）	㉚	15000000
㉙の控除後の課税価格（㉖－㉙）【1,000円未満切捨て】	㉛	000
㉛に対する税額（㉛×20%）	㉜	00
外国税額の控除額（外国にある財産の贈与を受けた場合で、外国の贈与税を課せられたときに記入します。）	㉝	
差引税額（㉜－㉝）	㉞	0

上記の特定贈与者からの贈与により取得した財産に係る過去の相続時精算課税分の贈与税の申告状況	申告した税務署名	控除を受けた年分	受贈者の住所及び氏名（「相続時精算課税選択届出書」に記載した住所・氏名と異なる場合にのみ記入します。）
	署	平成 令和 年分	
	署	平成 令和 年分	
	署	平成 令和 年分	
	署	平成 令和 年分	

（注）上記の欄に記入しきれないときは、適宜の用紙に記載し提出してください。

◎ 上記に記載された特定贈与者からの贈与について初めて相続時精算課税の適用を受ける場合には、申告書第一表及び第二表と一緒に「相続時精算課税選択届出書」を必ず提出してください。なお、同じ特定贈与者から翌年以降財産の贈与を受けた場合には、「相続時精算課税選択届出書」を改めて提出する必要はありません。

＊ 税務署整理欄　整理番号　名簿　届出番号　財産細目コード　確認

＊欄には記入しないでください。　（資5－10－2－1－A4統一）（令4.12）

❶ 申告する年度と受贈者の氏名を記入

❷ 住宅取得等資金の贈与を受けた場合の相続時精算課税選択の特例の適用を受けた人は□に✓を記入

❸ 住所、氏名、続柄、生年月日を記入

❹ 各財産の種類、細目、利用区分・銘柄等を記入し、各財産の所在場所等を記入。加えて、面積、株数、単価、固定資産税評価額、倍数を記入

❺ 贈与を受けた年月日、財産の価額を記入

❻ 過去の年分の申告で控除した特別控除額を記入。なお、過去の年分の申告で控除した住宅資金特別控除額（最高1,000万円）は特別控除額に含まれない

❼ 過去に提出した「相続時精算課税選択届出書」に記入した住所・氏名が現在と異なる場合は、その年分の住所・氏名を記入

「第一表の二　贈与税の申告書（住宅取得等資金の非課税の計算明細書）」の記入例

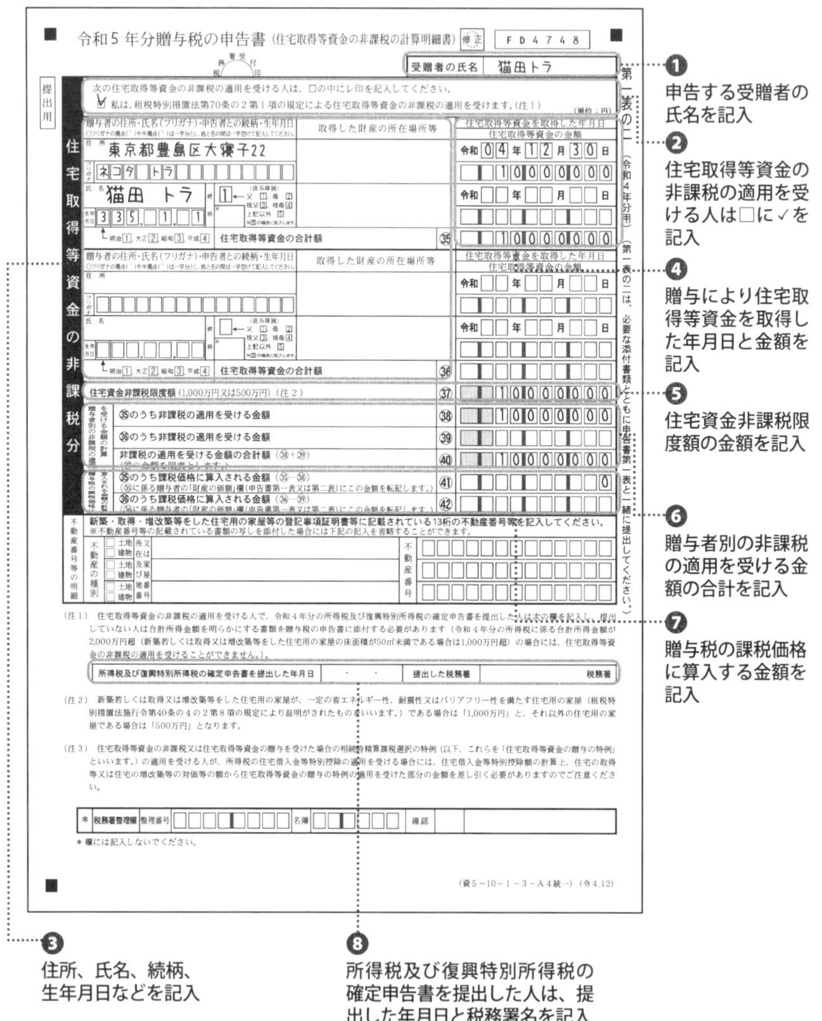

令和5年分贈与税の申告書（住宅取得等資金の非課税の計算明細書）　修正　F D 4 7 4 8

受贈者の氏名　猫田トラ

提出用

次の住宅取得等資金の非課税の適用を受ける人は、□の中にレ印を記入してください。

☑ 私は、租税特別措置法第70条の2第1項の規定による住宅取得等資金の非課税の適用を受けます。（注1）

（単位：円）

住宅取得等資金の非課税分

贈与者の住所・氏名（フリガナ）・申告者との続柄・生年月日	取得した財産の所在場所等	住宅取得等資金を取得した年月日／住宅取得等資金の金額
住所　東京都豊島区大塚子22		令和 04 年 12 月 30 日
フリガナ　ネコタ　トラ		10000000
氏名　猫田　トラ　続柄 1（父 1、母 2、祖父 3、祖母 4、上記以外 5）		令和　年　月　日
生年月日　3 35.01.01（明治 1、大正 2、昭和 3、平成 4）		
住宅取得等資金の合計額	㉟	10000000

贈与者の住所・氏名（フリガナ）・申告者との続柄・生年月日	取得した財産の所在場所等	住宅取得等資金を取得した年月日／住宅取得等資金の金額
住所		令和　年　月　日
フリガナ		
氏名　続柄（父 1、母 2、祖父 3、祖母 4、上記以外 5）		令和　年　月　日
生年月日（明治 1、大正 2、昭和 3、平成 4）		
住宅取得等資金の合計額	㊱	

住宅資金非課税限度額（1,000万円又は500万円）（注2）	㊲	10000000
贈与者別の非課税の適用を受ける金額の計算：㉟のうち非課税の適用を受ける金額	㊳	10000000
㊱のうち非課税の適用を受ける金額	㊴	
非課税の適用を受ける金額の合計額（㊳＋㊴）（㊲の金額を限度とします。）	㊵	10000000
課税価格に算入される金額：㉟のうち課税価格に算入される金額（㉟－㊳）（㉟に係る贈与者の「財産の価額」欄（申告書第一表又は第二表）にこの金額を転記します。）	㊶	0
㊱のうち課税価格に算入される金額（㊱－㊴）（㊱に係る贈与者の「財産の価額」欄（申告書第一表又は第二表）にこの金額を転記します。）	㊷	

不動産番号等の明細

新築・取得・増改築等をした住宅用の家屋等の登記事項証明書等に記載されている13桁の不動産番号等を記入してください。

※不動産番号等の記載されている書類の写しを添付した場合には下記の記入を省略することができます。

不動産の種別	所在又は家屋番号及び地番	不動産番号
□土地 □建物		
□土地 □建物		
□土地 □建物		

（注1）住宅取得等資金の非課税の適用を受ける人で、令和4年分の所得税及び復興特別所得税の確定申告書を提出した人は次の欄を記入し、提出していない人は合計所得金額を明らかにする書類を贈与税の申告書に添付する必要があります（令和4年分の所得税に係る合計所得金額が2,000万円超（新築若しくは取得又は増改築等をした住宅用の家屋の床面積が50㎡未満である場合は1,000万円超）の場合には、住宅取得等資金の非課税の適用を受けることができません。）。

所得税及び復興特別所得税の確定申告書を提出した年月日	・　・	提出した税務署	税務署

（注2）新築若しくは取得又は増改築等をした住宅用の家屋が、一定の省エネルギー性、耐震性又はバリアフリー性を満たす住宅用の家屋（租税特別措置法施行令第40条の4の2第8項の規定により証明がされたものをいいます。）である場合は「1,000万円」と、それ以外の住宅用の家屋である場合は「500万円」となります。

（注3）住宅取得等資金の非課税又は住宅取得等資金の贈与を受けた場合の相続時精算課税選択の特例（以下、これらを「住宅取得等資金の贈与の特例」といいます。）の適用を受ける人が、所得税の住宅借入金等特別控除の適用を受ける場合には、住宅借入金等特別控除額の計算上、住宅の取得等又は住宅の増改築等の対価等の額から住宅取得等資金の贈与の特例の適用を受けた部分の金額を差し引く必要がありますのでご注意ください。

*	税務署整理欄	整理番号		名簿		確認	

＊欄には記入しないでください。

（資5－10－1－3－A4統一）（令4.12）

第一表の二（令和4年分用）（第一表の二は、必要な添付書類とともに申告書第一表と一緒に提出してください。）

「第一表　贈与税の申告書」の記入例

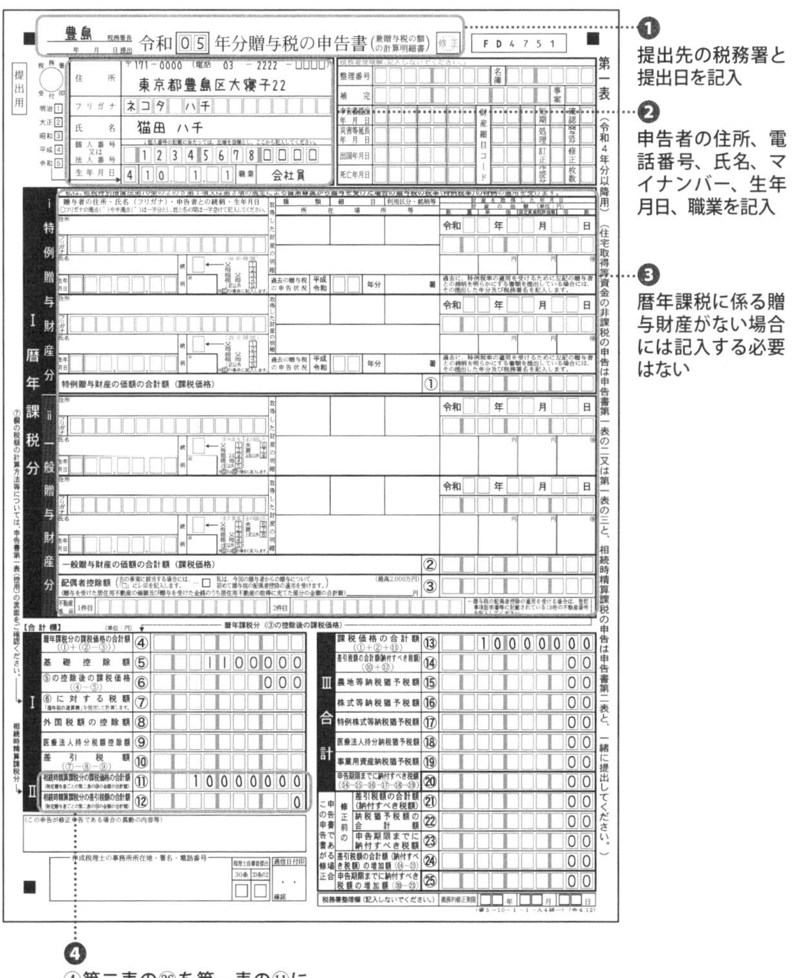

❶
提出先の税務署と提出日を記入

❷
申告者の住所、電話番号、氏名、マイナンバー、生年月日、職業を記入

❸
暦年課税に係る贈与財産がない場合には記入する必要はない

❹
④第二表の㉖を第一表の⑪に転記。第二表の㉞を第一表の⑫に転記

サクッとわかる！
相続・相続税の対処ポイント！

Q 相続がはじまったら、まずはどこに相談すればいい？

A 身近な人が亡くなったら、死亡届の提出や世帯主の変更、戸籍謄本や印鑑登録証明書の入手など、実にさまざまな役所手続きが必要になります。しかも、亡くなった方の状況によって、やるべき手続きが異なるため相続人にとっては煩雑でかなりの負担です。そんなときは、全国の自治体で導入が進む**「おくやみコーナー」**を利用しましょう。**「おくやみコーナー」とは、相続に関する役所手続きの案内や申請書の作成、各種証明書の取得などをワンストップでサポートしてくれる役所の総合窓口です。**

Q 相続税の申告は難しそうなので、自分でできるか不安……

A 相続税の申告書を、相続人が手書きで作成することも不可能ではありません。しかし、多くの人にとって相続税の申告書作成は初めてとなるため、相続税の計算を間違え、各種税額控除や特例の存在に気付かずに、相続税を払いすぎる可能性もあります。したがって、相続税の申告書を自分で入手し、手書きで作成する場合には十分な準備が必要です。またe-Taxで相続税申告をする場合も、相続人の情報や財産の内容を入力すると自動的に税額を計算してくれるような機能は用意されていません。このため、手書きで申告書を作成するのと同じように、一つひとつ数値を入力していき、自分で手計算する必要があるのでミスが起こり得ます。

税理士などの専門家向けの相続税申告ソフトは多数ありますが、**一般個人向けに開発された相続税申告のオンラインソフト「AI相続」が2019年にリリースされました。**すでに月間400人以上の人が「AI相続」を利用して自分で相続税の申告書を作成しており、累計の利用者数は12,000人を超えました（2023年11月時点）。こちらはe-Taxと違い、フォームに従って相続人の情報や財産の内容を入力するだけで、**プログラムが自動的に税額を計算・転**

記して、税務署に提出可能な相続税の申告書を印刷することが可能です。したがって、申告書を入手して、手書きをする必要はありません。
「AI相続」の利用料は基本的には0円です。土地の評価を慎重に行いたい方向けに「土地の評価明細書」も作成可能な有料プラン（9,800円）も用意されています。自分で相続税申告書を作成したいけれど、手書きによるミスを避けたい方は、相続税申告ソフトを利用するといいでしょう。

Q 相続税の税務調査の対象になりやすい人は？

A 相続税の税務調査とは、**相続税を正しく申告したか**をチェックするために税務署が行うものです。税務調査が入る確率は、申告者の**20%程度**で、**約5人に1人の割合**で税務調査が実施されます。ただ、税務調査は亡くなってすぐに行われるわけではなく、通常亡くなった年の２年後の秋ごろに行われるケースが多いです。税務調査は、申告漏れや計算ミスがあると見込まれる人を、税務署が事前に調べてから調査を行います。調査対象になりやすい人は、主に次のような人です。

❶遺産が多い人：申告漏れを見つけたときに徴収できる相続税が多い
❷高収入なのに遺産が少ない人：申告漏れの可能性が高い
❸生前に入出金が多い人：タンス預金などの申告漏れの可能性が高い
❹家族の財産が多い人：家族の口座に亡くなった人のお金が紛れている可能性がある
❺税理士に頼らずに申告した人：申告書が誤っている可能性がある
❻申告をしていない人：申告をする必要があるのに申告をしていない可能性がある

相続税の申告書を税務署に提出していないと、相続が発生してから半年を過ぎた辺りから、「相続税についてのお尋ね」という書類が税務署から相続人に送られてくる場合があります。税務署は、納税者の過去の収入や所有している不動産情報などをデータベースとして蓄積し、事前に相続税のかかりそうな人に目星を付けていますので、ある程度財産を持っている人が亡くなった場合にはこのお尋ねが届きます。なお、申告期限までに相続税の申告書を提出する場合には、このお尋ねは無視しても大丈夫ですが、申告を行わない場合にはお尋ねに必要事項を記入して税務署に返送しましょう。

ABC行

あ行

か行

さ行

た・な行

は行

ま行

や・ら行

石倉英樹（いしくら・ひでき）

相続税専門の公認会計士／税理士 兼 社会人落語家。
有限責任監査法人トーマツにて上場企業の監査業務に従事したあと、コンサルティング会社においてベンチャー企業の上場支援を担当。
2013年に独立し、現在は相続専門の石倉公認会計士事務所を運営する傍ら、警察署・金融機関・大手不動産会社からの依頼に基づき社会人落語家「参遊亭英遊」として「落語でわかる相続セミナー」などの講演活動を日本全国で行っている。
講演実績は300回を超え、テレビ・新聞・ラジオでも話題に。
近著に『知識ゼロでもわかるように 相続についてざっくり教えてください』（総合法令出版）がある。

税金のことが全然わかっていないド素人ですが、
相続税って結局どうすればいいのか教えてください！

2023年12月8日　第1刷発行

著　者……………石倉 英樹
発行者……………徳留 慶太郎
発行所……………株式会社すばる舎
〒170-0013 東京都豊島区東池袋 3-9-7 東池袋織本ビル
TEL 03-3981-8651（代表）　03-3981-0767（営業部直通）
FAX 03-3981-8638
URL https://www.subarusya.jp/
装　丁……………菊池 祐（ライラック）
本文デザイン・DTP ………矢野のり子（島津デザイン事務所）
マンガ・イラスト………中山 成子
編集担当…………菅沼 真弘（すばる舎）
編集制作…………和栗 牧子
校　正……………杉山 弘子
印　刷……………ベクトル印刷株式会社

落丁・乱丁本はお取り替えいたします。

ISBN978-4-7991-1149-9